都市乡民的终结

——新市民城市性积累与市民化

王兴周／著

科 学 出 版 社
北 京

内 容 简 介

本书提出了全面的人的城市化思路，为城市性理论发展提供了有价值的新案例。

本书在系统梳理“人的城市化”“农民的终结”“新市民”“城市性”“现代性”“城市性不足”“都市乡民”“内卷化”等概念和相关理论基础上，对中国都市乡民问题的现状、性质、风险都进行了探讨；同时以农民工为例对新市民社会交往内卷化问题进行了验证。本书就新市民如何融入城市、都市乡民问题如何解决提出了一系列政策建议。

本书可供关注城市化、城市性、市民化问题的学者和城市规划领域的专业人士阅读参考。

图书在版编目（CIP）数据

都市乡民的终结：新市民城市性积累与市民化/王兴周著.—北京：科学出版社，2016.6

ISBN 978-7-03-049271-5

Ⅰ.①都… Ⅱ.①王… Ⅲ.①民工–城市化–研究–中国 Ⅳ.①D422.64

中国版本图书馆 CIP 数据核字（2016）第 146497 号

责任编辑：郭勇斌　蔡　芹 / 责任校对：杜子昂
责任印制：张　伟 / 封面设计：黄华斌

科 学 出 版 社 出版
北京东黄城根北街 16 号
邮政编码：100717
http：//www.sciencep.com

北京教图印刷有限公司 印刷
科学出版社发行　各地新华书店经销
*
2016 年 6 月第　一　版　开本：720×1000　1/16
2016 年 6 月第一次印刷　印张：13
字数：260 000

定价：68.00 元

（如有印装质量问题，我社负责调换）

目　　录

第一章　导论：背景、内容和方法

第一节　研究背景

1991 年年末，中国城镇人口 31 203 万人，城市化率为 26.94%；2013 年年底，中国城镇人口达到 73 111 万人，城市化率 53.73%。22 年间，中国城镇人口增长了 1.34 倍，城市化率翻了一番多。随着《国务院关于进一步推进户籍制度改革的意见》（国发〔2014〕25 号）的正式公布，困扰学界和政府部门多年的户籍难题已经有解，“半城市化”“伪城市化”“虚城市化”“假城市化”问题逐渐进入融冰阶段。然而，中国城市化依然任重而道远，一个新的难题即都市乡民群体的逐步形成和不断扩大，已成为中国新型城市化的障碍。因此，对都市乡民群体进行深度剖析，分析这一群体在中国城市化过程中产生的背景和原因，剖析都市乡民问题的性质和特征，探讨解决都市乡民问题的方法，对于全面推行以人的城市化为目的的新型城市化，具有重要意义。

所以，本书重点探究了新市民褪去乡村性、积累城市性、适应城市生活方式、形成都市人格的发展规律，以及新市民城市性积累的影响因素和动力机制，即探寻新市民人格和生活方式城市化的路径。本书的目的是为促进中国农民真正走向彻底终结、实现全面的人的城市化、解决我国城市化进程中的结构性矛盾、在数量规模高速增长的同时保证城市化的质量提供数据和策略支持。本书的研究对象不是农民工、流动人口，而是新市民，即在农村出生、长大，因各种主客观原因进入城市工作生活一段时间，在城市有较为稳定的职业或其他生活来源并有固定居住场所，有在城市长期生活的可能或倾向的人，包括失地农民、农民工、农村进城投资经商人员、来自农村的大中专学生、毕业后在城市工作的农村青年、进城居住的新市民的配偶父母及其他家庭成员等。

第二节　主要内容简介

本书主要内容包括 6 个部分：中国城市化的机遇与挑战；都市乡民：新市民城市融入的必经阶段；中国新市民的“乡民性”特征；内卷化：新市民城市化停滞的陷阱；城市性积累：都市乡民终结之路；新市民城市融入及相关政府职能。为了方便读者阅读，先将各部分内容简介如下。

第二章分析了中国城市化面临的机遇与挑战，指出“十二五”是中国城市化的一个新的转折期，在城市化率高速增长的同时，人的城市化尤其是新市民的人格和生活方式城市化日益成为城市化的新主题。本章提出了“全面的人的城市化”理念，即“人的城市化”不仅包括“人口城市化（户籍市民化）”，而且包括“人格和生活方式城市化”，两个方面缺一不可。本章重新界定了“农民的终结”的含义：“村落的终结”不等于“农民的终结”，农民进城也不等于“农民的终结”；“农民的终结”必须包括居住区域、职业、身份、人格和生活方式 4 个方面的完整意义上的“农民的终结”。本章还追溯了“新市民”概念的由来、历史，梳理了“新市民”概念的内涵和外延，并给出了“新市民”概念的新定义，指出在新形势下“农民工”概念已经过时，应该用“新市民”概念来指称进入城市工作生活的各种类型的原农村人。

第三章通过理论回顾和文献研究，分析了都市乡民概念的由来及中国都市乡民问题的现状，探讨了都市乡民的性质和命运，指出都市乡民是城市化进程中的过渡性社会群体，是新市民人格和生活方式城市化并融入城市的必经阶段。在介绍“城市性”“现代性”“城市性滞后（不足）”等概念和理论的基础上，率先将都市乡民概念及相关理论引入中国学术界，用以概括进城之初的新市民的人格和生活方式现状。在都市乡民的概念框架下，失地（农转非）农民、农民工、进城投资经商创业的农民、投亲靠友的乡城移民等原本孤立的研究对象有了有机的联系，成为一个完整的“新”的研究对象，“新市民”概念得到有力的支撑。本章从城市性理论研究出发总结世界各国人的城市化发展的普遍规律，提出农民进城以后必然经历都市乡民阶段，新市民融入城市、变成合格市民的过程就是其逐步褪去乡民性的过程，所以“农民的终结”的必经阶段也是最后一个阶段就是“都市乡民的终结”。

第四章运用在珠三角 4 个城市进行的关于新市民的定性、定量调查资料和数据，根据都市乡民理论建立分析框架，分析了我国新市民的“乡民性”特征，包括：隔离性和乡村性的居住生活模式、内向性和初级性的社会交往模式、矛盾性和模糊性的社会身份认同、封闭性和选择性的城市社会融入，以及持续性和频繁性的乡村社会联系 5 个方面。第三章通过文献研究勾画中国都市乡民的现状，包括其规模、结构、群体特征，本章通过珠三角 4 个城市新市民问卷调查的资料描述新市民“乡民性”的具体表现和数量特征。

第五章系统梳理了内卷化理论，并设计了内卷化测量和检验方案，运用珠三角 9 个城市的农民工问卷调查数据对学界近年来热烈讨论的“农民工社会交往内卷化”假设进行了检验，发现“农民工社会交往内卷化”问题确实存在，其刚性约束（内卷化原因）就是都市乡民生活方式，去内卷化的出路就是“都市乡民的终结”。本章对中国都市乡民问题进行了思考，分析其性质和成因，并通过珠三角 9 个城市农民工问卷调查的数据建立回归模型，探讨都市乡民的形成机制。

第六章构建了具有中国特色的城市性测量的指标体系，运用指标体系和珠三角 4 个城市抽样调查数据对新市民城市性水平进行了测量，并建立了 27 个回归模型，研究了在社会转型过程中新市民城市性获得的动力机制和影响因素，发现城市规模、人力资本、收入、民族、进城时间、居留城市数量、职业对新市民城市性获得都有显著性影响，并据此提出了有针对性的建议。在设计城市性测量的指标体系时，本章既吸收了西方城市性理论和经验研究的成果，同时又注意规避其抽象、空洞、脱离现实的缺陷，注重指标的中立性、现实性和可测量性，特别注意对中国实际情况的针对性。在建立模型时，不仅吸取了西方城市性理论和经验研究反复论证过的“一般性”假设（城市规模、人口特征），而且建立了具有中国特色、符合中国农民流动实际的“特殊性”假设（进城时间、流动经历）。通过珠三角 4 个城市新市民问卷调查的数据建立回归模型，探讨新市民城市性积累的影响因素和动力机制，从而探寻都市乡民终结、新市民人格和生活方式城市化的路径。

第七章探讨了新市民人格和生活方式城市化并融入城市的路径，包括走出封闭的都市乡村物理环境、进入持续向上流动的生计通道、逐步拓展次生异质性社会关系网络、学习都市文化并逐步养成市民人格 4 个方面；同时根据新市民调查结果分析了新市民人格和生活方式城市化方面政府职能缺位的现状，提出了相关改进建议，包括信息咨询服务、消除歧视、新市民教育、成立专门机构、组织社区活动等。本章还分析了新市民城市融入的路径，并对照该路径分析新市民城市融入过程中的政府缺位问题，提出一系列政策建议。

本书对“人的城市化”“农民的终结”“新市民”“城市性”“现代性”“城市性不足”“都市乡民”“内卷化”等概念和相关理论进行了较为全面系统的梳理，并进行了不同程度的创新性探讨，为城市化、城市性研究领域积累了新的知识。本书在中国社会转型的大背景下，以快速城市化的当代中国社会为案例展开，为城市性理论发展提供了有价值的新案例，在一定程度上推动了城市性理论的创新，为城市性研究提供了新的视角。本书提出了“全面的人的城市化”思路，指出了在城市化率高速增长并日益接近“70%”的目标值、户籍问题也逐步进入融冰阶段的今天，城市化的新问题、新目标、新任务将是新市民的人格和生活方式城市化。这为学界和政府明确城市化研究的方向、制定城市化规划的思路提供了有益的参考。本书对中国都市乡民问题的现状、性质、风险都进行了探讨，同时以农民工为例对新市民社会交往内卷化问题进行了验证，这对全社会认清高速城市化过程中存在的结构性社会风险具有一定警醒作用。本书就新市民如何融入城市、都市乡民问题如何解决提出了一系列政策建议，可以为政府解决相关问题提供决策依据。

第三节　研究方法和过程

一、研究方法

本书的研究方法是文献研究、定性研究、定量研究相结合的混合研究方法（mixed method）。焦点小组座谈会（Focus Group Discussion）在市场研究行业运用非常广泛，但在社会学研究领域应用不多，本书运用了这种方法，对于深入挖掘新市民的深层心理和动机作用非常明显。流动人口调查的抽样一直是困扰学术界的难题。流动人口调查的抽样框很难获得，且流动人口成分复杂、类型多样，很难用同一个抽样框进行抽样。本书在这方面有了新的突破：用地图分割法形成抽样框，规定样本区域的问卷数量，并限制调查员的访问数量，这样就用区域的代表性保证了整个样本的代表性。自填问卷法和访问法一直被当作两种独立的数据收集方法使用。本书将这两种方法结合使用，用访问法进行甄别访问，用访问员指导、监督下被访者自填法进行主问卷调查。这样既保证了调查对象选择的严谨性，避免不合格调查对象进入样本，又使调查过程人性化，避免被访者厌烦。

二、调查对象

本书的调查对象界定为：来自农村地区，在农村长大，在城市连续工作或生活半年以上（不一定在同一个城市工作或生活过；必须连续半年及以上且不能中断；目前在城市工作或生活）的原农村人。这一界定基本上和国家统计部门测算城市化率的统计口径一致，因而本书的调查对象能够代表从农村进入城市工作生活的城镇常住居民。本书的调查对象全面涵盖城郊征地拆迁的失地农民、居住在城中村和流动人口聚居区的进城农民、工厂集体宿舍的农民工和建筑工地的农民工。本书的调查是典型的新市民调查，而不仅仅是农民工调查、流动人口调查或失地农民调查。这些样本又可以分成 6 类：农民工（考虑到农民工有着不同的行业分类，故把农民工依照行业初步分为制造业、服务业、商业、建筑业、家政保姆、公共环卫和其他行业的农民工）；从农村到城市工作的非农民工（如教师等）；政府征地变成的新市民；读书进城的农村青年；进城投资（个体、私营）的农村人；随子女、配偶、亲属进城生活的农村人。需要指出的是，离土离乡的农民工及其亲属是本书调查对象的主体，且不包括城镇之间流动的非都市乡民人口。

三、定性研究

根据上述对调查对象类型的划分，在执行深度访谈过程中，考虑到职业差异、工作及居住地点差异，为了使访谈对象更加具有代表性，本书按照“去特色社区找不同类型的被访者”的原则，每一个类型的访谈对象都从本类型人群集聚的地方寻找。其中，把城市划分为工厂区、居民和商品房小区、安置小区、服务业店面、商场、大中专院校、建筑工地等区域，然后分别对应去这些区域寻找制造业工人、保姆/随子女配偶亲属进城的新市民/从农村到城市工作的非农民工、政府征地新市民、服务业员工、投资（个体、私营）进城的企业主、读书进城的学生、建筑工人等群体。除了制造业工人的访谈对象在东莞市和佛山市寻找之外，其他6类群体都在广州市范围内寻找。

通过分析深度访谈资料，本书认为新市民进入城市时间越久，其城市生活体验也越多，因此更能理解城市生活与农村生活的区别和差距。为了更好地挖掘新市民在城市中的生活感受，故组织召开了两场座谈会。座谈会通过严格甄别筛选出符合要求的新市民来参与。两场座谈会，每一场有 8 位符合要求的新市民参加，但在执行过程中，考虑参加座谈会的人有可能临时不能出席，每一场座谈会都多预约了一倍以上数量的新市民，通过设定条件对他们一一进行现场甄别。对于那些没参与座谈会而又应约的新市民，分别对他们进行了短时间的访问。座谈会分为男性组和女性组，年龄 20～44 岁，包括了制造业、服务业、商业建筑业、公共环卫及其他行业的农民工，以及读书进城、投资（个体、私营）进城、婚姻进城等各类新市民。两场座谈会全程录音和录像，并有专门的文员进行现场记录。在座谈会之后，整理好座谈会笔录之后对座谈会进行总结分析。

在深入访谈和座谈会中，根据前期文献回顾中所关注到的新市民工作、生活及精神状况设计访问主题。内容包括：个人基本资料；生活经历；城市性的测量；主观感受；生活形态、环境与农村有什么不同；社会交往的变化；对他人的行为的看法；工作环境、感受；生活有无变化；居住环境；消费动机与意愿；社区关怀与帮助；出行的交通工具；外出就餐、家居装饰；对城市人的看法及城里人对他们的看法；遇到的困难、文化的差异、资源获取的差异；衣着的变化；语言的使用；生活习惯的变化；社会秩序意识；一天的作息时间，一日三餐；观念上的变化：生育观、消费观；对城市的看法和对农村的看法；社会参与度及其收获、感受；社会认同；与留在农村的同龄人比较；子女教育、教育方式、对子女期待；时间观念、生活态度、未来规划（老了以后）。

四、抽样方法

城市性的理论认为，城市的规模、经济发展程度、人口聚集程度、产业规模等宏观变量都会对新市民的城市性积累产生影响，而“地图法”抽样能够全面涵盖不同类型的区域。美国著名统计学家基什（Kish）就在他的著作中对地图法抽样进行了详尽的介绍，这本书 1997 年已经被翻译成中文出版（莱斯利·基什，1997）。另外，由于住宅能够和一定区域内人口对应起来，并且具有不重不漏的特点，2000 年第五次人口普查就采用了绘制普查小区地图的方法进行摸底调查，关于绘图，关于分块，已有了大量的经验。自 2008 年中国综合社会调查（CGSS）采用地图法抽样以来，近几年国内的几个大型社会调查都是采用这种方法进行末端抽样（方长春，2006；高和荣等，2011）。采用地图法抽样的最终目的是为了保证每一个抽样单元（城市社区）里的所有人口都有相同的机会被抽中。在实际调查中，只要是在调查期间出现在抽样点中的新市民都是符合要求的。因此，当采用地图法抽样进行定量问卷调查，该社区范围内（暂时性的社区范围人口）的所有人都有机会被抽中。抽样操作步骤如下：

（1）获取样本城市或区县的平面地图并准确界定样本城市或区县的行政边界。

（2）将样本城市或区县按规则分成若干个抽样片区，即将地图等分成若干个格子，抽样框的格子数量为样本小区数量的 6 倍。首先将地图切分成规定数量的等份；然后去掉明显不符合抽样规则的格子（如水面、野地等无人区域），对每个格子的边界进行调整（人口密集程度高的区域可以一分为二，以补充去掉格子的缺额）；最后编号，形成抽样框。

（3）按等距抽样原则隔 5 抽 1，随机抽取样本小区；样本小区的数量是该样本城市或区县计划样本数的 1/10。

（4）在所抽取的样本小区中选取人流量较大的地方确定样本点；每一个样本小区选取 1 个样本点；对抽出的样本点在调查执行之前预先踩点，可以减少由于使用地图法抽样抽出的样本点不符合要求的情况，且得以在调查执行之前进行修正。譬如抽到一些公园或者工厂厂房区等没有人居住的地方，就可以对地图的划分模型进行修正。

（5）在样本点中进行街头拦截访问，为了尽可能保证样本的分散性，规定每一个样本点只能完成 10 份成功问卷。

珠三角地区包括广州、佛山、肇庆、深圳、东莞、惠州、珠海、中山、江门 9 个城市。在这 9 个城市中，每个城市的城市化水平都不一样，且每个城市的历史和文化也有其独特性，每个城市的规模、经济发展程度、人口聚集程度、产业规模的不一致都有可能影响新市民的城市性积累。本书基于珠三角地区城市和人口规模进行抽样，采用国家统计局 2010 年关于珠三角各个城市的人口规模的数据，按照特大城市、大城市、中等城市、小城市 4 种城市规模进行划分，广州、深圳为特大城市，佛山、东莞为大城市，中山、惠州、江门、珠海和肇庆为中等城市。考虑广州作为省府城市，其城市发展历史比深圳更加久远，故将广州作为特大城市的调查区域；而东莞与佛山相比，在新城市发展和新市民发展方面更具特色，因此把东莞作为大城市的调查区域；中等城市则选择江门作为调查区域，因为不仅其生产总值居中，人口密度和产业比值都相对适中，而且其城市发展也受到历史传统和现代城市化的影响。因此，抽取广州市、东莞市、江门市分别代表特大城市、大城市、中等城市。为了考察城市规模对城市性的影响，在区分三类城市的基础上，在中等城市的下辖区县中选择了台山市作为小城市的调查样本区域。珠三角 9 个城市的人口状况[①]见表 1.1。

表 1.1 珠三角 9 个城市人口状况

城市	总人口/万人	城镇人口比重/%	城镇人口数量/万人
广州	1 270.08	94.09	1 195.02
深圳	1 035.79	100	1 035.79
佛山	719.43	84.99	611.44
东莞	822.02	84.81	697.16
中山	312.09	86.00	268.40
江门	444.89	43.85	195.08
惠州	459.70	41.55	191.01
肇庆	391.81	40.67	159.35
珠海	156.02	90.32	140.92

本书按照不同区域的产业情况分别抽取了广州市海珠区、天河区、白云区、黄埔区、番禺区分别代表不同类型的新市民。利用地图画格在以上区域最终确定 40 个样本点，并对 40 个样本点进行加权，使用“定点+类型”的方式抽取调查点，最终在每个样本点区域完成 10 份问卷。考虑东莞市的行政区域划分为区镇的形式，且其下辖镇比较多，因此，把东莞市各区镇的经济总量进行排名，按高中低三类经济发展水平抽取出 10 个区镇。被抽中的区镇分别有莞城区、厚街镇、虎门镇、石龙镇、寮步镇、大岭山镇、常平镇、樟木头镇、中堂镇、塘厦镇，然后在每个镇选择 4 个样本点区域，在每个样本点区域内完成 10 份问卷。江门市主要的新市民和大型企业都集中在蓬江区和江海区，因此在蓬江区和江海区两个市区范

① 数据来自广东省统计局 2011 年 5 月 10 日通报。

围共抽取 30 个样本点区域，在每个样本点区域完成 10 份问卷。台山市则在台城区抽取 20 个样本点区域，同样在每个样本点区域完成 10 份问卷。

五、调查实施及质量控制

采用招聘当地高校大学生作为访问员的方式执行访问。通过面试的形式选用熟悉当地语言和情况的大学生作为访问员。在访问员进行访问之前，派出富有经验的督导进行培训，在培训过程中进行模拟访问，并派人监督每个访问员的模拟访问，一旦发现有问答不正确或者访问员使用带有意向性的语气进行访问时马上纠正。与培训及格的同学签署劳务合同，并让其承诺必须按照培训的流程进行访问，遵循一旦作假全部作废的原则。在执行过程中，分别在中山大学、东莞理工学院、广东医学院（东莞校区）、五邑大学等高校招募访问员，并派出研究生作为督导，每个督导各自带领 5 个访问员，在抽样区域进行街头调查。对接受访问的被访者赠予答谢礼物。

为了保证质量，本书先完成了广州的样本，在总结广州执行经验的基础上再对其他城市进行调查。执行调查时出示中山大学社会学与人类学学院开具的课题调查证明，增加被访者的责任感和信任度。督导在调查区域内对访问的执行进行现场监控，对问卷进行一审，一旦发现甄别问题出错或者问卷填答错误，都要求访问员立即进行补救。在问卷回收当天晚上，每一份问卷都会由负责督导进行二审，二审主要看跳答和逻辑题目是否存在跳答错误和常识性错误等问题。调查时会请被访者留下电话号码，然后由独立的质量管理小组全部进行电话回访复核。在问卷录入之前，将会由不同督导对问卷进行交叉审核，是为三审，一旦出现问题均把问卷作废。

六、样本规模及结构

本书原计划定量调查总样本 1200 个，在广州市、东莞市、江门市、台山市分别完成 400 份、300 份、300 份、200 份。最后实际回收问卷 1236 份，剔除无法弥补的废卷之后最终获得有效问卷 1220 份。具体样本分布如表 1.2。

表 1.2 样本及其区域、类型分布

样本类型	样本区域分布				合计
	广州	东莞	江门	台山	
外出打工/个	262	236	164	120	782
投资做生意/个	109	41	95	54	299
国家单位工作/个	7	3	3	1	14
投亲靠友/个	5	8	5	1	19
无工作、未工作或无固定工作/个	22	18	30	36	106
合计/个	405	306	297	212	1 220

表 1.3 反映了本次抽样调查的样本结构。为了评估本样本的代表性，对照分析了国家统计局全国农民工调查监测报告[①]中同样统计口径的数据结构，结果表明，样本数据结构与对照数据结构在婚姻、生计、技能培训等方面高度一致，说明本书的样本结构与全国农民工数据的结构基本吻合；另外本书的样本还客观反映了珠三角农民工女性比例高、年龄相对较小、文化程度较高等特点。

表 1.3　样本结构及其代表性评估

指标		样本数据	全国数据
性别/%	男性	59.2	66.4
	女性	40.8	33.6
	合计	100	100
年龄/%	16～20 岁	11.0	4.9
	21～30 岁	40.5	31.9
	31～40 岁	26.2	22.5
	41～50 岁	15.8	25.6
	50 岁以上	6.5	15.1
	合计	100	100
婚姻/%	已婚	72.0	73.4
	未婚	28.0	26.6
	合计	100	100
生计/%	自营	27.3	27.2
	受雇	72.7	72.8
	合计	100.0	100.0
技能培训/%	参加过	35.4	36.3
	未参加过	64.6	63.7
	合计	100	100
文化程度/%	小学及以下	15.1	15.8
	初中	40.1	60.5
	高中、中专、技校	32.5	18.0
	大专及以上	12.4	5.7
	合计	100	100
月均收入/元		2 683.1	2 290.0

① 本书的调查执行时间是 2011 年末，考虑到数据在时间上的可比性，故选择了 2012 年的监测数据。“婚姻”一项 2012 年数据缺，因此采用 2011 年数据。

第二章　中国城市化的机遇与挑战

本章将在回顾中国城市化历程的基础上，分析目前城市化面临的结构性矛盾和问题，由此聚焦出本书的研究主题。

第一节　中国城市化进入快速发展期

赵冈（2006）测算过中国各个朝代的总人口和城市人口，估算出了各个历史时点上的城市化率。根据他的估计，战国时期（约公元前 300 年）中国城市化率已经达到 15.9%，300 年后的西汉末年为 17.5%，到唐朝中期（745 年）略增至 20.8%，南宋（1200 年）城市化率达到中国古代的最高值 22.0%；以后各代城市化率较低，直到清朝中前期（1820 年）为 6.9%，晚清（1893 年）7.7%；1949 年新中国成立之时，中国城市化率只有 10.6%，1957 年上升至 15.7%。虽然赵冈先生的测算结果仅为一家之言，而且他自己也先声明“本章所使用的历史资料，可靠性当然都不是很高，推估得出的结果自然会有相当大的误差”（赵冈，2006：59），但是仍然可以从中大致看出中国 2000 多年传统社会时期的城市化水平及其变动轨迹。从这一组数据看来，受农业社会的生产方式制约，中国在 2000 多年传统社会里，城市化水平整体上很低；南宋以前，城市化率基本上稳定在 20%左右；南宋以后，受编户齐民、保甲制度等国家政策限制，城乡之间的人口流动规模反而大幅度萎缩，城市化率下降 1 倍以上，一直稳定在 7%左右；晚清以后，随着近现代工商业的引入和初步发展，城市化率才有小幅增长。造成这一结果的原因是农业社会中的城市只担负国家行政管理、军事防御、手工业和小商业聚集等几个原始功能，人口从农村往城市流动缺乏持久性动力，城市缺乏大规模聚集和承载人口的经济基础。

据国家统计局公布的数据，1949 年，我国城市市区人口 3949 万人，占全国总人口的比重为 7.3%。1957 年年末，我国城市市区人口增加到 7077.27 万人，占全国人口的比重提高到 10.9%。三年“大跃进”后的 1962 年，我国城市市区人口由 7077.27 万人增加到 10 132.47 万人，占全国总人口比重 15.4%。到 1965 年，我国城市市区人口下降到 8857.62 万人，比重由 15.4%下降到 12.2%。到 1978 年，城镇人口为 17 245 万人，城镇人口占全国总人口的比重缓慢提升至 17.92%。1979～1991 年，中国城市化快速发展，全国新增加城市 286 个，1991 年末城镇人口达到 31 203 万人，城市化率升至 26.9%。1992～2008 年，城市化率稳定发展，2008 年年底，全国城市总数比 1991 年增加 176 个，城镇人口比 1991 年增加 90.3%，城市化率提高到45.7%。此后几年中国城市化率保持年均1%左右的增长水平，城市化率2009年46.6%，2010年47.5%，2011年51.27%，2012年52.57%，2013年达到53.73%。我国幅员广大，各地区经济社会发展水平不平衡，东部地区城市化水平高于全国平均水平，已经接近“70%城市化率”这一城市化进程完成的标志。2010年，广东、浙江、辽宁三省城市化率就分别达到了63.4%、61.0%、60.4%（杨宏翔，2013）。

综合各方面信息，可以估计，在正常情况下未来20年内中国城市化率将以大致每年1个百分点的速度继续增长。国务院研究室课题组预测，全国农业剩余劳动力仍然大量存在，约1.2亿～1.3亿。在没有其他更好的转移渠道的情况下，这些剩余劳动力还将会以农民工的形式转移出来。如果按全国农民工数量每年增加600万～800万人计算，还需20多年的时间才能消化完（国务院研究室课题组，2006：63）。麦肯锡全球研究院一项研究显示，在未来20年内，中国城市40%以上的人口将由移民组成，当地政府向市民提供服务的能力将面临巨大压力。在现有1.03亿城市移民的基础上，在2025年前，中国城市还将面临另外2.43亿移民涌入，导致城市总人口接近10亿人。在大中型城市中，约有半数的人口都将是移民，大约相当于现有水平的3倍。该研究报告作者认为40%～50%的城市人口都将是农民工（何黎，2008）。中国城市化已经进入了快速发展阶段，城市化率从1993年的28%提高到2005年的42.99%，年均增长1.25个百分点，如果按照这个速度继续增长，到2020年，我国的城市化率大概将达到55%～60%。这就意味着在未来的十几年内，还将有3亿～4亿的农民从农村迁移到城市。以江苏省为例，1990年江苏城市化水平超过20%，2005年江苏城市化水平已达50.5%，城镇人口为3774.62万。也就是说江苏省每年新增城市人口100多万，在城市人口中1/3以上是近10年进入城市的新市民（朱悦怡，2007）。

城市化是中国内卷化农业的根本出路，可以促进中国农业步入现代化轨道；城市化是未来一段时期经济发展的主要动力，可以拉动内需，为中国新一轮经济的高速发展提供引擎；城市化与社会现代化相伴而生，将促进中国社会各个方面的转型；城市化是现代社会发展的普遍规律，是中国进入现代化发达国家的必经之路。但是，由于中国特有的国情基础、历史背景和制度环境，以及城市化发展的独特起点、路径和过程，中国城市化在表面数据背后存在诸多结构性矛盾，还有不少尚待解决的问题，面临种种挑战。其中最关键的问题是，城市化率只反映了城市化的数量和规模水平，城市化进程中进城农民转移是否彻底及新市民的素质水平高低才能综合反映城市化的质量，有数量没质量的城市化是不彻底、不成功的城市化，必然潜藏社会隐患。所以，在城市化规模和数量高速发展的今天，必须开始思考城市化的质量问题。

第二节　乡土社会解体后农民如何终结

美国未来学家托夫勒在《第三次浪潮》一书中将人类历史划分成游牧社会、农业社会、工业社会和信息社会 4 个阶段，从游牧社会向农业社会转型大约从 10 000 年前开始，为“第一次浪潮”；从农业社会向工业社会转型从 17 世纪末开始，为“第二次浪潮”；从工业社会向信息社会转型从 20 世纪 50 年代开始，为“第三次浪潮”。按照这一理论，中国是农业社会的典范和第一次浪潮的杰出代表；但是，中国的工业化自 20 世纪 50 年代开始起步，几经曲折，直到 20 世纪 70 年代末才真正步入正常轨道；所以中国跨入第二次浪潮的时间比西方晚了约 300 年，世界已经步入第三次浪潮的时候中国还需要补第二次浪潮的课，或者说中国同时步入第二次浪潮和第三次浪潮（托夫勒，1984）。

70 多年前，费孝通将中国社会特征高度概括为“乡土中国”，他说：“从基层上看去，中国社会是乡土性的。”他认为那些“被称为土头土脑的乡下人”才是中国社会的基层，而从这基层上曾长出一层比较上和乡土基层不完全相同的城市社会只是在近百年来与东西方接触边缘上发生的一种“很特殊”的社会，不能代表中国社会特性。费孝通总结出中国乡土社会的特征包括：高度依赖土地的农业社会、世代定居安土重迁的不流动社会、相对孤立封闭的村落社会、互相熟悉而又信任的熟人社会、重规矩轻契约的礼俗社会。但是，70 多年前费孝通已经感觉到“社会的激速变迁”，越来越多的中国人正在“从乡土社会进入现在社会”，这个“现在社会”就是都市社会。费孝通发现，熟人社会的法则在一个陌生人面前是无法应用的，我们在乡土社会中所养成的生活方式处处产生了流弊，陌生人所组成的现代社会是无法用乡土社会的习俗来应付的，以至于土气成了骂人的词汇，“乡”也不再是衣锦荣归的去处了（费孝通，1985：1）。费孝通写《乡土中国》的时候，中国社会转型已经起步了，传统乡土社会和现代都市社会的分化已经开始出现，只不过前者仍然是中国社会的基础和主流，后者只是中国社会的特殊层面和支流；费孝通已经敏锐地感觉到传统乡土社会向现代都市社会转型是历史趋势，只不过因为后来中国社会现代化的曲折，这个转型直到今天都还处于正在进行时。第一次浪潮中国农业文明的巨大成功，反而导致中国社会在第二次浪潮来临时反应迟钝，形成巨大的历史负担，所以中国社会的转型注定曲折而艰难。但是，从上述城市化率的最新数据我们可以看出，至少从人口分布上看，传统乡土社会和现代都市社会已经不再是 70 多年前的主流和支流之分，而是处于势均力敌之势了。

按照托夫勒的理论，法国是另外一个农业社会的典范和第一次浪潮的杰出代表。和中国不同的是，法国已经成功完成了从农业社会向工业社会的转型。受过美国芝加哥学派系统训练的法国社会学家孟德拉斯（Henri Mendras，1927～2003

年）1967 年出版《农民的终结》一书，对法国从农业社会向工业社会的转型模式进行了分析，提出了著名的“农民的终结”理论。在孟德拉斯看来，“农民的终结”不是农业的终结，相反，工业化和城市化浪潮促使农业劳动者离开土地进入城市，土地和其他生产资料不断集中，农业规模化、科学化、现代化得以可能，农业得到了革命性的进步和发展。“农民的终结”不是农村的终结，相反，乡村社会不仅没有衰败，法国经过 30 年转轨之后，乡村社会出现了惊人的复苏，80 年代法国乡村重新焕发出迷人的魅力，乡村的生活方式使年轻人趋之若鹜。乡镇在经过一个让人以为已死去的休克时期之后，重新获得了社会的、文化的和政治的生命力。“农民的终结”是传统小农的终结，是“轮作农业体系”支撑起来的小农经营模式的终结。转型中的法国农业社会出现了强调社会与系统平衡的“传统理性”和注重投资收益比的现代“经济理性”，前者是一种价值理性，强调辛勤劳动、省吃俭用、精打细算、勤俭节约等传统美德；后者是一种工具理性，注重市场原则和经济效益。“农民的终结”就是在现代“经济理性”冲击下“传统理性”的终结。但是，“传统理性”的终结并非一帆风顺，在这个过程中，小农们甚至出现恐慌和无助感，说明这种转变是一种心态和人格的深刻改变，而不仅仅是简单的“象征性现代化”（孟德拉斯，2010）。孟德拉斯的《农民的终结》经李培林翻译成中文后于 1991 年由中国社会科学出版社出版，引起了中国社会学界广泛而持久的关注，“农民的终结”理论成为中国城乡社会学研究界的重要理论范式，以陆学艺为代表的中国社会学家甚至以“为了中国传统农民的终结”作为自己的学术使命（吴怀连，1998）。20 多年过去了，中国传统农民该不该终结、会不会终结早已经不是问题；问题是，中国传统农民何时终结、如何终结？我们应该以什么标准判断传统农民是不是终结了？农民在中国有经济学意义上的职业含义、政治学意义上的身份含义、社会学意义上的人格含义，完整的“中国传统农民的终结”应该是传统职业、身份、人格全面的终结，否则就是半拉子工程，说“中国传统农民的已经终结”就是自欺欺人。文艺界学者提出，改革时期中国出现了“乡土新族”（新农民）和“乡裔城族”（新市民），而且从“传统农民的终结”到“乡土新族”“乡裔城族”的出现，再到“新市民”的诞生，是未来几年、十几年、几十年中国社会最有研究意义的问题之一。几亿“乡裔城族”的出现，可能是继早期资本主义原始积累以来，最为壮观宏大的一次“进城潮”，他们经历与土地剥离的痛苦，在城乡两种文明的夹击下，精神上也面临痛苦的选择、整合、重建。

费孝通在《乡土中国》一书中指出：“中国乡土社区的单位是村落，从三家村起可以到几千户的大村。”村落使中国社会富于地方性，形成“区域间接触少，生活隔离，各自保持着孤立的社会圈子”（费孝通，1985：4）。数千年来，村落在中国传统乡土社会具有重要社会意义，村落是中国传统社会的主要组织方式，更是中国传统农村人的基本生存空间。但是，近年来村落在城市化浪潮中正迅速走向解体。据报道，现在已经出现了大量“空心村”甚至“空壳村”，赣西北三个“空心村”的 11 个自然村平均居住不到 8 人，甚至出现了“一个人的村庄”（冯志刚，2012）。据李培林统计，在 1990 年到 2010 年的 20 余年时间里，我国的行政村数量，由于城镇化和村庄兼并等因素，从 100 多万个，锐减到 64 万多个，每年减少 1.8 万个村落，每天减少约 50 个（李培林，2012b）。根据相关部门最新统计数字，我国的自然村已经从十年前的 360 万个减至 270 万个，也就是每一天消失 80～100 个村落（冯骥才，2012）。与此相应，2000 年到 2010 年，在我国农村，平均每 1 天就要消失 63 所小学、30 个教学点、3 所初中，几乎每隔 1 小时，就要消失 4 所农村学校（舒晓辉，2012）。李培林将这一过程概括为“村落的终结”。“村落的终结”和“农民的终结”之间是什么关系呢？“村落的终结”就是“农民的终结”吗？本书认为，“村落的终结”只是“农民的终结”的开始，传统农民大规模离开村落以后进入城市并不会立即脱掉传统性、乡土性。

20 世纪 90 年代初，当翻译《农民的终结》一书时，李培林感觉中国农民的终结是一个非常遥远的话题，甚至认为在其有生之年农民的终结在中国不会成为现实。但仅仅过了 20 年，农民的终结已经不再遥远了。2011 年，中国城市人口达到 51.27%。李培林认为这标志着我国已经从一个具有几千年农业文明历史的农民大国，进入以城市社会为主的新成长阶段。这种变化不是一个简单的城镇人口百分比的变化，它意味着人们的生产方式、职业结构、消费行为、生活方式、价值观念都将发生极其深刻的变化（李培林，2012a）。我们注意到，李培林在这里用了一个“将”字，说明城镇人口百分比变化的同时，中国传统农民的生产方式、职业结构、消费行为、生活方式、价值观念等有了发生变化的可能，但并不是完全同步的变化，尤其是其中的生活方式、价值观念变化更是将来时态。正如李培林在另一篇文章中指出的，一个由血缘、亲缘、地缘、宗族、民间信仰、乡规民约等深层社会网络联结的村落乡土社会，其终结问题不是非农化和工业化就能解决的（李培林，2002）。

正确理解“农民的终结”的关键是完整理解“农民”概念的全部内涵。从农村社会学的角度来看，“农民”是一个多义词。首先，“农民”被理解为以农业为职业的人们，也就是以动植物的种养为主要职业和谋生手段的人们。职业意义上的“农民”含义是“农民”的基本内涵，但不是全部内涵。以农为业反映了农民的生产方式，农业的特性又决定了农民在聚落模式、社会交往、社会心理、群体人格等方面的特性。其次，“农民”被理解为农村居民，也就是生活在乡村社区的人口，乡村社区具有人口规模小、人口密度小、人口同质性强等特点，乡村通常被描绘成素朴自然、田园牧歌。乡村社区是农民的物理生活环境，与农业生产方式一起塑造了农民的社会交往、社会心理、群体人格等方面的特性。最后，“农民”被理解为乡下人甚至被贬为“乡巴佬”，这是文化意义上的“农民”内涵。在这层意义上，农民是拥有一种生活方式的文化群体，这种生活方式不仅包括户外工作、季节性、循环性、封闭性、不流动等特点，还包括血缘地缘群体、初级社会关系、亲密社会交往等社会关系特征，以及热情、迷信、非理性、散漫、重视经验等心理特征和人格特点。也就是费孝通总结的熟人社会、礼俗社会的文化特征。“农民的终结”应该是以上三层含义上的终结，而不应是局部意义上的终结。目前，中国已经有超过一半的人口居住在城市，其中包括 2 亿从农村进入城市的“新市民”。这部分人基本实现了职业和社区意义上的转型，不再以农业为生、也离开了乡村生活环境，但是由于“文化滞后”是一个普遍规律，再加上诸多中国特有的制度因素的影响，文化意义上的“农民的终结”不仅没有完成，而且只是刚刚开始，可谓任重而道远。

第三节 新型城市化如何以人为中心

“新型城市化”[①]概念提出已经 10 年有余，由于城市化是当代中国社会变迁最重要的内涵，城市化浪潮使中国面临众多挑战，同时又带来千载难逢的发展机遇，所以新一届政府将新型城市化提升到国家发展战略的高度。现在，“新型城市化”已经成为中央和地方政府及各个学科学术界出现频率最高的关键词之一。中央和地方政府正在紧锣密鼓地探索、研究、出台各种新型城市化战略、政策和规划。但是，在快速推进的城市化进程和雷厉风行的政府行为背后，我们看到了新型城市化理论的滞后。然而“新型城市化”内涵究竟是什么还始终是一个问题。一般认为，“新型城市化”道路有别于“传统城市化”道路，新型城市化是“人口城市化”，传统城市化则是“土地城市化”，对“人”的关注是新型城市化思想区别于传统城市化思路的理论核心。基本可以达成共识的是，新型城市化就是以人为本、以人为核心的“人”的城市化，以人为本的反面是“以钱为本”[②]。问题是，我们应该如何全面理解“人”的内涵？或者说我们应该关注“人”的哪些方面？

迄今为止，政府和学术界基本集中关注于以农民工为主体的新市民的市民化问题，以解决“半城市化”积弊。总之，新型城市化已经开始从政治学角度关注农民工的公民权。有关以人口城市化为核心的新型城市化问题，迟福林的观点比较具有代表性。迟福林认为，过去 30 年中国城镇化是规模城镇化，以工业化为主导、以做大经济总量和承载投资为主要目标、以土地批租为重要手段，出现了产

---

① 不少政府部门、学界人士提“新型城镇化”而不是“新型城市化”，甚至党政报告、文件中“新型城镇化”出现的频率远高于“新型城市化”（文军，2013）。然而本书赞同文军先生的观点，认为“新型城市化”提法比“新型城镇化”合理。

② 这一说法由郑永年（2011）提出。郑在《联合早报》发文指出，在中国城市化进程中，出现了通过政治和行政手段进行的强制性城市化。地方政府只把心思放在土地以推动地方经济的发展，而人反而成为包袱。

能过剩、资源浪费、环境破坏等突出问题，这种规模城镇化的矛盾问题日益凸显，难以为继，所以必须推进规模城镇化向人口城镇化转型（迟福林，2013a）。人的城镇化的过程是农民进入城镇就业并融入城镇生活的过程，农民工市民化是推进人的城镇化的核心（迟福林，2013b）。迟福林提出了“名义城镇化”和“人口城市化”两个概念，有关部门公布的 2012 年 52.6%城市化率是名义城镇化，但人口城镇化只有 35%左右，人口城镇化严重滞后于名义上的城镇化。应该三年左右实现有条件的农民工市民化，五年左右实现农民工市民化和解决流动人口问题，消灭“农民工”三个字（迟福林，2013c）。具体目标是 5 年内人口城镇化率从 35%提高到 42.5%左右，并且形成人口城镇化的制度框架；8 年内基本形成人口城镇化的新格局，人口城镇化率达到 50%以上，初步接近 60%左右的名义城镇化率（迟福林，2013d）。辜胜阻认为中国经济目前最大的机遇是城镇化，同步发展的工业化、信息化、城镇化和农业现代化是“新四化”，是我国经济发展的新动力（辜胜阻，2013a）。中国城市化存在五大需要防范的误区：“有城无市”的过度城镇化、有速度无质量的城镇化、城镇化的“房地产化”、特大都市“大城市病”、农民工转移不彻底的“半城镇化”（辜胜阻等，2013）。新型城镇化的核心应该是人的城镇化，应该重点解决农业转移人口的“半城镇化”问题，也就是农民工的市民化。大量的农民工实现了地域转移和职业转换，但还没有实现身份和地位的转变。近 2 亿生活在城镇里的人没有城镇户口和享受城镇居民待遇，新型城镇化的标志是推进农业转移人口的市民化（辜胜阻，2013b）。安虎森、皮亚彬（2013）认为，新型城镇化最艰巨的任务是人的城市化，也就是要解决户籍制度、城市偏向的公共政策、农村土地制度等因素带来的半城市化问题，只有消除附着在户籍制度上的差别化的公共服务，使户籍回归人口登记的基本职能，才能从根本上解决半城市化问题。李佐军（2013）用了“夹生城镇化”这一概念来描述中国城市化的现状，认为目前我国城镇化的迫切任务是使“农民工市民化”，即让已进城的农民工变成真正的新市民。为此，我们迫切需要推进土地制度、户籍制度、福利保障制度、财税制度、政府考核制度等综合性“城镇化改革”，消除城镇化的制度障碍，让人口和生产要素在中国大地上自由流动。

已经有部分学者不仅关注户籍制度、市民化、“半城市化”之类的“人的城市化”内容，而且开始论及进城农村人的生活方式、人格、思想观念、行为模式、人文素质等方面的转型，也就是已经开始从社会学角度关注新市民的城市性。文军（2013）指出，城市化的终极目标应该是人的城市化，即人的城市性特征的极大彰显。他认为城市化包含 4 层含义：一是人口转移导致城乡聚落和人口数量增减；二是城市空间扩张产生城市网络或城市带；三是社会转型使社区在政治、经济、文化生活条件、社会心理等方面变得越来越具有城市性特点的过程；四是社会成员的思维方式、行为习惯、个体素质、价值观念、生活方式等由传统农民逐步转向现代市民的过程，即群体角色转变。前两个方面属于物质和技术层面的城市化，而后两个方面则突出表现为一种文化性和社会性的“质量”特征，属于社会和文化层面上的城市化，其本质就是“人的城市化”。城市化的“内在属性”和本质特征应该是作为角色群体的“农民”在内涵上如何实现向“市民”的真正转变，而不仅仅是户籍城市化和职业非农化等城市化的“外部特性”。张晓洲（2005）同样强调人的城市化是农村城市化进程中的首要问题，他理解的人的城市化就是农民市民化，与农村政治、经济、文化城市化和农村人口城市化是并列的概念。市民化并不是户籍城市化，他认为“以为户籍一改，把农民赶进城市，就是城市化了”是一种普遍存在的“幼稚病”，北京、四川等一些地方大范围内的“农转非”遭到农民的冷眼旁观就是例证。人的城市化应该是农村人人格的城市化，也就是传统农村人转化为现代城市人的过程。毛哲山（2011）认为，农民工群体融入城市会经历职业城市化、地域城市化、身份城市化到人的城市化几个阶段，最终会在规模、制度、素质各方面发展的基础上，在生活方式、思维观念等层面再社会化，以实现“人的城市化”目标。吴望清（1999）提出要重视人的城市化建设，认为仅仅拥有城市户口、工作岗位、住房的外在条件是不够的，道德素质、文化素质及适应城市社会的思想观念、思维方式和行为方式的培养更为重要，要培养名副其实的城市人、现代人。这些观点都带来了很多有益的启示。

“人的城市化”概念使研究者把注意力从城市扩张、地产开发、形象工程、产业发展、经济规模等“物”的层面转移到城市化的主体“人”上面，这是一个巨大的进步，或者说是明智地回归城市化的正确道路。本书认为，上述两方面的观点都没有错，但必须全面理解“人的城市化”的完整意义。“人的城市化”概念可以分解为“人口城市化”和“人格[①]城市化”两个子概念，二者缺一不可，共同构成“人的城市化”的完整意义。“人口城市化”就是指进城农民冲破二元社会结构的限制、争取与城市人平等的公民权、获得城市社会合法身份、平等分享城市公共福利的过程，也就是通常意义上的“市民身份化”过程。“人格城市化”是指走出农村的传统农民逐步放弃乡村生活方式同时接受城市生活方式、培养城市人的人格、转变思想观念和行为模式、提升现代人文素质的过程，也就是“城市性积累”或者称为“城式化”[②]过程。

不少论者在非常狭窄的含义上使用“市民化”这一概念，认为“市民化”就是前述“人口城市化”，只用于指农民争取与城市人平等的公民权、获得城市社会合法身份、平等分享城市公共福利的过程。其实这只能称为“市民身份化”。“农

① 人格指一个人所有的各种比较重要和相对稳定的心理特征的总和，是一个人基本的精神面貌。它是在个人的生理基础上，受到家庭、伙伴、学校教育和社会环境等因素的影响而逐渐形成的气质、情绪、能力、兴趣、爱好、习惯和性格等各种心理特征的总和（费穗宇等，1988：3）。

② 此处先重点阐述“人口城市化”与“人格城市化”的关系。为了行文的顺畅，有关“城市性积累”“城式化”方面的概念解释和详细阐述将在后文中展开。

民市民化”应该包括4层含义：职业上从从事农业劳动转向从事非农业劳动；社区上从乡村社区向城市社区流动；身份上获得城市户口，取得与城市人完全一样的公民权；生活方式上积累城市性，形成城市生活方式。实际上，从成为农民工那天起，他们就都已经完成了职业和社区两方面的市民化。所以“农民市民化”应该理解为进城农民的进一步市民化，还应该包括身份和生活方式两个方面，就是所谓“人的城市化”。

为了把问题论述清楚，此处必须简要讨论一下“半城市化”或“半城镇化”概念。“半城市化”（peri-urban）最早由地理学界在20世纪60年代末提出，用以描述一种介于城市与乡村之间、职能和景观方面与传统的城市和乡村有着明显的不同的新型地域或景观类型，与“城市边缘区”（urban fringe）、“城乡结合部”（city-country fringe）、“城市交错带”（urban-rural ecotone）等概念相近。21世纪初，中国开始有研究城市化的地理学界学者（贾若祥等，2002；于北溟等，2006；郑艳婷等，2003；傅小锋等，2005；刘盛和等，2004，2005）使用这一概念，但一般都是用“半城市化地区”来讨论有关城市环境与规划方面的问题。后来这一概念由社会学家王春光（2006）借用来研究新生代农民工问题，“半城市化”被他界定为一种介于回归农村与彻底城市化之间的状态，而不再是地理学上的不城不乡的地区，而是表现为各系统之间的不衔接、社会生活和行动层面的不融合，以及在社会认同上的“内卷化”。这一概念后来产生了广泛影响（安虎森等，2013；王春光，2009；侯小平，2013；李刚，2011；吴华安等，2011；任远等，2010；周建国，2009a；杨昕，2008），成为描述和诊断中国当代城市化的常用范式。李佐军（2013）还用“夹生城镇化”更形象地描述半城市化现象。唐茂华（2009）研究了中国“不完全城市化”问题，在他看来，“不完全城市化”和“半城市化”是大致相同的概念。本书认为，“半城市化”是一个科学而又实用的概念，其含义应该是农民完成了职业上从从事农业劳动转向从事非农业劳动和社区上从乡村社区向城市社区流动，但是暂时还没有条件或者没有能力在身份上获得城市户口、取得与城市人完全一样的公民权，暂时还没有在生活方式上积累城市性、形成城市生活方式。可以理解为“人的半城市化”。本书认为，如果以科学客观的态度辩证地看问题，人的城市化本身就是一个漫长的过程，作为个体的农民或者作为群体的农民工阶层完成了人的城市化的一半或者说一部分是正常的；但是，如果作为个体的农民或者作为群体的农民工阶层因为制度障碍和环境制约停留在职业和区域城市化状态而不再继续完成身份和人格的城市化，那就只能算作是“城市化中止”甚至是“城市化失败”。

还有不少人使用“伪城市化”[①]这一概念。有人（叶檀，2012）认为半城市化

① 也有个别学者（陈丰，2007）用“虚城市化”概念。含义类似。

就是伪城市化，似乎两个概念是一回事。但仔细推敲，人们（荆宝洁，2012；秦菲菲，2010；王羚，2010；李荣，2011；焦秀侠，2011；万建民，2011；李记，2011；余丰慧，2011；郭立场，2011；荆化，2011）用“伪城市化”概念主要是指土地财政、房地产开发、城市扩张推动下的失地农民的城市化问题。失地农民的城市化属于另一种形式的半城市化，表现为被动城市化甚至是被迫城市化；和农民工的半城市化状况不同的是，失地农民的半城市化体现在职业和户籍身份都城市化了，但是区域没有变化，仍然生活在故土，只不过土地建起了工厂、住房变成了高楼。农民工的半城市化和失地农民的半城市化完全相同之处在于，两者都没有完成甚至都还没有进入人格城市化轨道，都还没有走出乡村生活方式、接受城市生活方式、转变思想观念和行为模式、形成城市人的人格，都还是“都市里的乡民”。

本书认为，形成只有几十年的制度问题解决起来相对容易，而有几千年传统历史积淀的中国农民的农村性的转变将十分漫长而艰难。人口城市化虽然不容易，人格城市化却更为艰难，路途也将更为漫长。人口城市化是一个显性的问题，容易引起全社会的注意；而人格城市化是一个隐性的问题，不容易引起政府和学界的注意，但是如若处理不好，半城市化问题就仍然不能解决，城市化失败将依然成为现实。当然，人口城市化是一个迫在眉睫的紧迫性问题，必须尽快彻底解决，毕竟“有恒产者有恒心”①；但是，在人口城市化问题解决以后或者在逐步解决的过程之中，人格城市化就应该提上议事日程。甚至可以说，相对于人口城市化，人格城市化是相对不紧迫但却更重要的人的城市化任务。

第四节　中国城市化的结构性矛盾

如上所述，城市化不是一蹴而就的，是一个漫长的过程。中国当代农民城市化过程必须包括职业非农化、区域城市化、身份市民化和人格城市化几项内容，而这几项内容客观上又具有阶段推进的特点。从理想状态来讲，城市化过程应该是一个协调发展的过程，这种协调主要就应该是职业非农化、区域城市化、身份市民化和人格城市化几方面的协调，包括规模相当、速度同步、节奏和谐等各个方面。遗憾的是，研究发现，中国当代城市化并不是一个协调发展的过程，当中存在结构性矛盾。这种结构性矛盾表现为城市化滞后、市民化缓慢和城市性不足三大方面。城市性不足作为本章提出问题的主要出发点将在第三章进行讨论，本节先讨论城市化滞后、市民化缓慢两大矛盾。

---

① 孟子在《滕文公上》中说：“民之为道也，有恒产者有恒心，无恒产者无恒心。苟无恒心，放辟邪侈，无不为已。”

城市化是工业化的产物，工业化与城市化是互相促进的关系，理想状态应该是城市化与工业化之间互相协调、同步推进、良性循环。但是，发展中国家的城市化与工业化之间通常会出现不协调，表现为“城市化超前”或者“城市化滞后”。“城市化超前”又称“城市化过度”，是指一国的城市化水平大大超过工业化水平和经济发展水平，是一种“假城市化”，韩国、委内瑞拉、阿尔及利亚、伊拉克等国家都出现过城市化过度。“城市化滞后”正好相反，指一国的城市化水平远远落后于该国的工业化水平和经济发展水平，大量的农村剩余劳动力无法顺畅地从土地上转移出来，或是政府政策的限制阻碍了城市化的速度（陈仲常等，2005）。在工业化与城市化关系方面，中国虽然局部存在“城市化超前”或“城市化过度”现象（陈仲常等，2005），也有学者（辜胜阻，2013a；王张伟等，2010）提醒中国不能重蹈过度城市化覆辙，但是中国整体上处于“城市化滞后”状态。各方面研究（柳博隽，2008；周其仁，2012；李文，2001；杨宏翔，2013；程俐骢等，2005；王国枫，2013）表明，中国“城市化滞后”表现在以下几个方面：①根据钱纳里模型[①]，2006 年中国人均 GDP 已突破 1000 美元，城市化水平应达到 65%左右，但实际上只达到 43.9%，两者相差 21 个百分点；②城市化率与工业化率的比值通常也用来衡量城市化是否滞后，国际经验值是 1.4～2.5，低于 1.4 就是城市化滞后，高于 2.5 就是城市化过度，中国近 10 年来这一比值基本徘徊在 1.0 左右，远低于 1.4。2010 年全球比值为 1.95（50.9%/26.1%），中国比值是 1.09（51.3%/46.8%），该年美国为 4.1，法国为 4.11，英国为 4.09，德国为 2.64，日本为 2.48，即便是“金砖五国”中的巴西、俄罗斯、南非和印度，比值也分别达到 3.22、1.97、1.38 和 1.15，都比中国的高；③非农就业率与城市化率的比值也用来衡量城市化是否滞后，完全市场化前提下国际经验值是 1.2，高于 1.2 就是城市化滞后，中国近 10 年来这一比值基本徘徊在 1.3 左右，高于 1.2。还有一些学者指出中国一些局部区域存在更为明显的城市化滞后现象，包括浙江地区（杨宏翔，2013）、少数民族地区（杨磊，2012）、西部欠发达地区（何元睿，2009；谭志雄等，2005）、内陆边境地区（杨筠，2009）、中部地区（邓进，2006）。从经济学角度来看，城市化滞后对消费需求增长、社会劳动生产率提高、农业产业化进程、城镇建设和城市中心功能的发挥、产业结构调整和第三产业发展、国民素质的提高、环境保护和治理、建设用地的集约使用都有不同程度的负面影响（孙永正，1999）。从社会学角度来看，城市化滞后反映了职业非农化和区域城市化之间的非均衡、不协调关系。由于区域城市化是身份市民化和人格城市化的起点，故城市化滞后削弱了人的城市化的基础，降低了人的城市化的基数，使大量传统农民失去了“终结”的机会，失去了本该拥有的往城市人、现代人转型的机遇。

① 钱纳里模型可以反映城市化率与人均 GDP 关系的一般规律和基本趋势，其经验数据来自全球 100 个国家。

户籍制度在中国由来已久，春秋战国时代就已经形成，此后历代不断完善。历代户籍制度的主要特点是将民户附着于土地，不允许擅自迁徙，不允许流动，使其成为朝廷赋税兵役的稳定来源，以服务于国家政权的存在和发展。户籍制度承载着公共管理、征发赋税、兵役征集等职能，它不仅仅是国家人口调查、统计和管理的手段，还是国家行政与财政的基础，是维持中国古代专制王朝统治的一项根本性制度（张琳，2012）。新中国成立后，《中国人民政治协商会议共同纲领》和1954年《中华人民共和国宪法》等赋予中国公民具有自由迁徙与自由选择居住地的权利。1949～1957年，我国人口能够完全自由地迁徙，人口迁移十分活跃。1954年，全国迁移人口2200万，1955年增加到2500万人，1956年进一步增加到3000万人。当时没有“流动人口”或“农民工”等概念，这些迁移人口中的主体是受城里较好生活条件和较多就业机会吸引而进入城市的农村人口（国务院研究室课题组，2006：523）。但是，1958年国家颁布了《中华人民共和国户口登记条例》，采取了严格控制农村人口向城市迁移的政策，由此形成了城乡分割的二元体制。从20世纪50年代后期至70年代后期，我国农村向城市的人口流动基本处于停滞状态，户籍制度使数亿农村人失去了自由迁徙与自由选择居住地的权利。改革开放后，我国户籍政策经历了一个从紧到松、从无序到规范、由歧视到公平的过程，1979～1983年为控制流动阶段，1984～1988年为允许流动阶段，1988～1991年为控制盲目流动阶段，1992～2000年为规范流动阶段，2000年以后进入公平流动阶段（刘怀廉，2005：31-38）。2006年3月，国务院下发了《国务院关于解决农民工问题的若干意见》（国发〔2006〕5号），其中就有逐步实行城乡平等的就业制度、高度重视农民工社会保障工作、依法将农民工纳入工伤保险范围、抓紧解决农民工大病医疗保障问题、探索适合农民工特点的养老保险办法、把农民工纳入城市公共服务体系、保障农民工子女平等接受义务教育、多渠道改善农民工居住条件、深化户籍管理制度改革（逐步地、有条件地解决长期在城市就业和居住农民工的户籍问题）等内容。2008年，《中共中央关于推进农村改革发展若干重大问题的决定》指出要“统筹城乡劳动就业，加快建立城乡统一的人力资源市场，引导农民有序外出就业，鼓励农民就近转移就业，扶持农民工返乡创业。加强农民工权益保护，逐步实现农民工劳动报酬、子女就学、公共卫生、住房租购等与城镇居民享有同等待遇，改善农民工劳动条件，保障生产安全，扩大农民工工伤、医疗、养老保险覆盖面，尽快制定和实施农民工养老保险关系转移接续办法。统筹城乡社会管理，推进户籍制度改革，放宽中小城市落户条件，使在城镇稳定就业和居住的农民有序转变为城镇居民”。近年来许多地方都进行了不同程度的户籍改革，2008年可以称为“户籍改革推进年”，各地出台的改革举措更密集，改革的力度更大、层次更深。2008年以后，中央和地方都一直致力于推动户籍制度的改革。但是，冰冻三尺非一日之寒，中国城市化进程中区域城市化与身份市民化之间并没有协调发展，差距甚至有日益扩大的趋势。2013年7月2日，中国国际城市化发展战略研究委员会召开《2011年中国城市化率调查报告》新闻发布会。会议发表的调查结果表明，户籍壁垒导致"半城市化"现象日益严重，2000年以来，按城镇人口计算的城市化率同比增速远远超过按非农业人口计算的城市化率，导致两者差距从2000年的10.14%增加到2011年的16.56%，涉及人口2.3亿。户籍制度造成城乡之间、流动人口与本地人口之间在教育、医疗、社保、卫生等诸多方面不平等（宋懿霖，2013）。在2013年5月27日成都举行的"探索中国新未来——全球财经领袖对话财富成都"活动上，国务院参事室研究员、中国统计学会副会长姚景源指出，全国公布的中国城市化率数据是52%，实际城镇化率只有35%左右[①]（姚景源，2013）。奥特莱斯中国区总裁崔述强不是很认同"城镇化率51%"这一官方数据，认同中国人口城镇化率不足35%（崔述强，2013）。中央农村工作领导小组副组长、中央财经领导小组办公室副主任陈锡文指出，中国户籍城镇化现在还不到35%，常住人口城镇化和户籍人口城镇化之间大约有16、17个百分点的差距，2亿人进了城，但并没有成为城里人，这是未来城镇化必须处理好的重大问题（陈锡文，2013）。所有这些观点和数据都反映了我国目前职业非农化、区域城市化与身份市民化的不协调，是中国城市化结构性矛盾的重要方面。正如前文所述，中国户籍制度具有深厚的社会历史基础，同时又是新中国在特定的历史背景下实行的一项影响深远的社会制度，迄今仍然实行户籍制度的国家已经非常稀少，所以，身份市民化是中国城市化进程的特殊内容，职业非农化、区域城市化、人格城市化和身份市民化之间的不协调是典型的中国特色。本书认为，2亿多进城的农民不存在该不该获得市民身份的问题，流动权、居住权、就业权、受教育权、社会保障权等应该是公民权的内容，农民工作为公民就应该有平等享受这些权利的机会。

更需要注意的是，农民工对城市户口、对移居城市愿望并不强烈。2006年在珠三角的调查表明，只有39.62%的农民工表示愿意把户口迁入打工城市，不愿意的占60.38%（蔡禾等，2006）。2005年"上海市闵行区流动人口状况与服务需求"课题组的抽样调查数据（2156份有效问卷）也表明，只有35.7%的人将来打算在上海发展（王春兰等，2007）。中国社科院组织的一项涉及100多个城市12万多人的调查表明，"80后"农民工希望获得城市户籍的愿望并不强烈（董伟，2010）。另一项全国性调查数据的统计分析发现，绝大多数农民工不愿意转变为非农户口，如果要求其交回承包地，则只有10%左右愿意转为非农户口，为了孩子的教育与升学是少数农民工愿意转户的主要原因，在转为非农户口这一问题上，"80前"

① 现在的方法是用常住人口来计算，在城市工作居住超过六个月，就算作常住人口，计入城镇化。这样2亿多农民工算作城市人。但是实际上全国绝大多数农民工并没有享受到市民待遇（姚景源，2013）。

与“80 后”农民工不存在显著区别（张翼，2011）。在重庆、成都等地的户籍改革试点中，出现了不少“逆城市化”的现象。一些农民工不要城市户口，甚至于很多原有城市户籍的人口，希望换成农村户籍，以分得田地，享受城镇化带来的红利（白田田等，2013）。

每一个农民工都是一个行动者，都是理性的决策者，有自己的目标、意愿和选择，不是任由政府摆布的、被动的棋子。如果将“人的城市化”简单理解为“人口城市化”或者“户籍城市化”，认为户籍问题一解决中国城市化的关键问题就解决了，那就大错特错了。本书的定性研究发现，进城务工经商的 2.6 亿农民现在还停留在“经济人”的层次。他们进城的目的是赚钱，城市在他们心目中是工厂、工作单位、就业场所和掘金之地，而不是社区、家庭、生活场所和心灵的归宿。他们是城市的生产要素、消费者和匆匆过客，一旦赚钱的目的达成或者赚钱机会失去、赚钱能力下降，他们就将回归乡村。城市户口、市民身份对于他们也只有“经济”意义，当测算结果是城市户口不如老家土地“值钱”时，他们会毫不犹豫地拒绝政府给他们城市户口的“好意”。本书认为，只有当农民工提升到“社会人”的层次，完全接受城市生活方式、养成城市人格、融入城市环境、对城市产生归宿感和心理依赖，他们才会有长久之计，才会心甘情愿地放弃土地而接受市民身份。所以问题的关键是如何将农民工群体从“经济人”提升到“社会人”层次，如何促使他们逐步放弃乡村生活方式接受城市生活方式，如何帮助他们顺利从传统农村人格转型为现代城市人格。

第五节　从农民、农民工到新市民

1984 年，中国社会科学院《社会学通讯》首次出现“农民工”一词。根据“中国农民工问题研究课题组”的定义，“农民工”是中国经济社会转型时期的特殊概念，是指户籍身份还是农民、有承包土地，但主要从事非农产业、以工资为主要收入来源的人员。狭义的农民工，一般指跨地区外出进城务工人员。广义的农民工，既包括跨地区外出进城务工人员，也包括在县域内二三产业就业的农村劳动力（国务院研究室课题组，2006：1）。30 年过去了，随着二元社会结构的逐步瓦解，人的城市化、市民化日益提上议事日程，“农民工”这一概念存在的问题日益凸显。因为这一概念含有明显的歧视意义，表现出城市人的优越感和居高临下态度，其本身就是二元社会结构下的产物，所以很多人建议废止这一概念的使用（艾君，2006；缪青，2007；王琳，2007；陈丽萍，2007；潘志玉等，2008；翟玉建等，2008；叶育登等，2009；艾君，2011；费小兵，2012；贺新全等，2013；陈曙，2013；张华强，2013）。本书不想纠缠于这一概念的讨论，只是想指出：“农民工”这一概念的内涵只能片面反映进城农民的户籍身份和职业特征，忽略了进城农民的城市居住和人格变化两方面的特点。这一概念的外延也有问题，按前文的分析，不少失地农民虽然已经“农转非”成为城市户籍，但人格和生活方式仍然保持了浓郁的乡村性，很难再用“农民工”来指称他们；反过来，有一部分户籍在农村的“农民工”中的精英分子已经完全融入了城市，成为人格和生活方式意义上的城市人。另外，本书认为，“农民工”意为具有农民身份的“工人”，用于指称制造业、建筑业的进城农民比较恰当，但用于指称进城从事服务业等其他行业的农村人就比较勉强，至于进城投资经商、办企业的农村人就更不好用“农民工”来称呼了。况且，制造业、建筑业的进城农民只占进城农民的一部分，而且比重还在下降。另外，“农民工”这一概念“中国特色”过于明显，不利于进行国际比较。

“流动人口”是和“常住人口”对应的一个概念，更多用于政府有关部门的户籍管理，学术界也长期广泛使用这一概念。本书认为，用这一概念指称进城农民更不合适：首先，“流动人口”虽然以进城农民为主体，但也有相当比例的“市民”，只不过是在现住地以外的城市出生和成长，不属于“乡民”的范畴；其次，“流动人口”强调人口的流动性特征，20 世纪八九十年代，以农民工为主体的进城农民受限于国家制度和政策确实流动性很强，属于“流动农民”，但近年来流动农民的流动性已经明显减弱，越来越趋近于“常住人口”，国家户籍管理也已经开始区分“常住人口”和“户籍人口”，原来的“流动农民”已经越来越多地被统计到“常住人口”范围；另外，失地农民显然既不是农民工，又不是流动人口。

“城市新移民”是近年来出现的一个研究新视角，这一概念能够很好地包容农民工（劳务移民）、农民工以外的其他进城农民（投资移民、智力移民、创业移民、团聚移民等），而且有关城市新移民社会认同、社会适应、社会融入、社会排斥等方面的研究对本书有重要的参考借鉴意义。但是，和“流动人口”概念一样，“城市新移民”包含了进城农民以外的人群，包括城际移民甚至国际移民；另外，“城市新移民”不能很有说服力地包容“失地农民”群体。

“新市民”这一概念比“农民工”一词出现时间更早。通过在中国知网“期刊”部分进行搜索，可以找到 700 条与“新市民”有关的文献，其中最早的文献出现在 1980 年，是一篇文学界研究《牡丹亭》的论文，其中提到“新市民”概念，指明朝中叶后因资本主义经济成分产生而兴起的新市民阶层（张贤蓉，1980）。后来又有学者（林发茂，1985）从社会主义精神文明角度，提出培养和造就一代有理想、有道德、有文化、守纪律的新市民。早在 1986 年，吴克强、郑涛（1986）就将大批涌进城市受聘为合同工或合同制工人的脸色黝黑、操着乡音的农村青年称为“新市民”，并说他们以自己辛勤的劳动为城市的现代化建设作出了贡献并接受了城市文明的洗礼。不过，其后几年有几篇涉及“新市民”概念的论文（叶建华，1992；曾广灿等，1992；吴福辉，1994；彭云，1994）均出自文学界。到了 1995

年终于又有学者将进城农民与“新市民”概念联系起来，梁夏（1995）针对农村剩余劳动力的无组织流动，提议成立“新市民城发展公司”，在城市非繁华地段建立“新市民城”，作为农民工招聘、培训、职业介绍、居住提供、生活服务等综合基地。俞德鹏（1995a，1995b，1998）针对户籍制度改革困境，提议实行“新市民制度”，并解释“新市民”有别于计划体制下的非农业户口“旧市民”，是社会主义市场经济条件下存在的城市居民，在就业、报酬、居住、迁移、受教育、社会保障、社会救济等各方面完全自由平等，并提议逐步将城市原来的“旧市民”转化为“新市民”，而农民一旦进城就业定居就享受新市民待遇，平等享受各项新市民的权益和待遇。这是迄今最早的与都市乡民有关的新市民定义。周敏、李建龙、孔庆平（1995）指出小城镇建设的误区之一就是“新民旧俗”，农民转化而来的城镇新居民身份、职业等发生了变化，但农村原有的旧思想、旧观念、旧的生活方式依然存在，建议各部门加强对进城农民的思想、文化、纪律、法制教育和知识、技能培训，组建居委会对新市民进行管理。黎民（1997）认为进城农民工结束“传统人”或“边缘人”的地位顺利地转化为现代城市的新市民是农民群体从传统走向现代、中国经济和社会健康发展的内在要求，建议制定恰当的城市移民政策，通过将农民转化为新市民实现城市人口的合理增长，同时设计了具体方案：城市制定移民指标和进城农民的鉴定考核制度，择优将适宜的农村劳动力转化为新市民，同时对不适合或暂时不宜作为移民对象的进城农民进行有效的就业限制和居住限制。易向阳（1998）注意到从农村来到城市，居住环境、聚居方式、群体组合、生活方式等方面的变化影响着“农转非”新市民群体的公共意识，可能引发城市的公共意识危机，提议控制好城市化速度、尊重新市民的乡村文化传统、集中安置新市民、重视新市区公共空间系统建设、加强宣传教育。李佐军（1999）提议建设类似温州龙港、珠海三灶区“金海岸”、深圳布吉镇、温州永中镇的“新市民城”，有选择地在现有中小城镇旁或大城市郊区，以金融为龙头，以房地产为突破口，以实业为基础，运用现代市场机制，主要吸收先富起来的农民为新市民而建立起新兴城市，新城新体制，以企业为主要推动力量（成立新市民城股份有限公司）。王光国（1999）通过厦门市城郊两个村的调研，建议政府和建设部门要担负新市民素质提升和观念转型的责任，征地单位应预留相应资金，在培训引导、文化设施、规划设计、户籍管理等方面采取有效措施。吴玺玫（2001）探讨了小城镇建设过程中失地农民成为“新市民”以后面临各种生存和发展危机。朱涛（2002）提出，今后20年中我国将有3亿～4亿农民及其后代由“农民”转成“市民”，应该借鉴发达国家（如英国、日本等）经验，依托我国成人教育体系，开办各种“市民学校”，通过“平民教育”提高民众素质，引导“农民”向“市民”转型，促进城市化顺利发展。2003年4月开始常州市将外来工纳入“学习型城市”建设计划，开办了以外来工为培训对象的“新市民学校”（连玉明，2003），这是最早的有关政府将农民工以“新市民”对待的报道，同样的报道还有杭州市滨江区政府将失土农民称作“新市民”，给予各方面帮助（佚名，2003b）。孙志亮（2003）认为来自农村的新市民，又可以称为“城市农民”，与市民在综合素质方面存在差距，短期内难以完成向市民的蜕变，所以可以界定为“准市民”，准市民“市民意识滞后”，有待进行“人的革命”。张宇、郎福臣（2003）将“农转非”人员称为“城镇新居民”，简称“新市民”，通过调查发现新市民在相当长时期内会对城市存在心理不适应。杨向群、项复民（2003）建议通过社区教育培育一代新市民，以形成城镇可持续发展的动力。徐晖（2003）提出塑造城镇“新市民”是提升小城镇品质的当务之急和解决之道。整体来看，2003 年之前，有关“新市民”的文献只是少量出现，而且绝大多数是文学界围绕“新市民文学”进行的讨论；与城市化有关的文献只是偶尔零星出现，没有形成连续系统研究，“新市民”概念没有得到认真界定，被自发用于指称被征地农民、“农转非”群体、进城民工。

从 2004 年开始，有关“新市民”的研究成果数量迅速增加，学术界开始对“新市民”概念进行理论分析并自觉应用；与此同时，地方政府也开始转变观念，“新市民”概念从理论走向了实践。聂洪辉（2004）是较早从社会学角度对“新市民”进行界定的学者，他认为，一般人把城市化过程中失去土地的“户改户”居民称作“失地农民”是不妥当的，应该称为“城市化新市民”，之所以叫他们“新”市民是因为他们的价值观、工作方式和生活方式等还保留着农村传统文化的一些特点，正处于转变成市民的过程之中，还不是合格的城市居民，还没有转变成现代意义上的市民，“城市化新市民”这个称谓有助于提高城市化过程中那些转为市民的居民的市民意识、提高其他人特别是城市管理者平等对待他们的意识。从关之宜（2004）的报道中我们看到，人们对“新市民”的理解分歧很大，有的理解为被征地卷入城市的郊区农民，有的理解为外来打工人群，有的理解为城市引进的高知高技能人才和投资者。徐锦才（2004）认为农民市民化有两个研究重点：一是农村人口如何从农村、农业转移出来进城市进企业，另一个是已进城农民如何真正成为市民。他认为“新市民”就是“城市农民”，不宜用“准市民”概念，“新市民”不能理解为“假市民”，只不过短期内不可能完成从农民到市民的蜕变，不能完全达到市民应有程度。“新市民”主要由近几年进城务工经商人员、土地征用整体安置人员组成。“新市民”的大量产生是中国社会加速转型的一个重要标志，“新市民”转变为“真市民”、实现农民市民化是加快城市化步伐的重要保证。2004 年 6 月 23 日至 30 日中国人权研究会调研组在上海市和江苏省无锡、镇江、常州等市调研、考察进城农民工合法权益保障状况发现，无锡、镇江、常州三市不再将进城农民工称为外来从业或务工人员，均统称为“新市民”。无锡市对企业中表现优秀、成为生产能手或技术骨干或有突出成绩的农民工发放迁移户口指标，已有不少来自各地农村的农民工将其农村户口迁移并转成了无锡市城市户口，还有不少人已与本市居民结婚，有的已经在无锡市买房，真正融入了城市成为真正的“城里人”（吴天宝等，2005）。2005 年 9 月 12 日无锡市政府出台《关于新市民安居乐业工程的实施意见》，对“新市民”做出“官方”界定：在无锡市办理暂住证后，连续工作、生活、学习一年以上，有固定住所或相对固定住所，有合法稳定的生活来源，并符合无锡市计划生育政策的外来务工（农）经商人员及其子女（吕青，2006）。在无锡，无论在工厂还是在社区，外来农民工都享受市民待遇，一些农民工还有机会把户口迁到无锡，成为真正的新无锡人（胡俊生，2006；杨卫泽，2006）。吕青（2005）界定“新市民”是城市化进程中离开土地和农业生产活动、居住地变成城市、开始从事非农产业的居民，没有城市户口，来自农村，身份、地位、价值观、生产生活方式、社会权利有别于城市居民，处于向市民转化过程中。2005 年，深圳市将宝安区、龙岗区 25 万农村居民全部转成城市户口，成为中国第一个没有农民的城市，李祝明（2005）认为社区教育在这些新市民角色转型过程中作用重要。对 24.5 万外来人口，浙江省平湖市人称他们为“新平湖人”（朱瑞俊，2005）。傅琼（2005）认为，新市民通过自身学习、体验可以完成生产方式、生活方式、生活观念的转变，体制、政策上的障碍则需要城市政府的帮助。2006 年 2 月起，青岛市对 120 万名取得“暂住证”的外来务工人员的全新称呼为“新市民”，新市民可以享受子女入学、房贷、保险、购车挂牌、考驾照等与市民同等的待遇（王婷，2006）。江苏省昆山市针对 60 多万外来人口推出“新昆山人”建设工程，出台了《关于加强“新昆山人”建设工作的意见》，成立了“新昆山人”工作委员会，搭建了专门的服务平台，营造融管理教育服务为一体的大环境，包括社区服务、新老昆山人沟通互动等（谢波等，2006）。辽宁省大连市启动关注新市民健康活动（骆萍，2006）。西安市雁塔区委、区政府要求对“外来人口、外来务工人员、打工者、农民工”等称谓统一规范为“新市民”，并出台了具体办法（艾君，2006）。高钟（2006）主张，在户籍制度彻底废除之前，降低城市准入门槛，使农民工能由“准市民”（暂住证）进到“新市民”（蓝印户口），最后成为“市民”，从而顺利而又快捷地完成这一历史蜕变。

2007 年以后，有关“新市民”的研究成果数量进一步大幅度增加，学术界开始对“新市民”概念进行界定；与此同时，地方政府有关“新市民”的政策和制度设计也有较大突破。文军（2009）的“新市民”指城郊那些土地被征用以后，在户籍身份和职业上已经实现了转变的群体，他们获得了城市居民的身份，居住地也由原来农村分散居住方式的村落社区转移到城镇集中居住方式的城市社区，是身份、职业、居住地和社会角色等各方面都正在向市民群体发生整体性转变中的一个新群体，也是中国农民市民化的主体和新的利益群体。文军（2007）从生活方式、行为习惯、思维方式、社会权益、各种价值观念角度定义“新市民”，认为农民市民化是在非农化基础上生活结构的重建过程；户籍和职业意义上的人口城市化只是农民城市化进程的“外部特性”，角色内涵上“农民”向“新市民”转变更为重要。张敏（2007）沿用了吕青（2005）对“新市民”的定义，同时指出新市民包括失地农民、常年进城务工者、旧城拆迁转换身份的人。汪鹤飞（2007）的“新市民”则是指转移到城市谋生创业的农村富余劳动力，包括外出农民工，数量为 1.2 亿人左右，加上在本地乡镇企业就业的农村劳动力，农民工总数大约 2 亿人。缪青（2007）认为“新市民”“新居民”和“城市新移民”是一组可以等同使用的概念，代替“农民工”“外来人”等称呼反映了社会和舆论对进城农民工日益增多的关注和包容；新移民的城市融入是传统农民问题终结的一个重要里程，是城乡二元结构消解的关键环节，这无疑在中国现代化进程中具有战略意义；呼吁在中国的大中城市应提供一种制度化的社会支持来帮助新市民融入城市，特别是开发为新移民服务的社会工程。朱悦怡（2007）认为，市民化是指人们在价值观念体系、职业、生活方式等各个方面实现城市化的过程，是人的自身素质提高的过程，它不仅包括人的外在变化，还包括人的内在变化，这些变化都围绕着“农村人”到“城市人”而展开。杨天华（2007）提出，在城市将农民工作为“新市民”，在企业实现从农民工到“大员工”的转变，使农民工这一群体真正融入企业职工队伍之中。曹诚（2008）认为，“新市民”是指离开原来的土地和农业生产活动，居住地变成城市，开始从事非农产业的那些居民，包括来自农村或经济不发达地区的“农民工”或“流动人口”和城市郊区的“失地农民”，他们在身份、地位、价值观、社会权利及生产生活等各方面有别于城市市民，并处于向市民的转变过程中；社区是“新市民”生活、生存、生长的重要场域，社区教育可以促进“新市民”在身份、角色、行为方式和思维方式的转换，包括，培育“新市民”的市民意识和市民观念、技能培训和就业援助、带领“新市民”营造和谐社区等几个方面。李炜（2008）认为，“新市民”应该界定为进城 6 个月以上、主要以务工经商为目的的外来劳动人口，包括农民工、外地来经商、学习者及因工作调动和其他原因随迁家属和投亲靠友者，从管理角度新市民是迁移人口（流动人口）中已办理了暂住证的部分。吕世辰、薛成水（2008）认为，“新市民”是指走上城市化道路的人，在我国现阶段特指户口在农村注册、从事二三产业的人，主要包括乡镇企业从业人员、部分个体工商户和私营企业主、城市里的农民工等。潘志玉、张明（2008）认为“新市民”就是指农村进城务工人员，即“农民工”，不是一个独立的社会阶层，是从农民到市民、从农民到工人的过渡性阶层；之所以使用“新市民”这一称谓，主要是考虑到“农民工”一词隐含有过多的社会歧视成分，包含了计划经济时代的烙印。2008 年 6 月，湖北省劳动保障厅、发改委、公安厅、教育厅、建设厅五部门联合发出通知要求在全省城镇实施“迎接新市民工程”，将符合一定条件（合法固定住所、相对稳定的职业、合法生活来源、连续就业年限、劳动合同年限、学历、纳税额、荣誉称号、有遗产继承或有赡养义务等）的人员定为可以办理城镇入户、享受与城镇居民相同的就业和社会保障政策的“新市民”（厚坤，2008）。汤海明（2009a）指出“城市新市民”是指那些原来在农村从事农业生产劳动，由于国家公共事业建设和旧城改造、商业开发而使他们部分或完全地失去土地使用权，从而使其身份、职业、生活方式、价值观、居住空间等各个方面都发生变化的农民。他们普遍存在失业、生活方式转变滞后、社交方式不适应等问题，市民化过程是继续社会化过程，社区成人教育应该通过知识讲座、技能培训、闲暇教育等方式发挥促进作用。董春辉、王道勇（2009）认为，农民工和城郊失地农民为代表的城市新市民的市民化是一个再社会化过程，将经历文化震惊、文化濡化、文化重建、文化再适应、文化创新几个阶段。有学者（王树进等，2009；朱振亚等，2012）研究的“新市民”特指在城市（县城为最低级别城市）工作且拥有大中专文凭的农家子弟，若将多年来特别是1999年以来大中专院校扩招后的录取数字相累加，估计现有农户中平均有1/3的家庭拥有新市民或即将拥有新市民。张金一（2009）研究的“新市民”指土地被征用从而身份转变为城市人的这部分人；新市民失地失业，生活失去保障，缺乏生存技能，没有竞争力；新市民成为社会“边缘人”，存在身份认同危机，缺乏对城市的心理认同感；新市民不了解城市生活常识，原有生活思维方式难以适应城市生活；部分新市民学习积极性不高，或是安于现状，或是认为学习没有用处，缺少与城市生活相适应的价值观念。朱季康（2009）认为“新市民”产生于外来人口从“聚生”到“融并”的过程中。外来人口初期在城市各个相对集中的劳动领域开始聚生出原生地域相对集中的外来人群体，然后逐步进入融并过程，外来人口对所处城市的认同感不断加深，由外来人成为城市的新市民。这种融并不是户籍的符号转换，而是由城市的过客向城市主人的转变。叶育登、胡记芳（2009）通过调查发现，“农民工”称谓使进城农民产生被排斥感，多数民工尤其是新生代民工反感这一称谓，“农民工”称谓导致“污名化”，引起民工社会认同混乱；所以应该以“新市民”或者为“新杭州人”“新温州人”“新绍兴人”“新义乌人”“萧山职工”之类的称谓代替。李颖（2010）采用聂洪辉的界定，“新市民”指在我国城市化进程中离开了土地和农业生产活动，居住地变成了城市，户口改为了城镇户口，开始从事非农产业的那些居民，包括通过购买产业获得城市户口、挂靠亲戚朋友、通过婚姻关系主动转换身份的“新市民”和因为农村土地流转或工程移民（如三峡库区）等政策原因而被动获得市民身份的“新市民”，前者市民化愿望更为强烈，“新市民”的市民化是一个漫长而复杂的过程，不能急于求成。林建鸿、郑明芬（2010）沿用曹诚（2008）“新市民”定义，认为新市民主要包括主动转移进来的“农民工”和被动转化而来的城市郊区“失地农民”两类，他们在身份、地位、价值观、社会权利及生产生活等各方面有别于城市市民，并处于向市民的转变过程中。新市民是介于传统农民与现代市民之间的过渡性群体，市民化过程是摒弃“非城非乡”

过渡性获得现代性的过程，即个体生活方式、心理状态、价值观念、思维方式等从传统性较多的状态向现代性较多的状态转变的过程。丁倩、吕世辰、王俊君（2010）的“新市民”是指走上城镇化道路的人，包括户籍在农村注册的乡镇企业从业人员、个体工商户和民营企业业主、城市农民工，新市民属于过渡性群体，从农民发展为产业工人或个体工商业者，从村民发展成市民，需要有针对性的社会教育。黄晓燕（2010）认为，农民工将不再单纯追求经济的报酬，正在成为城市实际的和潜在的定居者，最终成为城市的新市民，要经历定居、适应和完全同化三个阶段。

近几年，学界对“新市民”概念的界定越来越清晰，相关理论探讨也越来越深入，“新市民”概念取代“农民工”“流动人口”似乎越来越成为现实。吕世辰在《新市民社会管理》一书中讨论了“流动农民”“准市民”“新市民”三个与农民工有关的概念。“流动农民”是工业化、城市化推动下农民向二三产业转移并进入城镇，但处于未在城镇定居的流动状态；“准市民”指农民流动的最终方向是城市，但因为城市化滞后于工业化，农民改变了职业却没能改变身份，是应该成为市民又难以成为市民的人；随着实际情况的发展，准市民中的大批人将变成取得城市户籍、享受市民待遇、融入城市社会的“新市民”（李培林，2011）。熊惠平（2011）的“新市民”指“村改居”以后的城市新居民，在身份上已成为市民，至少在户籍上已实现了“农转非”，“新”隐示或明示着对现在的新奇、对过去的依恋、对将来的期盼和彷徨；他们是从农民或农民工阶层演化而来的一个新群体，并有可能固化成一个新阶层；新市民的社会关系会经历断裂、修复、重建三阶段；让农民不仅成为“户口”的市民，更要促成他们成长为“精神”“文化”“心理”的市民；新市民的成长、成熟，是其作为一种职业的“农民”（farmer 或 cultivator）和作为一种社会身份的“农民”（peasant），通过外部“赋能”与自身“增能”的结合，发展出相应的能力，学习并获得市民（citizen）的基本资格、适应城市并具备一个城市市民基本素质的过程。马林靖、周立群（2011）认为，“新市民”是农民向城市转移并逐渐转变成为市民的过渡性身份的称呼；从社会学的角度看，城市化就是农民逐渐转变为市民的过程；农民市民化是一个国家和地区工业化、城市化的重要标志，也是统筹城乡发展、达到城乡一体化的根本归宿。胡艳辉（2011）认为，“新市民”泛指农村进城务工人员、城市下岗人员和兼职的异地在校大学生等群体的集合。张鹏（2011）运用再现理论对《人民日报》《新民晚报》《羊城晚报》的历史研究发现，媒体建构的农民工群体正在蜕去早期的形象，经历着从都市“边缘人”到成长中的“新市民”的时代嬗变，包括观念意识、就业条件、行为方式、生活方式几方面的嬗变，认为这在某种程度上展示了中国城市发展的足迹和中国社会发展的进程。曹雁（2011）认为“新市民”不同于农民工和流动人口，他们失去了土地，却拥有城市户籍和住房。鞠晓辉、郑洪利、王兆红

（2011）研究的“新市民”指在城市居住一年以上的外来务工人员，包括建筑业、服务业、工厂企业、家政服务、个体经营等领域。田北海（2011）探讨了农民工社会管理模式转型问题，包括管理目标由计划调控向促进融入、管理对象由“入侵者”向“新市民”、管理格局由各自为政向协同管理、管理方式由限制向服务的转型。穆廷云（2012）认为“新市民”包括4个部分：城市自然增长人口；农村学生通过高等教育进入城市，尤其是扩招以后人数更多；进城务工留在了城市的农民；城市规模扩张导致的城郊农民变成了市民。新市民有淳朴善良、为人直率、热情友好、乐于助人、吃苦耐劳、勤俭朴素等优良品质，但存在卫生习惯较差、缺乏规则意识、语言文明有待加强、不注意个人形象、交往中的文明礼仪有待提高、不爱护公共设施等问题。范丽娜（2012）认为，“新市民”指在我国城市化进程中，由于农业机械化、城市现代化而被游离出农业的人。“新市民”户口注册在农村，但是却在城市中固定居住、生存与生活，脱离了农业劳动，主要从事二三产业生产经营活动。虽然不同于传统意义的农民，但是“新市民”也不完全具备现代市民的所有特征，因为他们的价值观、工作与生活方式还保留着农村传统文化的特点，是介于农民与市民间的中间群体。“新市民”的主要特点包括职业变迁、身份过渡、地域流动、文化交融。“新市民”既接受与学习城市文化，又将城市文化带回农村，逐步促进城乡文化协调统一。程慧栋（2012）认为，“新市民”指农村进城务工经商人员，按生存空间差异分为住在集体宿舍的工人（第一类）、居住在城中村的新市民（第二类）、居住在商品房小区中的新市民（第三类）三大类，新市民从第一类到第三类市民化程度逐渐提高：第一类是否属于新市民本身就值得讨论，第二类面临底层化和边缘化的危险，第三类基本市民化。新市民社会生活重建不完全是一个自发的过程，需要政府、基层社区管理部门、新市民个体的共同努力。叶南客（2013）认为“新市民”群体包括以农民工为代表的主动转移进城和以城市郊区失地农民为主体被动转移进城人群。不是完整意义上的城市居民，但也与传统农民有了很大差异；对城市生活方式有着强烈的向往，但其角色地位、价值观以及生产生活方式仍和城市居民有明显的区分。“新市民”的特点包括地域的流动性、职业的变迁性、身份的过渡性和文化的交融性。建议创新社会政策和体制、加大社会管理力度、加快以住房保障为代表的社会保障体系建设、完善社会教育体系，以促进“新市民”群体市民化进程。蒋新红（2013）认为，“新市民”也称为农民工、外来务工经商人员，主要是指从农村进入城市，并脱离了农村的生产生活方式，以二三产业为主要就业方向，已经或正准备选择以城市作为生存和发展空间的农民，包括农民工及其子女、失地农民、撤村转居人口、进城求学的大中专学生等。广义“新市民”还包括自然增长的城市新生人口和因各种原因由其他城镇流入的人口。陈曙（2013）认为，“新市民”在我国主要指农村进城务工人员。在“新市民”这一称谓出现之前，较常用的有“农民工”“外来人口”“流动人口”“暂住人口”“外来务工人员”等称谓，这些称谓有的强调户籍身份，有的强调地域因素，有的强调工作性质，相互有一定的交叉，也经常在混用，但这些称谓多少都带有一些歧视与排斥成分，而“新市民”称谓的出现，更多地体现了城市的包容性，得到了普遍的认可。杨慧捷（2013）的“新市民”群体包括新生代务工者、农民、失地农民。景卫东、乔庆智、王丽君（2013）认为，“新市民”有别于固有的城市居民，包括城市扩张和发展形成的新有城市户籍的居民和城市农民工。李汉宗（2013）认为，“新市民”是指由农村向城市转移的新增城市常住人口，我国2000～2010年“新市民”增加2.11亿。

综上所述，“新市民”概念出现30多年来，文学界、社科界、地方政府、非政府组织都在不同含义上使用这一概念。有的认为“新市民”基本上等同于“农民工”或者农村进城务工经商的人员，是“农民工”或者“农村流动人口”的替代性称谓；有的认为“新市民”应该指城郊失地农民或者“户改户”“村改居”人员、“农转非”人员；还有人用“新市民”特指通过高考制度从农村考进大中专院校毕业后留在城镇就业的农村青年；有的所说的“新市民”是指新近获取城市户籍的人口；另外还有人认为“新市民”包括城市新增人口、其他城市流入人口、城市引进的人才；还有人将城市外来人口统称为“新市民”。此外，此前有关“新市民”的界定大多采取列举式，只是简单说明“新市民”包含哪一种或者哪几种社会群体，较少出现对“新市民”的内涵进行严格的定义。本书认为，“新市民”应该界定为“在农村出生、长大，因各种主客观原因进入城市工作生活一段时间，在城市有较为稳定的职业或其他生活来源并有固定居住场所，有在城市长期生活的可能或倾向的人”，有以下几个方面特点。首先，“新市民”是指新进入城市生活的农村人，他们处于从农村人向城市人过渡的角色转型期；“新市民”不包括城市之间流动迁移的人口、城市自然增长的人口，也不包括“新市民”在城市生育的下一代。总之，“新市民”是指从农村新进入城市环境的人，不是指某一具体城市的新成员。其次，“新市民”身份不以户籍作为依据，大量仍然保留农村户籍、没有获得城市户籍的进城务工经商、工作生活的人属于“新市民”；而拥有城市户籍却仍然留在农村生活的“农转非”人员就不应该属于“新市民”。再次，农村人进入城市生活的原因很多，包括政府征地被迫进城，也包括主动进城工作、务工、经商、上学、投亲、团聚、结婚等。所以，“新市民”包括失地农民、农民工、农村进城投资经商人员、来自农村的大中专学生、毕业后在城市工作的农村青年、进城居住的“新市民”的配偶父母及其他家庭成员等。最后，“新市民”不应该是城乡之间的频繁流动人口，应该是城市化意义上的从农村到城市单向迁移的人口，所以“新市民”的定义中必须包括“稳定性”指标，如进城生活一定时间、职业稳定性、生活来源稳定性、居住稳定性等。从这个意义上来讲，离土不离乡的本地就业的农民工不属于“新市民”，进城临时性短期生活的农村人也不属于“新市民”。

必须指出的是，虽然“新市民”包含多种类型，虽然城郊失地农民和异地进城务工经商农民（即“农民工”）不是“新市民”的全部；但是，城郊失地农民和异地进城务工经商农民是现阶段“新市民”的主体，是本书研究的主要对象。故认为，用“新市民”来指称城郊失地农民和异地进城务工经商农民等进城农民，其中的新“市民”含义不仅是一种新态度，而且是一种新思路、新战略。从新态度角度来讲，“新市民”概念代表了城市对城郊失地农民和异地进城务工经商农民等都市乡民的接纳和包容，体现了一种平等和友善的姿态，去除了“农民工”“农民”等概念中植入的偏见和排斥。从新思路、新战略角度来讲，“新市民”概念代表了本书对于城郊失地农民和异地进城务工经商农民等都市乡民发展前景和方向的新的定位，即融入城市、转型为城市人；城市不再是从事“副业”、赚钱的场所，而是传统农民“终结”之后的主要去处和归宿地；这也是人的城市化的真正内涵。“新市民”概念作为一种新态度已经在社会各界逐步达成共识，但“新市民”概念作为一种新思路、新战略还没有引起注意。

此外，“新市民”概念中的“新”市民含义表述了“新市民”与“市民”的差异，反映了“新市民”在市民化进程中的处境。“新市民”刚刚离开农村进入城市，还需要适应城市生活环境、学习城市生活方式、融入城市社会，也就是需要完成从农村人向城市人的过渡和转型。农村人向城市人转型包括职业非农化、区域城市化、身份市民化以及城市性获得 4 个方面的内容，其中职业非农化、区域城市化、身份市民化都是在一定时点完成的；而且根据十八届三中全会精神，户籍制度已经实质性改革，农民身份市民化将不再是难题；但是，城市性获得则不是在一个时点一蹴而就完成的，将是一个长期积累的过程。

现在问题是，如何保证“农民的终结”或者说新市民的“市民化过渡”是一个顺利、高效、愉快的历程？如何避免新市民城市化失败以致成为消极的都市过客？如何防止进城农民自我边缘化？本书将聚焦于新市民城市性积累这一视角，探索在社会转型过程中新市民城市性获得与积累的影响因素和动力机制。

第三章　都市乡民：新市民城市融入的必经阶段

1991 年年末我国城镇人口 31 203 万人，城市化率 26.94%[①]；到 2013 年年底我国城镇人口达到 73 111 万人，城市化率 53.73%[②]；22 年间中国城镇人口增长了 1.34 倍，城市化率翻了一番。随着《国务院关于进一步推进户籍制度改革的意见》（国发〔2014〕25 号）的正式公布，困扰学界和政府部门多年的户籍难题已经有解，“半城市化”“伪城市化”“虚城市化”“假城市化”问题已经进入融冰阶段。但是，中国城市化依然任重而道远，一个新的难题已经依稀出现，并将迅速成为困扰学界和政府部门的新难题，那就是都市乡民社群的逐步形成和不断扩大。

第一节　“城市性”概念界定

农村人离开农村、进入城市，在完成职业、居住地、身份城市化的同时，还应该逐步形成城市人的人格特征、接受城市生活方式、培养城市人的相应素质，也就是逐渐积累“城市性”。

“城市性”（Urbanism）是城市研究的一个重要概念，在城市史研究、城市规划研究、城市文学、城市艺术研究等各个领域都早已被广泛应用。1938 年，沃思（Louis Wirth）在《美国社会学杂志》（American Journal of Sociology）发表《作为生活方式的城市性》一文，他指出，作为现时代给人印象最为深刻的事实，世界的城市化确确实实已经促使社会生活的每一个方面都发生了深刻的变化。在现代世界，城市性居于支配地位，城市在本质上是城市性的渊薮，城市生活方式理应得到充分考虑（Wirth，1938）。从此，“城市性”作为一个社会学概念在城市人、城市社会、城市化研究方面得到普遍运用，成为城乡社会学研究的基本概念。

中国地理学界、文艺界已经有较多有关“城市性”的文献存在，但是中国社会学界的相关研究比较稀少。江立华（2004）研究了城市性与农民工的城市适应之间的关系；张雪筠（2005）曾经讨论过城市性与现代城市文化特征的关系；辜胜阻曾经将“Urbanism”译成“城式化”并进行相关研究；张应祥（2006）梳理

---

① 参见中华人民共和国国家统计局：《中华人民共和国国家统计局关于 1991 年国民经济和社会发展统计公报》，1992 年 2 月 28 日，http：//www.stats.gov.cn/tjsj/tjgb/ndtjgb/qgndtjgb/200203/t20020331_30005.html，2014 年 6 月 20 日。

② 参见中华人民共和国国家统计局：《中华人民共和国 2013 年国民经济和社会发展统计公报》，2014 年 2 月 24 日，http：//www.stats.gov.cn/tjsj/zxfb/201402/t20140224_514970.html，2014 年 6 月 20 日。

了城市性与城市社区、社会网络、社会人际关系的关系；王兴周、张文宏（2008）曾经指出城市性养成将是农民工市民化下一步的中心内容；王兴周（2009）还进一步研究了珠江三角洲地区的农民工城市性及其影响因素；孟祥远、邓智平（2009）探讨了中国数亿新城市人个人城市性发展滞后的严峻问题；胡小武（2010）探讨了城市性引发都市“剩女”与“剩男”流行的“剩人定律”；张学东（2011）发现乡土性与城市性表征分化使部分新生代农民工面临城市融入困境；崔铭香、刘建坤（2013）认为成人教育在破解农民工城市适应难题、提升其城市性方面具有独特的价值和意义；郭强、黄华玲（2012）认为，城市性包括一般城市性和高度城市性，农民市民化属于一般城市性阶段，而市民现代化则属于高度城市性阶段。

西方城市性研究对“城市性”这个概念始终缺乏统一界定，不同的学者在“城市的特性”“城市人的特性”和“城市社会的属性”之间游离，看似清楚的“城市性”概念其实是模糊、多义的。1938 年沃思发表《作为生活方式的城市性》之前，“城市性”（Urbanism）的概念就已经广泛存在于地理学、历史学、经济学和政治学等其他学科的文献中（Wirth，1938）。但是作为社会学概念的“城市性”最早是沃思提出的。由于沃思并没有给“城市性”下一个完整的定义，只是笼统含糊地表述为“作为生活方式的城市性”，所以 70 年来，社会学界同时存在 3 种意义上的“城市性”概念：①将“城市性”理解为城市环境的属性，即将沃思概括的人口规模大、人口密度高、人口异质性强等城市物理环境特征视为城市性，进行经验研究时则大多直接用人口规模来代表或测量城市性（Greer，1956；Clinard，1960；Killian et al.，1962；Key，1965；Abrahamson，1974；Palisi et al.，1983；Wilson，1985）。②将“城市性”理解为城市社会的属性，即城市社会联结（social bonds）、社会纽带（social ties）、社会关系（social relations）与社会网络（social networks）的特性（Beals，1951；Davis，1955；Anderson，1959；Clinard，1960；Gans，1962a；Suttles，1968；Guterman，1969）。③将“城市性”理解为城市人的属性，包括人格、心理、行为、态度等，比较经典的研究包括越轨和反常规、社会心理健康、疏远感、宽容等（Abrahamson，1974；Fischer，1975；Ibrahim，1975；Fischer，1981）。沃思的原意应该是城市环境的属性带来城市社会的属性，城市社会的属性带来城市人的属性。所以，上述 3 个角度如盲人摸象一样，只注意到城市性概念的一部分。本书将“城市性”定义为：城市环境所造成的城市社会联结和社会关系模式及其所塑造的城市人独特的心理和行为特征的总和。这一定义的内涵和外延包括：①城市环境（人口规模大、人口密度高、人口异质性强等）只是城市性形成的条件和原因，本身不能视为“作为生活方式的城市性”；②城市性是城市社会联结和城市社会心理、行为两个方面特征的总和；③城市社会联结特征是城市社会心理和行为特征的社会背景和社会原因；④城市社会心理和行为特征是城市社会联结特征的各种外在表现。

沃思（Wirth，1938）区分了城市、城市性、城市化这 3 个概念。在社会学意义上，城市是一种相对大型的、密集的、异质性个体持久定居的聚落。城市性是塑造具有城市特色的生活模式的一套特性。城市化是发展并扩散城市性因素的过程。他认为用人口规模、人口密度、居民职业、城市功能来界定城市性是不合适的，而且特别强调要避免混淆城市性与工业性和现代资本主义特性的危险。总之，城市性是一种生活方式。安德森（Anderson，1959）讨论了全球性城市性问题。他理解沃思对“城市性”的定义是现代城市的生活方式，表现为非人格、次级、契约型生活方式，人际关系具有匿名性和短暂性。而且，城市性是不固定的，随时间和地点而变化。比尔斯（Beals，1951）从人类学的角度认为，在城市性研究方面，社会学过于关注城市社会的特征，较少关注人们适应城市生活的过程。城市性是一种文化适应过程，从这一角度出发，城市性研究、少数民族研究、初民部落群体研究包含了同样的元素。城乡之间的文化适应和跨文化之间的文化适应只有程度不同，变化过程并无本质差异，只有数量差异，基本过程具有可比性。克利纳德（Clinard，1960）将“城市性”定义为与城市化相对应，城市性是指包括非人格性、高度流动性和差别接触在内的一系列社会关系特征。易卜拉欣（Ibrahim，1975）理解的“城市性”是人的观点、行为模式及其创建并参与的组织网络的质的变迁。城市性是一种具有精明、容忍变化、普世主义和非人格关系等特征的生活方式。这种生活方式使一种强烈的理性和秩序意识植根于个人的内心。“城市性”和“现代性”被很多学者作为可互换的同义词使用。城市性和城市化在历史上互相联系，作为生活方式的城市性首先由城市居民养成。然而这种关系不是铁定的，例如，在西方很多农村居民没有移居城市也已经适应了城市生活方式。此外，某些城市居民也许永远不吸收城市生活方式。无论如何，城市性已经是现代社会的一个基石，特别是工业化的经济转型社会。城市性也许不是工业化的充分条件，但它是支撑工业化的必要条件。中国学者张雪筠（2005）认为，现代城市的“城市性”并不像西方社会学家所阐述的是由城市的空间结构和人口特征所决定的，其归根到底是由城市社会的经济属性所决定。而现代城市是工业化、城市化的产物，这就决定了它的经济属性是现代市场经济。所以，权利性、公民性、法治性、多元性和开放性是现代城市社会的基本特征。城市性的主要特征包括：理性化人格、适应次级社会关系、适应超负荷社会交往模式、适应亚文化环境、创新与反常规、宽容（王兴周等，2008）。

和“城市性”最为接近的概念是“现代性”，所以有不少学者用“现代性”概念来研究农民工或新市民问题。有学者（刘崇俊等，2007）指出农民工的现代性是构建和谐社会的重要元素。有的学者（李强，2008）从人的现代化角度，运用英克尔斯的人的现代化理论，分析农民工现代性发展的方向；同时分析了农民工现代性获得的影响因素，包括外出流动、城市体验、教育水平、传统文化及制度设置等。有的学者（周晓红，1998）专门研究了不同的流动经验对流动者本人精神世界和个人现代性（包括价值观念、生活态度、行为模式）的影响。有的学者（潘泽泉，2011）讨论了农民工自下而上获得现代性的艰难和困境，指出农民工现代性生成具有碎片性、枝节性、萌芽性特点，现代性不能顺利成为农民工主导性文化模式和精神。有学者（蔡志海，2004；李广贤，2005）指出了农民工现代性发展进程的双面性：一方面农民工在流动过程中价值观念、行为模式、心理状态从传统向现代转型，另一方面农民工作为城市边缘人其现代性提高需要提供制度、组织、观念等各方面的支持。有的学者（刘方涛，2012）分析了农民工现代性特质，探讨了农民工现代性构建的具体路径，希望推动农民工群体现代性培育的进程。有学者（江立华，2004）专门讨论了农民工现代性生成的各种障碍，包括社会结构和制度隔离、政府和市民的观念偏差、农民工自身素质问题、城市生存的物质基础等。有的学者（谢美玉，2006）强调了政府在排除阻碍农民工现代性的各种障碍方面的关键作用。还有一些学者（姚上海，2008；关颖，2011；贾楠等，2011；贾庆文，2013）讨论了新生代农民工现代性发展的意义、特点、障碍、困境、路径、影响因素等问题。在上述这些学者中有的（周晓红，1998；江立华，2004；蔡志海，2004）在讨论农民工现代性的同时也使用了"城市性"一词，其他学者虽然没有提到"城市性"概念，但是因为他们都是在农民城乡流动、农民工市民化的大背景下讨论问题，所以也同时触及了"城市性"概念所涉及的问题。但他们都没有对"现代性"和"城市性"两个概念的区别和联系进行说明，甚至对于他们来说这似乎是两个可以互相替换的概念。所以本书有必要在此简要说明一下"现代性"和"城市性"两个概念的区别和联系。首先，两个概念的内涵有交叉，但并不重合。根据阿历克斯·英克尔斯（1985）的权威论述，现代人的特征包括 12 个方面：乐于接受从未经历过的新的生活经验、思想观念、行为方式；准备接受社会的改革和变化；尊重并愿意考虑各方面不同意见和看法；注重向着未来，守时惜时；强烈的个人效能感，对任何社会充满信心，办事讲求效率；计划性；注重获取知识，尊重事实和检验，尊重知识；可依赖性，有信任感；重视专门技术，有愿意根据技术水平高低领取报酬的心理基础；乐于让自己和后代选择离开传统所尊敬的职业，对教育的内容和传统智慧敢于挑战；相互了解、尊重、自尊；了解生产及过程。这些现代人特征与沃思描述的城市人特征有部分相同，如乐于接受从未经历过的新的生活经验、思想观念、行为方式；准备接受社会的改革和变化；尊重并愿意考虑各方面不同意见和看法；注重向着未来，守时惜时；强烈的个人效能感，对任何社会充满信心，办事讲求效率；计划性。但其他方面并不相同。其次，两个概念的外延有交叉，但并不完全重合。从理论上来讲，用城市性和现代性来对人群进行分类，将有 3 个类型：传统城市人、现代城市人和现代农村人。其中对于现代城市人来说，城市性和现代性高度重合；但是对于传统城市人和现代农村人来讲，城市性和现代性就是分离的。换句话讲，传统城市人并不具有现代性，而现代农村人也不一定具有城市性。阿历克斯·英克尔斯（1995）就特别澄清过，一个“十分都市化的”民族至少有50%的公民是“城市居民”，但认为十分都市化的国家，其大多数公民必须更富于效能感或者必须具有更强烈的疏离感那就完全不确切了。再次，两个概念的理论出发点不同。“现代性”是和“传统性”对应的概念，而“城市性”是与“乡村性”对应的概念；现代性的渊源是传统农业社会向现代工业社会转型，而城市性的形成原因是有别于乡村环境的城市物理环境，主要包括人口规模大、人口密度低、人口异质性强几个方面。最后，传统农民（小农）终结以后，其归宿也不是单一的进入并融入城市变成城市人一条路径，还有成为现代农民（农场主、职业农民）的发展路径。这两条路径都通往现代性，但只有第一条路径通往城市性。

另一个和“城市性”接近的概念是“都市人格”。叶南客（1995）比较了“都市人格”和“乡村人格”的区别，认为“城市人格是生活在现代城市中的人所拥有的与工业化、城市化运动相一致的行为模式、角色规范和价值取向等综合性特质”，城乡人格在价值取向、心理需求、个性气质、角色认知、日常行为方式5个方面存在差异，中国城市化过程中出现的流动人口具有城乡二元人格，有待整合。“都市人格”研究还散见于文学艺术、文化风俗研究领域（尤汪洋，1998；蒋述卓等，2002；殷双喜，2004；郭继宁等，2008）。本书认为，“都市人格”是人的“城市性”的核心内涵，即城市人独特的心理和行为特征的总和；“都市人格”不是人的“城市性”的全部内涵，“城市性”还包括城市环境所造成的城市社会联结和社会关系模式。

和“城市性”相伴而生的孪生概念是“乡村性”（Ruralism）。如果说城市性是城市人的特性总和，乡村性就是农村人的特征总和；如果说城市性代表城市生活方式，乡村性就代表农村生活方式；如果说城市性是城市环境的产物，乡村性就是农村环境的产物。本书给“乡村性”下一个与“城市性”相对应的定义：农村环境所造成的农村社会联结和社会关系模式及其所塑造的农村人独特的心理和行为特征的总和。农村环境的主要特征是人口规模小、人口密度小、人口同质性强、物理环境以户外自然环境而不是人工环境（水泥森林）为主。造成“乡村性”的主要特征包括：情感化人格、初级社会关系为主要社会联结纽带、低负荷社会交往模式、单一性文化环境、流动性弱、道德约束力强等。

第二节　都市乡民概念及其由来

我们一般都能从地理学、经济学、政治学的角度看到“乡民”（villager）和“市民”（urbanite）的显性差异：乡民居住在人口密度低、人口规模小的乡村区域，从事动植物的种养等农业职业，在中国二元社会结构中因农村户口拥有不完全的公民权；市民居住在人口密度高、人口规模大的城市区域，从事工商服务业等非农职业，在中国二元社会结构中因城市户口拥有一定的特权。但是从社会学角度，我们还能看到乡民和市民之间的隐性差异，即拥有完全不同的两套人格和生活方式系统。关注城乡人格和生活方式差异是城乡社会学的一个重要传统。齐美尔（Simmel，1903）用理性、守时、守秩序、强调一致性、工于计算、精明圆滑、冷漠、冷淡、敌视、逃避交往、自由、非人性、孤独和失落等词汇来描述城市人有别于农村人的人格特征。帕克（Park et al.，1925）则指出，在城市社会中，职业纽带、间接的次级社会关系将代替农村社会中的家庭纽带、地域团体、种姓制度、直接面对面的初级社会关系、邻里和小社区中亲密而持久的社团。沃思（Wirth，1938）认为，“作为生活方式的城市性”包括以下特征：社会交往非人格性、表面化、短暂、局部性、理性，宽容、世俗、竞争、进取和秩序意识，孤独、紧张、不稳定、不安全、流动和无根心理，非人格市场、标准化产品、金钱经济、服务可交易、大众社会、公共媒体等导致人格解体，符号和类别代替人格，个人失去不可替代性。安德森（Anderson，1959）认为“城市性”就是现代城市的生活方式，表现为非人格、次级、契约型生活方式，人际关系具有匿名和短暂性。米尔格拉姆（Milgram，1970）认为巨量的人口、高度的流动性等给城市人带来了过量刺激，城市人处于社会交往超负荷状态，所以采取索性避免投入、给每一次投入分配较少时间、有选择地投入并无视次要的投入机会、角色专门化、消除潜在的人际交往机会、在个人与环境之间设置“社交过滤装置”（social screening devices）、减小投入密度、用专门机构吞没个人的投入等方式应对，以至于个体与社会隔离、疏远，孤傲、冷漠的城市人格由此产生。蒂特勒（Tittle，1989）则将“城市性”现象归纳为社会联结、匿名、宽容、疏远、越轨或反常规行为 5 个要素。王兴周（2008）曾经将中国农民工在市民化的最后阶段需要培养的城市性概括为培养理性化人格、适应次级社会关系、适应超负荷社会交往模式、适应亚文化环境、创新与反常规以及宽容 6 个方面。

从地理学、经济学、政治学的角度来看，人的城市化就是人口从农村向城市迁移、农民职业非农化以及给予农村人平等的公民权。但从社会学角度来看，人的城市化还包括从乡民人格和生活方式向市民人格和生活方式转化。从农村向城市迁移、职业非农化及获得平等的公民权都可以在一定的时点上快速完成，但从乡民人格和生活方式向市民人格和生活方式转化就是一个长时段的转型过程。沃思（1938）指出，作为聚落模式的“城市”、作为人口向城市聚集的过程的“城市化”和作为市民生活方式的“城市性”是 3 个不同概念。沃思的“作为生活方式的城市性”理论启发了大量后续的研究。安德森（Anderson，1959）发现发展中国家普遍存在城市性与工业化、城市化发展不协调现象，而且城市性发展速度总是明显滞后于工业化、城市化发展速度。易卜拉欣（Ibrahim，1975）则发现发展中国家普遍存在城市化过度而城市性不足的问题，也就是城市化有数量没有质量。城市性滞后和城市性不足的直接后果就是大规模都市乡民的产生。都市乡民就是指进入城市生活、实现了职业非农化、获得平等公民权但没有完成人格和生活方式转型的“乡城移民”及其后代。

1951 年，里默尔（Riemer，1951）提出“大都市里的乡民”（Villagers in Metropolis）的概念，用来表达植根于传统、群体成员间以非正式关系紧密联结的大都市生活方式。这种生活方式在 19 世纪的美国移民社区普遍存在。但是，从 1924 年大规模移民结束开始，这些村落型移民社区渐渐消失。

都市乡民概念是由甘斯（Herbert J Gans，1927～）提出来的。甘斯（Gans，1962b）在其《都市乡民》（Urban Villagers）一书中指出，在当时大多数美国城市都有两种类型的“低租居民区”（Low-rent Neighborhoods），一种类型就是“都市乡村”（Urban Village），另一种是“都市丛林”（Urban Jungle）。这两种区域都属于贫民窟，是都市移民初次落脚或者二次定居的主要聚居区域。都市乡村指移民聚居区域（主要是欧洲移民，也包括黑人、波多黎各人等），因为移民带着原来的非都市的制度和文化进入这些区域，并试图适应都市环境。都市丛林则是指单身汉、病态家庭、隐居者、非法服务提供者聚居的区域，这种区域的人的生活具有临时性，就算不野蛮也很压抑，通常被描述成穷街、红灯区、竞争场所。甘斯指出，两种区域都属于底层社会，有不少共同特点，如贫穷、居住环境差、租金低廉等，甚至有的区域难以区分出究竟属于两种类型中的哪一种类型。都市乡村、都市丛林属于城市底层社会的两种理想类型，核心内涵还是有根本差异的。甘斯的《都市乡民》一书是对波士顿一个叫“西区”（The West End）的社区进行参与观察研究的成果。西区是波士顿三大贫民窟[①]之一，是一个典型的都市乡村。一方面，西区拥有典型的都市环境。在其发展的高峰期（1910 年），西区人口达到 2.3 万人。人口密度很大，每英亩[②]居住单元达到 150 个，是普通中产阶级社区的 20～30 倍（每英亩 5～8 个居住单元）。人口异质性很强，居民成分非常复杂：第一代和第二代意大利移民家庭（42%）；第一代犹太移民家庭（10%）；第一代和第二代波兰移民家庭（9%）；爱尔兰留守家庭（5%）；阿拉伯、乌克兰、希腊移民家庭；由贫困或疾病导致的病态家庭；战后新移民；中产阶级；学生；当地一家医院的雇

① 另外两个贫民窟是北区（The North End）和南区（The South End），北区是爱尔兰、犹太、意大利移民的主要栖息地，南区是爱尔兰、犹太、意大利、中国、希腊、叙利亚移民的主要栖息地，西区则是意大利、犹太、波兰人聚居地。

② 1 英亩≈0.405 公顷。

员；艺人和文人。西区具有很好的匿名环境，一部分人移居西区的目的就是隐居，因为邻居之间互不相识，可以避免发生交往，让人产生匿名感。另一方面，西区人的生活方式具有很强的乡村性。极端低廉的房租是西区凝聚人气的主要原因，居住环境拥挤，房屋设施简陋，卫生条件很差，社区秩序凌乱。虽然拥有很好的匿名环境，西区仍然是一个熟人社会。邻居、街坊之间很难保守秘密，互相之间没有隐私，人们对别人的事非常关心；虽然情感性交往局限在亲情和朋友之间，但邻居之间都很友好、见面互致问候，没有城市人的冷漠；邻居之间会在疾病、求职、子女上学等方面互相支持，当出现醉酒、精神病发作、被遗弃、亲人死亡、经济困难、暴力袭击等意外事故发生时，邻居之间都会出手相助；同一族群内部的西区人很多互相熟识，可能不是全部认识，但都知道每一个人的情况，族群会自发处理很多共同问题和困难；在族群之间，共同的居住环境和共同利益（还有与地主的长期联合斗争）塑造了足够的团结性，使大家可以保持友好精神。对于绝大多数西区人来说，西区生活与乡村生活、小城镇生活、郊区生活没有不同。必须注意的是，我们不能望文生义，不能主观认为甘斯是在赞美或者批判西区都市乡民的生活方式。甘斯以一个职业社会学家的价值中立态度对西区社会形态进行尽可能客观地描述，没有把西区社会现象当作社会问题进行评价性研究。甘斯研究西区的目的是通过实证案例进一步阐述其在“Urbanism and suburbanism as ways of life：A re-evaluation of definitions”一文（Gans，1962a）中提出的城市性组合论观点：城市环境（人口规模、人口密度、异质性、匿名等）并不是人的城市性的决定因素，社会人口因素（收入、教育、种族、年龄、性别、宗教信仰等）才是人的城市性差异的根本原因。同时，甘斯也特别指出，西区也不是一个罗曼蒂克式的贫民窟，西区并不是一个迷人的侨居“贵族农民”的时尚社区，这里的移民挣扎在低收入、低文化程度导致的各种艰难困苦（包括住房拥挤、卫生条件差、生活设施简陋、环境秩序混乱、生活压力大、精神负担重等）之中，西区是一个日益走向衰败的社区。

加拿大学者里士满（Richmond，1975）根据甘斯的描述，给出过都市乡民的操作定义：在加拿大定居 9～10 年及以上已经扎根的移民；受过的正式教育不超过 10 年；这些移民由亲戚担保或支持通过连锁移民的方式从农村流向城市，通过紧密的亲友网络结成初级群体，扎根于亲友家人共同生活的种族聚居区；他们对加拿大感到满意并倾向于永久居住，但是他们又深深地依赖本民族的制度，不会融入英语文化。另一位加拿大学者德里格尔（Driedger，1977）在温尼伯（Winnipeg）的研究基础上发现，种族群体从农村移入城市之初都将成为都市乡民，表现为 4 个方面：①区域隔离。以族群为单位聚居、封闭、隔离，复制乡村生活方式，形成族群性“城市马赛克”。②制度建构。发展出族群自己的社会制度，形成族群内部的社会互动模式。③文化认同。在与族群外的文化进行比较的过程中逐步强化族群文化的优越感。④社会距离。形成内群体和外群体意识，群内社会距离小、群体间社会距离扩大。

珍妮特·阿布-卢格霍德（Janet Abu-Lughod，1928～2013）曾经以开罗为例研究发展中国家的城市化和城市性问题。她发现，城乡二分论（Dichotomy）不适用于埃及等发展中国家和地区，乡民进城以后并没有被同化，而是乡村城市化和城市乡村化同步发展，“城中有村”现象非常普遍，乡民受到城市就业机会的吸引大规模进入城市，但他们没有被城市文化同化，而是在城市里复制家乡的乡村文化模式（Abu-Lughod，1961）。后来，彼得森（Petersen，1971）将阿布-卢格霍德描述的“开罗乡民”特征归纳为 6 个方面：①进城乡民倾向于定居在城乡结合部，从物理和社会的角度这里的生活方式和居住环境与乡村类似，进城乡民没有适应新环境的压力；②共同的乡村经历和进城后的休戚与共使进城乡民市民化转型的难度降低；③很多进城乡民从事流动摊贩、家政服务等个体性职业，不需要适应新的工作节奏；④开罗的企业通常只雇佣几个人（常为家庭作坊），而且进城乡民一般都由同村老乡帮忙介绍第一份工作，所以进城乡民没有机会认识不同背景的人，职业成为乡民封闭圈子形成和乡村社会纽带固化的原因；⑤工会、公民协会、慈善组织、政治团体等正式社会制度没有发展起来，进城乡民只能通过乡村慈善会获得同胞的道义支持和安全保障；⑥对于进城乡民来说，最重要的社会制度都是非正式的，其中家庭和血缘群体排在首位，其次是近邻。彼得森还用数据一一验证了这些结论。后来，阿布-卢格霍德（Abu-Lughod，1961）将开罗的进城乡民界定为“传统市民”（traditional urbanite），他们住在城市但不属于城市，只是城市人数量的增加，还没有适应作为生活方式的城市性，所以不能促进社会的现代化水平，这样的人口占开罗人口的一半。易卜拉欣（Ibrahim，1975）认为阿布-卢格霍德的“传统市民”和甘斯的“都市乡民”是同一个概念，而且都市乡民现象在整个阿拉伯国家具有普遍性。在巴格达，新市民不仅抵制城市性，而且不愿分散居住，在 Saraif 地区，他们聚居成 11 个部落群体，每个群体的头领继续行使部落权力。阿尔及利亚和摩洛哥的城市也是情景相似。很多阿拉伯国家有过量的人口居住在主要城市，但很多人的生活方式仍然是农村和传统型的。具有城市现代生活方式的人口不超过城市人口总数的 30%～40%。

马尼亚雷拉（Magnarella，1970）发现，与阿拉伯国家同处中东地区、处于快速城市化阶段的土耳其同样出现了都市乡民现象。就像所有其他发展中国家一样，进入城市的“游牧民后裔”不仅完整保留了原有近亲血缘纽带，而且将之有效运用于城市适应，由此形成了“半城市生活方式”。有效的针对乡城移民的社会整合机制都建立在原有血缘纽带基础上，共同的乡村和宗教渊源提供了凝聚力，通常也成为自愿团体建立的基础，其他重要的整合机制也只是非正式的“咖啡屋”群体和乡村式小买卖关系。

也有美国学者（Chance，1984）曾经出版过一部名为《中国都市乡民》的书，但内容是关于 20 世纪 70 年代末北京郊区一个公社村庄的社会状况，和城市化主题没有太大关系。

第三节 中国城市化进程中的都市乡民群体

1996 年有报告文学（郝在今，1996：161-205）将当时已经出现的 8000 万流动人口比喻成“流民”，而且用“部落”一词来概括流动人口进城以后的生存状态，描述了 8000 万“流民”在城市反客为主建立“根据地”，复制一个个和老家一样的“村庄”，以部落形式过着和老家一样的农村生活，以至于“乡村城市化”演变成了“城市乡村化”，包括首都北京在内的大都市都在“流民部落”大规模涌入后患了“都市退化病”。虽然很少有中国学者引用或参考甘斯的《都市乡民》一书，但是很多学者都将“城中村”翻译成“Urban Village”或“City Village”；学界也大量运用与都市乡民类似的概念，包括“非农化农民”“城市化农民”（蓝宇蕴等，2005）、“市民城市社会中的农民”（张京祥等，2007）、“市民社会中的农民”（阎小培等，2004）、“城市里从事非农业的农民”（魏立华等，2005）、“都市农民”（周运清等，2003）等。但是，从城市性滞后和城市性不足角度专门研究中国都市乡民问题的文献还比较罕见。本书发现，“城市性不足”的都市乡民现象目前正发生在中国城市新市民身上。

一、失地农民与城中村

“失地农民”是中国目前存在的一个规模庞大的都市乡民群体。有学者（黄建伟，2009）列举了 20 种学界对“失地农民”的不同定义，但本书认为一般意义上的“失地农民”应该是指中国最近 30 多年来快速城市化过程中因城市扩张和建设用地需求由政府征地而失去土地不得不“农转非”成为新市民的人群，主要是城郊结合部的原住民。中国失地农民的数量缺乏权威统计，综合各方面信息，估计目前中国失地农民数量约为 5000 万，到 2030 年左右，失地农民数量将达到 7800～10 000 万[①]。

---

① 杨涛、施国庆（2006）认为，中国失地农民的真实数量，在 2006 年已逾 6000 万；未来失地农民规模每年增加 357～429 万。并预测 2016 年左右失地农民数量将达到 1 亿。林丹华、方晓义（2004）估计 2004 年我国失地农民 4000 万，每年新增 200 多万。刘奇（2013）认为，目前失地农民数量为 5000 万。颜橙、陈雅婷（2013）依据《全国土地利用总体规划提要》估计 2000～2030 年，失地农民将超过 7800 万。有关研究预测会达到 1.1 亿人。苏会灵（2013）估计，目前完全失去土地或部分失去土地的农民可能高达 4000 万到 5000 万人。据预测每年还要新增 300 多万人，到 2020 年我国失地农民总数将达 1 亿人以上。杨文健、仇凤仙、李潇（2013）认为我国当前失地农民数量已达 4000 万～5000 万人，预计到 2030 年失地农民将达到 1.2 亿人左右。徐艺端（2012）提供的资料表明：根据国务院发展研究中心的统计结果，认为我国失地农民的数量至少超过了 4000 万，而且以每年 200 万的速度递增。国土资源部的研究课题《21 世纪我国耕地资源前景分析及保护对策》也指出，在严格控制的前提下，2001～2030 年全国年均建设占用耕地不低于 180 万亩，新增失地农民 7800 万人。

有一部分失地农民已经失去了土地，不再从事农业；他们拥有城市户口，能够享受城市人的相关福利；他们居有定所，通常住进了“安置小区”的楼房；他们都能得到一笔征地补偿费，具有一定的经济基础。所以从地理学（居住在城市）、经济学（非农就业、经济实力）、政治学（城市人的市民身份）几个角度来看，失地农民都已经是城市市民。但是从社会学的角度来看，失地农民依然是农村人。由于“农转非”不是他们的主动选择，而是被动甚至被迫的遭遇；他们在没有心理准备的情况下被工业化、城市化的外力强行席卷到城市生活方式的轨道，适应城市生活、融入城市社会必然非常困难。来自不同地区的调查结果都表明，多数失地农民还认为自己是农村人而不是城市人[①]。失地农民在相当长的时间内很难进入城市生活的主流，许多人身上仍然表现出与现代城市文明格格不入的落后、狭隘、封闭的价值观念与行为方式，法制观念淡薄，漠视城市中的制度法规、市民准则，缺乏公民意识，对城市公共事务漠不关心（陈林，2010）。失地农民在户籍上已经转为市民，但其生活方式并未与市民一致。市民生活中的拼搏、进取、务实、时间观念强烈的价值观、追求精神世界和物质世界的平衡提升、开放包容的人际交往方式等，在失地农民的生活中还较少体现（王慧博，2011）。他们中大多数人希望融入城里的生活，但今昔生活对比还是更满意征地前的生活，不喜欢城市的生活（阎占定等，2009）。来自江苏扬州失地农民调查结果表明，失地农民社会交往具有网络规模小、亲属交往为主、高同质性、低异质性等特征，失地农民并没有融入到城市社会关系中去（李飞等，2010）。经济欠发达、对土地依赖严重的地区，失地农民市民化后适应城市生活的能力比较差，生活水平较之前的农村生活水平不但没有提高反而有所下降（王慧博，2010）。失地农民的集中安置在各地比较普遍，87%的失地农民采用了集中安置，97%的失地农民被安置在同一居住小区（吕维平，2007）。对失地农民的集中安置模式虽然能够高效地推进安置工作，但其所引发的居住空间分异，却带来了城市内部新的“城乡分裂”以及城市居民与失地农民之间新的隔阂（罗震宇等，2009）。进城后，失地农民的日常生活依然保持原有习惯。时间观念淡薄，习惯传统的田园式生活方式，人际关系和社会交往方面注重血缘、亲缘和地缘关系；大多数失地农民虽在地域上跨出了农村，仍过着农村意义上的生活，认同原有的生活方式和生活习俗（孙璐，2009）。失地农民进入城市后仍在较长一段时间里延续着原有的农村生活方式。把小区内的道路当作自家的晒场和后院，把小区里的树木当成自家的晾衣架，把原本是公共的花圃、草地当作自留地种上各类蔬菜等，甚至还有人

① 来自河南省的调查结果表明，只有30.6%的失地农民认为自己已经是“城市居民”（尹小妹，2006）。来自湖北的调查结果表明，只有20.8%的失地农民认为自己已经是城里人（阎占定等，2009）。王慧博的失地农民访谈也得出了相同的结论（王慧博，2011）。

在阳台上搭起了鸡窝、羊圈，试图还原以往的家庭养殖业（童星，2010；李一平，2004）。农民住进小区的楼房以后，身份、聚居方式、经济来源、工作方式、日常互动都有了明显改变，但这种改变很大程度上只是外在形态上与传统农村生活的剥离，在内核上仍旧是对农村传统生活方式的一种保留和复制（莹莹，2013）。调查发现，居民不适应城市生活是引发安置小区问题的根本原因。居民由于长期生活在农村，很容易把原先的行为习惯带到新小区来，使小区重现"脏、乱、差"现象（俞鸿，2007）。

还有一部分失地农民失去了生产用地，不再从事农业，但是没有失去原有宅基地和其他生活用地，他们依赖自建廉租房出租收入、凭借"村籍①"得到集体经济分红以及其他非正规经济收入等非农业收入过着优裕生活；他们有的已经拥有城市户口，有的甚至还保留农村户籍，能够全部或者部分享受城市人的相关公共福利；他们没有住进统一规划的城市小区，仍然居住在原来的村落，但是这些村落已经全部或部分被城市包围，在地理上已经成为城市的一部分。这就是学界最近十多年来广泛研究的城中村现象。城中村是我国农村集体所有制土地国家征用制度、"征地不管人"的土地城市化战略以及地方政府追求经济效益等因素②综合作用的结果。急速发展的土地城市化将大量城乡结合部的村庄生吞活剥地卷进了城市的范围，由此产生了数量众多的城中村及规模庞大的都市乡民。中国几个中心城市都有大量城中村。北京市城中村大体分为两类：第一类是在建成区内环境脏乱的城市角落，北京城八区约有这类"城中村"231 个；第二类"城中村"主要是规划城区内的行政村，大多分布在城乡结合部，约有 112 个（蔡金水，2005）。上海社会科学院社会学研究所曾对沪上城中村治理情况进行专题调研。当年完成的研究报告估计，全市以农民老宅子为依托的城中村总量可能在 2000 个左右。但在接受记者采访时，主持调研的上海社会科学院社会学研究所研究员周建明坦言，这个数字已经"没用了"。"当时这就是保守估计，放到现在看，城中村真正的数量可能要大好几倍。"（朱珉迕，2013）广州市有 138 个城中村（李怀，2006；张

---

①"村籍"是李培林在研究城中村时使用的一个重要概念。他认为，城中村的村落特征显示出深层的城乡差异体制因素，包括与土地制度和管理制度相联系的"村籍"制度。城中村村民已经由于耕地的征用而几乎全部转为城市户籍，但他们仍然同时保留着"村籍"，"村籍"比"户籍"重要得多，"村籍"使他们是强大的村集体经济的股东，并因此与外来的村宅租客和一般市民在经济地位上有极大的差别，从这一点上来说，他们宁可为"村民"而不愿为"市民"（李培林，2002）。

② 根据我国土地制度，农村土地归农村集体所有，政府可以根据城市化、工业化以及其他需要通过依法征地流程将农村集体所有的土地变成国家所有的土地。农村的农用耕地征用的难度较小、补偿的费用较低而且标准相对清晰；以宅基地为主体的农民生活用地、公共设施用地则相反，征用拆迁难度很大，补偿费用高，补偿标准弹性大，农村集体和个人容易与地方政府进行博弈。所以，不少地方政府采取"绕道走"的征地策略，只征用农业用地，留下农民生活用地、公共设施用地。结果导致农业用地基础上开发建设的新城将保留下来的旧村落部分甚至完全包围。这就是城中村形成的过程和原因。

京祥等，2007）。深圳全市共有城中村 437 个[①]，城中村总人数约为 442.3 万人，其中流动人数 331.7 万人，常住人数 110.6 万人（朱荣远等，2006）。天津市中心城区有 66 个城中村（孙计川，2011）。重庆市主城中心城区范围内共分布有 61 个城中村，涉及集体土地面积约 7.5km^2，涉及房屋面积约 726 万 m^2，村民约 2.4 万人（吴朝宇等，2012）。东部沿海各省会城市都有不少城中村。南京市绕城公路以内的主城区现有 71 个城中村（张京祥等，2007）。杭州市有 60 个城中村（李怀，2006）。济南市现有城中村 309 个（吕学昌等，2012）。福州全市共有 142 个城中村（白俊超，2011）。沈阳市共有城中村 83 个（任鹏飞，2008）。2007 年长春市有 21 个城中村、6 个城乡结合部（李晓静，2007）。哈尔滨市有 10 个城中村，总人口 4.45 万，13 330 户，其中本地人口 2.05 万人，外来流动人口 2.4 万（万敏，2009）。石家庄市有 45 个城中村（李怀，2006）。海口市城中村及环境较差的街区原有近 80 片，占地面积达上千公顷（邓宇，2011）。中西部较大的省会城市城中村数量更多。武汉市在数十年发展建设中，形成了 168 个城中村（明眺生，2013）。成都市中心城区围内，有 104 个城中村（夏先清等，2006）。郑州市市区三环以内有大大小小 116 个自然村，64 个行政村，农业人口将近 10 万，涉及 5 个区 13 个乡镇，土地面积 4 万多亩（何可文，2006）。长沙市内五区共有 138 个行政村，符合“城中村”基本特征的有 39 个，人口 8.59 万人（梁蓉等，2008）。西安市城中村有 183 个（李怀，2006），星罗棋布在城市的建成区范围内（张驰等，2003）。昆明市主城建成区范围内共有城中村 288 个，涉及村民 21.9 万人，7.75 万户（李诚，2005）。合肥全市共有城中村 358 个，总户数 56 981 户，涉及人口接近 18 万（李小群，2008）。南昌全市共有城中村 87 个，城中村中居住农民 15 万余人（王炳荣等，2009）。太原市城市建设用地规模控制范围内共有 75 个城中村，分属 6 个城区，常住人口约 11.73 万人（孙晓芳，2003）。其他较小的中西部省会城市也有一定数量的城中村。依据 2011 年呼和浩特市政府发布的公告，呼和浩特市规划区范围内共有 68 个城中村（李武等，2013）。贵阳市 3 个中心城区现有 46 个行政村，自然村寨（或村民点）350 个，现有农业人口约 8 万人，2.2 万户，外来流动人口约 25 万人（付先锐，2011）。南宁市位于城市建成区内被城市完全包围的城中村有 35 个，涉及农村居民近 8 万人（范贵德，2006）。乌鲁木齐市具体数据不详，列入 2004 年《乌鲁木齐市城中村改造建设规划编制指导意见》（乌政办〔2004〕21 号）的城中村共有 32 个[②]。兰州市城中村涉及 61 村（简富缋等，2012）。银川市需要改造的老旧小区和城中村共有 88 个片区（郑峥，2013）。西宁市市区共有

① 另有两种说法：深圳全市共有城中村 1000 多个，其中特区内约 200 个（张京祥等，2007）；深圳特区内有 91 个城中村（魏立华等，2005）。

② 参见 http：//www.urumqi.gov.cn/info/554/166280.htm。

79个行政村，目前被征用土地的行政村有64个，村民人口近10万（许光中，2006）。拉萨市存在的城中村共有12个，被称为老百姓的“自建小区”（王舒等，2010）。其他一些经济发达的地级市都有相当数量的城中村。苏州市城中村494个，19.9万户，69.7万人（黄炳福，2005）。温州市所辖3个区共有城中村171个（王新，2005）。绍兴市有45个城中村（李怀，2006）。珠海市有26个城中村（郭臻，2005）。总之，“曾经沉寂在城市周边的成千上万个农业村落已经深深地卷入了城市化进程中，成为城市体系的一部分。”（张展新等，2005）

虽然很少有城中村研究者引用或参考甘斯（Gans，1962）的《都市乡民》一书，但是很多学者都将“城中村”翻译成“Urban Village”或“City Village”。学者还曾经先后用过城市边缘区、乡村边缘带、郊区、城乡结合部、城乡交错带、都市边缘农村社区、都市村庄、都市里的乡村、城市里的乡村、城乡混合社区、非城非乡的聚落形态、城乡变异的社会形态等概念指称城中村（邓春玉等，2008）。由此可见，城中村在性质上和甘斯研究的西区具有相似性，城中村就是当代中国的“都市乡村”。学界运用与都市乡民类似的概念来描述城中村的村民，包括“非农化农民”“城市化农民”（蓝宇蕴等，2005）、“市民城市社会中的农民”（张京祥等，2007）、“市民社会中的农民”（阎小培等，2004）、“城市里从事非农业的农民”（魏立华等，2005）、“都市农民”（周运清等，2003）等。城中村既不同于普通的村落社会，也不同于一般城市社区，有学者用“亦村亦城，非村非城”（马航，2007）来概括城中村的这一特点。和普通的村落相比，城中村是城市化社区。就物理环境来说，城中村已经包围在繁华闹市、交通要道、高楼大厦、都市小区等新城之中；在村内，通过加建和扩建，拥挤的楼房加上繁荣的“非正规经济部门”已经完全取代了村落原有的田园牧歌环境。就像甘斯当年描述的波士顿西区，城中村完全符合“人口规模大、人口密度高、人口异质性强”的城市社区基本特征。以深圳市为例，全市共有城中村437个，共有建筑13.8万栋，总建筑面积约10 500万m^2；其中居民住宅有11.3万栋，最高为20层，最大的建筑面积达4000m^2；城中村总人数约为442.3万人，其中流动人数331.7万人，常住人数110.6万人；城中村内共设有公共娱乐场所1098家、家庭作坊5650家、商铺82 272家。其中福田区15个城中村以占城市建成区面积不到7%的土地，容纳了超过辖区62%的城市人口，人口密度之高、人口规模之大与波士顿西区相比有过之而无不及（朱荣远，2006）。城中村居民已经失去了生产用地，被迫离开农业，其职业已经基本城市化了；虽然他们仍然保留宝贵的“村籍”，但是他们中大部分甚至全部已经拥有了当地城市的户籍，身份也已经实现了城市化。然而，和一般城市社区相比，城中村又是一种特殊的村落，城中村居民又是城市化、非农化的都市农民。城中村兼具城市的某些特征和功能，但仍然保持着农村社区的外观形态、人际网络、组织制度、管理模式、历史文化及生活方式（蓝宇蕴，2007；成得礼，2008）。城中村地区的城市景观从外至内可分为3个层次，即主干道路景观、支路景观和小巷景观，越往外层，景观城市化程度越高，而越往内则是一派“农村”景象，建筑零乱，环境卫生状况差，部分地区甚至还养有家禽家畜（胡莹，2002）。城中村居民对土地深深地留恋和依赖，他们更相信土地，农耕文化使农民放弃种地后，改“种”房子（朱荣远等，2006）。村落是一个以血缘、亲缘、宗缘、地缘等社会关系网络构成的生活共同体，城中村也不例外，城中村实际上就是一种由血缘、亲缘和宗缘等社会关系网络联结的“大家庭”，是一个由亲缘、地缘、宗族、民间信仰、乡规民约等深层社会网络连结的村落乡土社会（李培林，2002）；城中村居民宗族血缘意识[①]很强，和普通村落几乎没有差异（黎云等，2007；朱荣远等，2006；李诚，2005；马航，2007；魏立华等，2005）；城中村作为乡村向城市转型中的边缘小区，主要以血缘关系和地缘关系等初级关系为纽带形成，具有封闭性、独立性和排他性，与主要是以业缘和契约等次级关系为基础形成的现代城市小区明显不同（刘毅华，2007）。农民在改变职业身份以后，之所以对村落社会关系网络还有那么大的依赖性，是因为他们面对一个新的陌生社会，有着共同抵御风险和外部压力的需要；城中村就像是镶嵌在都市的汪洋大海里的一个个孤岛，大海是一个陌生的世界，而孤岛中是一个熟人社会（李培林，2002）。城中村沉淀了大量的社会资本，这些社会资本是居住在城中村中的人们之间经历多年才建立起来的庞大社会关系网络，以及他们之间深厚的感情和友谊，是失地农民应对被动城市化浪潮的缓冲带和稳定器，是维持失地农民可持续生计的最优质的软资产（成得礼，2008）。据调查，有些已经搬离了城中村的拆迁户老人又不约而同地回到这个曾经生活了一辈子乃至几代人的“老家”，老人们对这片故土充满了留恋（李诚，2005）。姓氏祠堂及其相关文化意涵、庙场设施及其相关活动，传统仪式下的醒狮（舞狮子）与龙舟赛事，所有这些具有浓郁传统风味的民俗文化，给予日益深度进入城市生活的人们以心理寄托（蓝宇蕴等，2006）。被迫卷入城市生活的城中村村民，面临巨大的文化和社会心理变故，村落共同体具有相对完整的组织网络，是庇护“村民”在向“市民”转型、化解突变的“缓冲地带”（蓝宇蕴，2007）。城中村农民在以自己的“小传统”进入与融入“大传统”的格局中，不得不借助与利用村社共同

① 以广州城中村中的客家村落车陂村为例。迷宫般的街巷中有传统秩序继承。尽管城中村被挤迫成为超高密度的空间形态，但是村中的公共空间仍然被保留着，而且神圣不可侵犯。客家村落中最重要的公共空间是祠堂前的小广场，用于举行祭祀、聚餐、贸易、竞赛、集会等村民集体活动。车陂村现有九大姓氏祖祠、31处祠堂，其中以10社的惇裕堂梁氏宗祠最为有名。每年这里举行“七娘节”，全村的巧妇把亲手制作的工艺品拿来展销，热闹非凡。主殿惇裕堂两侧墙壁挂满了梁氏宗亲们捐赠的巨幅对联，蔚为壮观。宗祠管理员曾去过苏州旅游，对那边农村中的大型祠堂也大加赞赏。村里人仍然将祠堂的形式和规模视为村的象征，它是一个村的历史、文化、血脉、社会网络的集中体现。城中村是矛盾的存在，它们既是村庄，又处在城市中；接受了现代都市文明，却又坚守着传统村落文化；拥有混乱的空间形态，却保留着有机的空间肌理；不断被封闭，又期待走向开放（黎云等，2007）。

体的组织化网络这一本土资源，而且是唯一的最重要的社会资源（马航，2007）。深圳学者李津逵认为："研究城市的主导学科，昨天是建筑学，今天是经济学，明天是社会学。"（周毅刚，2007）从城市社会学角度来看，城中村居民城市性积累明显不足或者说是城市性发展滞后。城中村居民在居住区域、职业性质、制度身份等方面都已经城市化了，但其生活方式、社会交往、关系网络、人格心理、行为习惯、风俗人情、价值认同、组织资源等"城市性"方面还停留在前城市化阶段或者城市化初级阶段，具有浓郁的"乡村性"。

二、流动人口聚居区

还有一种与城中村关系密切但又有所不同的都市社区是流动人口聚居区。一般来讲，城中村都是流动人口聚居区。有学者（魏立华等，2005）认为，原住村落社会为城中村第一重特性，外来人口低收入者聚居区为城中村第二重特性。廉租房是低收入流动人口在城市立足的重要条件，而一定规模的流动人口又是城中村出租屋和集体物业等出租经济的基础，村民依靠租金和集体分红生存。所以城中村居民基本上都是由有村籍的原住民和外来流动人口两部分组成，而且后者的数量远远超过前者①。不是所有流动人口都居住在城中村②，但大部分流动人口都聚居在城中村。流动人口中绝大部分是没有城镇户籍的农村人口③，他们在老家农村拥有承包地，外出跨区域流动进入城市务工经商，从事各种非农职业，也被称为"流动农民"。流动农民和失地农民一起构成中国人口城市化的两大主力军。众多调研结果表明，以城中村为主体的流动人口聚居区的居民是另一种类型的都市乡民，而且与失地农民一样规模庞大。2012 年底中国流动人口数量已经达 2.36 亿人④；中国外出农民工数量达到 16 336 万人，在生产经营场所居住的占 6.1%，与他人合租住房的占 19.7%，独立租赁住房的占 13.5%（国家统计局，2013），合计数量达到 6420 万人，这些农民工基本上居住在城中村或其他流动人口聚居区。还有更多人用"村"一词来概括流动人口聚居区的特性，其中最为有名的就是浙江村，它从

---

① 例如，深圳城中村总人数约为 442.3 万人，其中流动人数 331.7 万人，常住人数 110.6 万人（朱荣远等，2006）。福田区 15 个城中村原住民 1.7 万人，但总居住人口却高达 80 万之众，全区暂住人口的约 90%以上居住在城中村（谭刚，2005）。另据报道，郑州陈寨村本地人只有 3000 多人，外来人口却有 12 万多。庙李村本地人口 3800 多人，外来人口有 9 万多人。十里铺村，本地人口 6000 多人，外来人口近 10 万人。孙八寨村本地人口 6000 多人，外来人口近 15 万人（陈静，2012）。

② 如上海的流动人口聚居区就分为自发聚居、简易安置、集中安置 3 种类型（罗仁朝等，2009），依托工地型流动人口聚居区和依托市场型流动人口聚居区（翟振武等，2010）也不是城中村。

③ 如北京市外来人口聚集区持有农业户口的外来人口比例达 95%（翟振武等，2010）。

④ 见中华人民共和国国家卫生和计划生育委员会官方网站 2013 年 9 月 10 日发布的《中国流动人口发展报告 2013》内容概要。

1983 年底由 6 户浙江做生意的农民家庭租住北京木樨园村开始萌芽[①]，后来在丰台区大红门、木樨园地区发展成为拥有 10 多万以浙江人为主体的流动人口聚居区，这个自发生成的、没有正式国家行政编制的流动农民“村落”受到学界广泛关注，大批学者（项飚，1996；王汉生等，1997；薛笑甜，2011；许超诣，2009；林蓉，2009；李琼英，2013；杨朝朝，2008）将之作为专门调查研究的对象。与浙江村类似的流动农民“村落”还有北京的新疆村、安徽村、河南村和福建村（刘海泳等，1999）以及南京的河南村和广州的新疆村（吴晓，2003），等等。其实这样的流动农民“村落”还有千千万万，广泛分布于全国各个流动人口聚集的大中城市。2006 年，北京万人左右的流动人口聚集区已经达到 91 个；2008 年北京流动人口总数 465.1 万，2006 年居住 5 年以上流动人口占 33.9%（马小红，2009）。“部落”“村”等名称充分反映了流动人口聚居区给社会留下的“乡村性”印象。本书认为，流动人口聚居区居民的“乡村性过剩”和“城市性不足”还表现在社区内部居民的高度同质性，可以归纳为以下“五同”。

第一，同源。中国农民的“乡城流动”没有脱离爱森斯坦的连锁迁移模式（项飚，1996），家人、亲戚、邻居、同村人、同学、战友等同根同源、本乡本土的关系网络是这个流动迁移链条上的主要节点。这些以血缘、地缘、情缘为基础的初级社会关系不仅在农民流动的发生阶段发挥关键作用，而且在农民流入城市以后还持久而稳定地发挥作用。以浙江村为例，村民按照从血缘—亲缘—地缘—友缘等关系，按远疏亲近顺序，编织内部社会联系网，包括亲友网和生意网，前者比后者重要，而且两个网互相交叉；包含一般的亲戚、同村的同龄群或者同学关系、“文革”中的同一派的“战友”3 种关系的亲友圈在迁居、就业、信息交流、技术传授、生产合作、资金融通、劳动力雇佣等方面发挥主要作用（薛笑甜，2011）。介绍工作和住房都要依靠由乡土关系结成的社会网络，甚至老房客往往成为求租房屋者的“预审员”（刘海泳等，1999）。这种亲友网、本土关系网络成为流动农民最主要的亲密关系网络，可以视为流动农民社会交往的私人空间。

第二，同乡。虽然邻居、同村也属于地缘关系，但在中国农村这类地缘关系与家族、宗族等血缘关系高度重叠。同乡关系是一种范围大得多的地缘关系。同乡关系与同源的亲密关系区别在于：同源关系是流动农民在家乡就已经属于或者建立的社会关系，而同乡关系是流动农民进入城市以后建立的关系；同源关系以血缘关系（包括邻里、同村）或者“拟血缘关系”（包括同学、战友等“亲如兄弟”

① 据调查，温州农民卢毕泽一家和其他 5 户老乡于 1982 年赴包头，在那里包旅馆住，找供销社办的市场卖衣服。1982 年底他的资产总额增至近 10 万元。1983 年，卢毕泽来北京批发布料时，感到北京的市场潜力比包头更大。于是 6 户人家于当年转到北京，在木樨园租房居住，埋下了日后扩展成为“浙江村”的种子（王汉生等，1997）。

的关系）为核心，而同乡关系则是以较为松散的“老乡”意识、“故乡”情结、“同乡”传统为纽带；同源关系一定是熟人社会，同乡关系完全有可能是陌生人关系，最多是半熟人关系；同源关系属于初级社会关系，而同乡关系属于次级社会关系。当然，同乡关系流动农民按“差序格局”定律对同源关系的自然延伸，对同源关系的功能发挥进行补充。项飚（1996）区分了流动农民的“传统网络”和“流动网”，前者主要指在作为流出地的农村，因亲缘、地缘结成的关系，后者则指流动者内部结成的关系，以及在二者基础上发展起来的更复杂的网络（结构），他所说的传统网络其实就是同源网络，流动网络主要就是同乡网。薛笑甜（2011）区分的亲友网和生意网也大致如此，因为在浙江村，生意网也只限于浙江人。唐灿、冯小双（2000）发现在内部的社会交往上，流动农民按血缘、地缘组合和层级组合的交叉混合模式，形成了比较明确的边界。如虽是同乡，但处在不同层级即不来往；处在同一层级但不是同乡者也不交往。血缘、地缘因素和层级因素对形成新的社会认同都具有重要意义。浙江村的流动农民觉得老乡之间有共同的文化、风俗习惯，有交流的话题，休闲娱乐的方式也基本一致，故交往圈局限在老乡群（许超诣，2009）。在超出血缘之外，中国社会的社会关系网络与地缘存在着明显联系。以乡亲为纽带的关系，虽然没有血缘那么可靠，但是总比陌生人可信，因此外出谋生过程中，同乡聚集在一起有一定的优势（李若建，2006）。可见，同乡网是流动农民社会交往的边界，基本圈定了流动农民社会交往的公共空间。同乡网与同源网一起构成了流动农民社会关系网络的结构。

第三，同业。就业或赚钱门道是流动农民进城以后的安身立命之本，流动农民将寻找就业机会和赚钱门道称之为“找活路”。城市在改革开放以来不断释放出大量城里人不愿意从事的脏、苦、累、没面子、收入低的就业和赚钱机会，如果说城中村村民以“种地”的心态“种楼”赚钱，那么流动农民通常以“搞副业”的习惯心理进城“找活路”。在寻找就业和赚钱机会的过程中，同乡网与同源网一起构成了流动农民社会关系网络发挥了关键作用，连锁流动效应进一步演进为连锁就业，由此形成规模庞大的以老乡群体为单元的同业网络。以北京市为例，浙江村自始至终以服装加工和贸易作为经济支柱，浙江村的成长与大红门服装经济的壮大彼此促进；北郊朝阳区洼里乡一带的河南村从事收旧货、拾荒；京郊安立公路立水桥以北 0.5km 的范围内沿公路分布了大大小小的建材贸易公司，主要是福建人经营的木材生意，被称作“福建建材村”；早在 20 世纪 70 年代末就开始形成的新疆村（规模比较大的两个位于甘家口增光街和魏公村）经营维吾尔风味餐饮店。京郊洼里乡北顶村距亚运村和北三环都不足 1km 的安徽村从事贩菜和副食土产批零（刘海泳等，1999）。在深圳市罗湖区的田心村等地聚集着一批从事汽车运输业务的湖南平江人，半挂车最少有 400 台，涉业人数至少有 1200 人，形成了一定的产业规模。他们一般聚居一处，从经济活动到日常生活，交往很多，形成了一个紧密的群体或社区，被学者称之为“平江村”（刘林平，2001）。

第四，同居。流动农民进城以后在同源网与同乡网的作用下聚集居住在一起，使流动人口聚居区演变成“同乡村”或“同乡村”的组合。前述浙江村、新疆村、安徽村、河南村和福建村都是规模庞大的同乡村。据深圳警方统计，仅深圳市属于“同乡村”概念的群体就有643个，近200万人，其中聚居人数在1000～3000人的“同乡村”达437个，73万多人；6000至1万人的50个，36万多人；万人以上的同乡村有15个，23万人（胡武贤等，2010）。在深圳，120万四川人按地域聚居在一起而形成的四川村就有几十个（王代林，2008）。有学者（吴晓等，2002；吴晓，2003）将流动人口聚居区分成“缘聚型聚居区”和“混居型聚居区”两种类型。前者以同乡、同村、同业或同族为群体聚结，以亲缘、地缘、业缘等为基本纽带，如北京市的浙江村、南京市的河南村和广州市的新疆村；后者居民来源混杂且彼此缺乏广泛的联系和必要的交流，仿佛临时凑合在了一起，在社区的内聚性和聚居的典型性上均无法同前者相比，在深圳、广州等市均形成了大量的类似社区，如石牌村。本书认为，在流动人口聚居区中，缘聚型聚居区应该是主流；混居型聚居区数量不多，而且主要分布在城市中心的城中村，居民大多是低收入、工作不稳定、未婚的城市白领，流动农民的比例不高；典型的流动农民聚居区一般都是同源、同乡、同业的缘聚型聚居区；就算有混居型流动农民聚居区，那也是相对的，在这样的聚居区内部一定还会有小型的“缘聚型”老乡群体，或者说混居型流动农民聚居区是缘聚型流动农民聚居区的组合。总之，缘聚型聚居是流动农民在城市生存的必要模式，是其进入城市的必经之路，是他们融入城市的起点站。

第五，同俗。流动农民流入异地（尤其是跨省流动）城市以后立即面临两种文化冲突：一是乡村文化与都市文化的冲突，包括生活方式、社会交往、行为习惯等，还包括城市人的歧视、排斥；二是家乡文化与流入地区域文化的冲突，包括语言、风俗习惯、饮食习惯等，还包括本地人对外地人的冷漠、疏远。流动农民要在流入地城市立足，就必须采取有效的应对策略。对于来自都市文化的挑战，流动农民的应对策略是在城中村、城边村或其他异地农村社区聚居，因为这类地区无论景观、习惯、还是风俗上都与流动人口的来源地有着或多或少的相似性，使其更易找到心理认同感，更易融合到新的环境之中（千庆兰等，2003）。对于来自土著文化的挑战，流动农民在前述同源、同乡、同业、同居的基础上逐步在流入地复制、再造尽可能类似故乡的村落社会，而且慢慢地反客为主，在人口数量上超过本地人，一般的流动人口聚居区流动农民的数量都是本地人的几倍甚至十几倍；由于生活环境的低质化、社区性质的异质化，本地人甚至会慢慢撤出，使流动农民的生活环境更像故乡的村落社会。这样一来，流动农民在城市里复制原有的乡村生活和文化模式，建立属于自己的准社区，他们往往复制了农村的生活习惯（林蓉，2009），在原有的城市社会中楔入了一个游离于控制之下的异质性社区（王汉生等，1997）。进城农民在文化背景、观念意识、生活习惯等方面保留了一定的连续性，以往农业社会的组织机制和社会网络也在现代城市条件下的聚居区内得到了某种积淀和延伸（吴晓，2003）。在城市建立自己的社区“熟人社会”或“半熟人社会”，或者说在城市里复制农村，聚居而形成“都市里的村庄”（魏立华等，2005）。与此同时，进城农民将农村生活习惯带到了城市，如在公共场合大声说话，随地吐痰，夏季晚上在路灯下畅怀饮酒到深夜（张小兵，2009）。以流动农民为来源的大规模的都市乡民群体由此形成。

三、建筑业农民工

建筑业农民工是另一个规模庞大的都市乡民群体。国家统计局 2013 年 5 月 27 日发布的数据显示，2012 年全国农民工总量达到 26 261 万人，其中建筑业占 18.4%，据此测算，目前我国建筑业农民工数量为 6000 多万人[①]；另一方面，外出农民工[②]数量为 16 336 万人，在工地或工棚居住的占 10.4%，即 1699 万人（国家统计局，2013）。6000 多万建筑业农民工大致分成 3 个部分：第一部分是在本地从事建筑业的农民工，数量约 1826 万，可以被看成是乡村农民，从事建筑业大多带有兼业性质，生活方式与一般村民没有差别；第二部分是进入城中村及其他流动人口聚居区居住的建筑工人，数量约 1307 万，是上述流动人口聚居区都市乡民的组成部分[③]；第三部分则是在工地或工棚居住的 1699 万建筑业农民工，这部分农民工已经进入都市生活，他们的生活空间就是散布于城市各个建筑工地的临时生活区。与流动人口聚居区的建筑工相比，工地建筑工只具有人力资本，连租房的经济资本都更为缺乏，而且多以“包工队”作为工作和生活单元，与城市人接触机会更少，所以工地建筑工的城市性更弱，是更接近“农村人”的都市乡民。据研究，包工队大的 700～800 人，小的 20～30 人，包工头一般为农村有能力、人缘广、信誉好、进城打工时间长的“能人”，其手下的建筑工多为通过血缘关系和地缘关系拉拢过来的亲戚、朋友、同学、乡邻，类似农村的“生产队”。一个包工队就是一个都市乡民群体，数千万建筑业农民工就是千千万万个都市乡民群体的组合。正如富晓星（2008）在北京两个建筑工地进行调查研究的结论，“在建筑业农民工群体中，我们看到了传统文化在现代经济活动中的持续性和韧性。农人

---

① 亓昕（2012）提供的数据表明，2011 年底在庞大的城镇人口群体中，农民工数量超过 2 亿，农民建筑工占全部农民工的比重已经超过 30%，即 6000 多万人。

② 指调查年度内，在本乡镇地域以外从业 6 个月及以上的农村劳动力（国家统计局，2013）。

③ 毛文琳、陈永峥、陈芳（2010）在嘉兴对 262 名建筑业农民工调查结果表明，租房屋住的 58 人，占 22.13%；住工棚、宿舍的 204 人，占 77.86%。

传统的生产组织形式已嵌入城市经济活动中（亲缘地缘关系为主的包工队），其运行源于初级社会关系的人际信任和道德信任（农民工和包工头没有文字表现的信任体系）并受到乡土社会秩序的规范。农民工在城市中做了什么坏事，家乡人都会知晓并给予集体排斥。”还有学者（毛文琳等，2010；李立辉等，2008；杨燮蛟，2009）通过实地调查研究了建筑业农民工的生活方式，发现建筑业农民工工作时间长、闲暇时间短，看电视、睡觉休息、与朋友喝酒吃饭、打牌打麻将成了主要的闲暇消费方式，基本是复制和沿袭老家农村的生活模式。建筑业农民工的恋乡情结比较深，家乡才能给他们温暖的感觉，在外面打工多年，还是没有真正融入城市，大部分都希望赚钱后返回农村（李立辉等，2008）。建筑业农民工认可他们的农民身份，身份的认识模糊化，游离在农村和城市的边缘；他们的城市认同较低，人际交往圈子是具有很高同质性的群体，他们自觉地将自己封闭起来，很少主动与城里人交往，与城市市民之间形成了两个近乎隔绝的世界，乡土世界积淀的惯习在他们的头脑中留下记忆的痕迹，影响着他们的思想和行为（包福存等，2007）。可见，建筑业农民工与流动人口聚居区的流动农民相比，更具有上述“五同”特性。

四、“宿舍劳动体制”农民工

最后一个大规模的都市乡民群体就是聚居在集体宿舍[①]、进入所谓“宿舍劳动体制”（任焰等，2006a；任焰等，2006b；吴炜等，2011；魏万青，2011）的农民工。根据国家统计局 2013 年 5 月 27 日发布的数据，2012 年外出农民工数量为 16 336 万人，在单位宿舍居住的占 32.3%[②]，约 5277 万人（国家统计局，2013）。有关单位宿舍农民工的日常生活活动的研究文献很少，较难直接获取有关其“城市性不足”的材料，本书从以下几个方面进行分析。

首先，与其他都市乡民群体相比，单位宿舍农民工群体封闭性和隔离性更强，与城市社会接触机会更少。单位宿舍一般都位于各城市周边的开发区、工业区、

---

① 深圳的工厂宿舍可包括 5 种形式：企业购买土地自建厂房和宿舍、企业从当地政府或者个人手中购买宿舍楼提供给员工居住、企业从当地政府或者个人手中租用宿舍提供给员工居住、企业租用商品房、工人自行租房居住、酒店房间或者别墅提供给高级管理人员居住。在空间安排上，又包括 4 种模式：厂房与工人宿舍都位于厂区内，通常有高墙环绕并且设有保安全天把守厂门；厂房与工人宿舍不在同一个地方，但是通常间隔距离在步行可及的范围之内（步行 10～20 分钟）；厂房与宿舍位于同一栋建筑之中；宿舍与仓库位于同一栋建筑之中，或者更糟糕的情况是厂房、宿舍和仓库都位于同一栋建筑（任焰等，2006a）。

② 不少调查结果表明住集体宿舍的农民工比例比国家统计局的这一数据偏低。在广州市、浙江省 11 个地市、重庆市、上海市、江苏省 8 个地市等地的调查发现农民工租房居住的分别达到 81.74%、60.80%、77.11%、71.50%、47.20%，住集体宿舍的则分别为 18.26%、22.80%、6.20%、15.20%、30.80%（王凯等，2010）。在江苏省，有 41.67% 的农民工租住在相对廉价的城中村和郊区农民搭建的棚屋中，只有 10.42%的农民工得到了单位提供的集体宿舍（秦岭，2009）。在合肥市，农民工住单位集体宿舍的占 25.6%，租房占 58.5%（方云梅等，2008）。

厂区，远离城市生活区、商贸区和休闲娱乐区；宿舍围墙、保安以及严格的作息制度刚性地限制了农民工的活动空间[①]；工作时间长、加班时间多（秦岭，2009；方云梅等，2008；白万平等，2008；宗成峰等，2007；申丛丛，2009）都导致农民工闲暇时间有限。所以，宿舍农民工与工友以外的其他人交往机会非常有限，宿舍农民工被“城市化”的机会很少，所以他们更大程度地保留了从老家农村带来的乡土性。

其次，宿舍农民工更大意义上只是作为制造业的一种生产力要素，与原材料、设备等其他生产要素一样被存放在工厂里，宿舍犹如人力资源“仓库”，而不是普通意义上的“社区”。他们的“社区”生活还在遥远的梦中的故乡。

再次，农民工的宿舍生活更多具有短期性、过渡性。宿舍农民工具有年龄小、女性多、未婚比例高、初次外出比例大、合同期短（任焰等，2006b）等特点，和建筑工一样除了人力资本和来自老家农村的有限社会资本以外没有经济资本、城市生活经验和适用于城市生存的社会网络，只能暂时忍受低收入、不自由的状态；当他们从有限的机会中积累了一定的经济资本、城市生活经验和适用于城市生存的社会网络以后，他们将毫不犹豫地逃离流水线和宿舍，进入城中村、流动人口聚居区开始真正的“城市化”之旅；如果他们的这种积累不成功，当他们面临结婚成家等现实问题时，他们将被迫回到故乡，结束自己的短暂城市经历。可以说，宿舍农民工更像苗圃中的幼苗，城中村、流动人口聚居区才是他们未来在城市生长的目的地。宿舍农民工比例一直呈下降趋势（董昕，2013），不是其绝对值下降了，而是他们不断分化出去进入租房者行列加大了租房者队伍规模[②]。本书认为这个趋势还会持续下去。

---

① 调查表明，在室内的停留时间上，有 45%的人每日在室内停留 8～10h，停留 10～12h 及 12h 以上的分别占到 20%和 25%，仅有 10%的人每日在室内停留时间少于 8h。由此可见，农民工除了工作以外，大部分时间都在室内（黄洁等，2012）。

② 2008 年、2009 年、2010 年、2011 年、2012 年住在单位宿舍的外出农民工比例分别是 35.1%、33.9%、33.8%、32.4%、32.3%，呈逐年下降趋势，租房比例大致稳定在 34%左右（国家统计局，2013）。而 1978～1997 年回村居住或单位提供宿舍曾经占到大约占 70%～80%，而租房的大约只占 10%～20%。1994 年对深圳、珠海、东莞、中山、南海和广州 6 个市（区）149 个工厂的 1021 份问卷反映出，有 82.9%的人住工人宿舍；同年，对湖南省岳阳市 196 个农民工的调查结果显示，63.77%的农民工住单位集体宿舍；1997 年对湖北省宜昌市 346 个外来民工的调查问卷反映，有 86.1%的人居住在厂家或企业提供的集体宿舍；《中国工会统计年鉴 1998》中的 1997 年中国农民工问题调查数据显示，由单位提供集体公房的占 68.7%。1998～2006 年，农民工的住房来源中租房的比例不断提升，而单位提供住宿的比例不断减少。如 2002 年对南京市 578 名农民工的调查发现，租房者占 59.69%，住单位宿舍者占 10.38%；2004 年对浙江省杭州、温州、台州、嘉兴、绍兴、宁波和金华 7 个市的 718 份调查问卷显示，有 36.35%的农民工住在单位提供的集体宿舍，49.79%的农民工与别人合租；2005 年对南昌市 897 位样本农民工的调查结果是：租房的占 47%，集体居住的（包括居住在工厂、企业内部和建筑工地临时居住点）占 33%；2006 年对上海市农民工抽样调查（样本数为 1026）资料显示，住在出租房的占 68.0%，单位宿舍的占 15.6%（董昕，2013）。

最后，宿舍农民工日常生活中仍然隐约可见都市乡民的行动逻辑。为了方便形成亲属或族群圈子，女工们经常换床铺，尽量能够和自己的亲戚或者同乡住在一起；工人们在日常生活中根据血缘、族群以及朋友关系早已形成了各自的生活圈子和社会网络，领导者通常被称作“大姐”或者“大哥”；有关抗争的讨论往往是在老乡、亲戚或者朋友之间进行，相关的信息在宿舍楼里沿着各种非正式关系网络（朋友、亲戚、老乡等）在各个房间之间秘密地传递；现代中国的外来工们仍然被紧紧包围在同乡和亲属网络之中；在宿舍中，性别、血缘及族群网络将工人们彼此联系在一起，这些网络有利于工人流动、找工作及传播工作信息，增强了工人对工厂及城市生活的适应能力（任焰等，2006a）。

第四节　都市乡民群体的性质和命运

在最近十多年中，中国学界在研究城中村、流动人口聚居区、农民工等问题的同时也逐步形成了一系列与都市乡民性质和命运有关的理论。

一、“毒瘤”论

当城中村、流动人口聚居区刚刚开始在各大城市初具规模地出现的时候，学界与政府意见高度一致，将这些都市乡民看成严重社会问题，城中村、流动人口聚居区被看成是困扰西方城市社会一两百年的“贫民窟”，被称呼为城市社会的“毒瘤”，是脏乱差、黄赌毒甚至打砸抢等社会问题产生的根源，学界与政府都欲除之而后快。所以，当时改造城中村、取缔流动人口聚居区成为政府和学界一致的观点。学界分析了城中村、流动人口聚居区存在的各种“不可饶恕”的严重问题，策划了各种改造城中村、取缔流动人口聚居区的方式方法（田莉，1998；敬东，1999；胡莹，2002；张驰等，2003；刘伟文，2003；王子新，2004；吴智刚等，2005；黄炳福，2005；刘金海，2007）；地方政府尤其是城中村、流动人口聚居区较多的城市政府都制定了各种雄心勃勃的“改造”计划，并以运动的方式掀起了一场场改造城中村、取缔流动人口聚居区的风暴。但遗憾的是，城中村越改越多，市中心的城中村还没有改完，城市周边的城中村又如雨后春笋般形成了（魏立华等，2005；朱荣远等，2006；成得礼，2008；蓝宇蕴等，2006；蓝宇蕴，2007）；流动人口聚居区同样斩草难除根，“野火烧不尽，春风吹又生”，越扫规模越大。北京市曾经以清理的方式解决问题，结果却演变成了长达十几年“清理—逃跑—回潮—再清理”马拉松式的拉锯战（穆易，2003）。北京的浙江村、河南村、福建村、新疆村、安徽村等著名的流动人口聚居区都是在这种政府清理的过程中日益壮大的。1995 年，在中央、市、区等有关部门的部署下，北京市南苑乡出动机关干部、执法人员 3000 余人，对浙江村进行了一次规模空前的大清理。然而清理之后，不到 4 个月的时间，人们发现，浙江村又和从前一样热闹，“该回来的人都回来了”。事实上，这样的“拉锯战”由来已久。从 1990 年开始，南苑乡每年都会对浙江村进行清理整顿，但每次都以失败而告终（王海燕等，2007）。

最终，学界和政府都不得不承认“改造论”的失败。2000 年 9 月 6 日，广州市召开“城镇建设管理工作会议”，确定在 5 年之内基本完成中心城区内城中村的改制和改造；但广州市市长在接受记者采访时认为城中村的改造需要一个很长的时间，有的可能要花一两代人的时间，并不是 3 年、5 年、10 年可以改造好的（李培林，2002）。上海市一直力主坚决改造、取缔城中村，并为城中村整治付出诸多努力，然而现实中的种种掣肘尤其是巨大的改造成本，使大批城中村无法轻易走上“改造”之路，城中村仍以惊人的速度蔓延。2012 年上海社会科学院社会学研究所曾对沪上城中村治理情况进行专题调研，研究报告中估计全市以农民老宅子为依托的城中村总量可能在 2000 个左右，主持调研的上海社会科学院社会学研究所研究员周建明坦言这个数字是保守估计，城中村真正的数量可能要大好几倍（朱珉迕，2013）。学界和政府都不得不开始重新认识都市乡民聚居的城中村、流动人口聚居区的性质和意义，并重新思考新的行动策略。

二、功能论

也可以称为“价值”说。在总结和反思“毒瘤”论的过程中，学者们发现，都市乡民聚居的城中村、流动人口聚居区之所以难以改造、不能取缔的根本原因是这些社区作为中国特有社会制度条件下产生的新型社区，在中国城市化进程中发挥着重要作用，具有一些暂时难以替代的社会功能；在这些功能消失之前，城中村、流动人口聚居区是不可能消失的。换句话说，功能论认为都市乡民聚居区虽然存在各种社会问题，但积极意义大于消极意义，如果管理得当这些问题可以得到解决。所以，都市乡民聚居区有长期存在的必要，政府应该做的不是简单粗暴地扫荡和取缔，而是研究如何管理好这类社区，消除其社会问题产生的基础，让其更好地发挥功能。

魏立华、闫小培（2005）认为，城中村本质上不同于贫民窟，因为城中村有租户与租客的合法租约关系，并非非法自建；城中村是有根的，这个根就是以血缘、亲缘、宗缘、地缘、民间信仰、乡规民约等深层社会关系网络构建的村落乡土社会生活共同体，具有内聚性的血脉传承和对村落旧址的历史归属感；城中村已形成了适应市场需求的、有效运作的“类单位制”的社会经济系统；城中村的高犯罪率问题，应从“村外”入手，从制度层面上的根源入手，除加强管理和打击力度之外，更应对流动人口多一些关怀；城市政府无力、市场无暇解决进城农民的住房和生活空间问题，城中村的留存成为最好的选择。所以，城中村是目前最为合适的城市低收入人口居住模式，这种居住模式将长期存续。张京祥、赵伟（2007）认为，城中村是中国在特定发展环境、制度环境和发展阶段作用下的一种地域空间现象，它在支撑中国快速而粗放的城市化进程及缓解由此带来的许多物质性匮乏和社会结构性矛盾方面，发挥了重要而不可替代的作用；中国高速城市化进程中的巨大空间与社会成本并没有得到充分的显现，而相当一部分这样的成本是由城中村来承担和消化的。蓝宇蕴、郭正林（2006）发现，城中村承续的具有长期合法化基础的组织化网络与管理模式，使它能够充分地利用自身资源实现社区的自我保障，以自组织方式化解失地农民的保障问题；这在国家社会保障制度存在致命残缺的情况下具有很强社会保障的替代功能。蓝宇蕴（2007）还指出，城中村发挥了特有的功能，可以解决政府某些公共“产品”供给缺位或者不足的问题；它可以让外来流动人口更多地节约城市居住及生活成本，并缓解政府无力及时提供廉租屋及其管理的问题，还具有浓厚就业保障和社会保障替代功能；城中村降低了城市化中的不稳定因素和本需政府承担的公共产品供给成本，推动了我国城市化进程。城中村还有一个重要功能就是为进城农民提供过渡、缓冲、学习的机会。城中村为流动人口从“乡村人向城市人”转变提供了“过渡场所”（魏立华等，2005）。城中村沉淀了大量的社会资本，这些社会资本是居住在城中村中的人们之间经历多年才建立起来的庞大社会关系网络，以及他们之间深厚的感情和友谊，是失地农民应对被动城市化浪潮的缓冲带和稳定器，是维持失地农民可持续生计的最优质的软资产（成得礼，2008）。城中村已成为外来人口学习城市生活方式、行为和价值观念的场所（魏立华等，2005）。

就像所有功能主义理论一样，有关都市乡民的功能论也有其明显的问题。首先，按功能论的逻辑，城中村及关联的流动人口聚居区应该长期存在下去，但这个“期”有多长？长期存在是否会演变成长久存在？其次，功能论解释力较强，可以说明现象存在的原因，但行动力不足，不能很好地提出行动策略。再次，存在循环论证的可能。因为都市乡民社区具有各种社会功能，所以应该允许其存在下去；因为允许其存在下去，它们就会进一步强化其功能的发挥，反过来又成为其存在下去的理由。最后，功能论一般都是比较保守的理论，容易给人留下安于现状、不思进取的印象。

三、控制论

也可以称为“集中”说。大部分都市乡民都属于流动人口，其最大特点就是身体和职业在城市，而身份和户籍留在农村。中国计划经济时代留下来的社会管理的主要手段就是以户口管理为基础的强控制，当没有户籍的农民进入城市以后，城市管理者对他们缺乏有效的管控手段，这是流动人口聚居区社会问题产生的直接原因。所以，政府和学界开始探索新的有效的管控都市乡民的手段，后来发现分散居住的流动人口最难管理，如果将他们集中安置在一起，就可以通过类似户籍管理的手段进行强控制。所以政府一方面要求雇佣农民工的企业提供集体宿舍保证农民工集中化管理，另一方面政府还亲自出面建设流动人口安置小区以实现流动人口集中控制。例如，浙东（含温州、宁波、台州、金华、绍兴）各地用产业化运作手段建设民工公寓，截至 2003 年 4 月，浙江已建成此类民工公寓 950 万 m^2，住进 110 多万民工。仅在宁波北仑区，流动人口集中居住点已经遍地开花，至 2009 年该区已建成各类新型社区 100 多处，入住流动人口近 20 万人，占当地流动人口的近半数，其中最大的外来人口社区银杏社区推行大学校园管理模式，在单身宿舍内采取男女分层居住（陈未鸣等，2009）。苏南（含南京、苏州、无锡、常州、镇江）各地由政府促进企业建设甚至政府直接投资兴建农民工公寓，苏南对 50%以上的外来务工人员、10%以上的外来经商人员已实行了“双集中”管理（朱忠裕，2003）。随着农民工公寓模式在浙东和苏南的兴起，全国各地广泛借鉴。上海、深圳等沿海发达地区农民工集中，具备建设农民工公寓的条件，如 2002 年动工、2004 年投入使用的上海市嘉定区马陆镇的“永盛公寓”。紧接着长沙、哈尔滨、常州、合肥、重庆、成都等内地二线城市陆续建设了大量农民工公寓。如 2005 年长沙市的“江南公寓”、2007 年哈尔滨开发区哈平路工业集中区的农民工公寓、重庆市的“棒棒公寓”、2010 年合肥市的“蓝领公寓”等（陈仙平，2010）。但是，前文已经讨论了，这种集体宿舍体制并不利于都市乡民融入城市社会，与其说是管控，不如说是隔离；这种模式在制造业可以行之有效，对于其他行业的都市乡民就不一定适合了，例如，苏南地区的政府虽然花了大力，也只有 10%的外来经商人员进入“双集中”管理轨道（朱忠裕，2003）。另外巨大的投资压力和不断增长的都市乡民数量使这一模式捉襟见肘、虎头蛇尾，早在 1990 年，“移民城市”深圳市就率先建立了国内的第一片流动人口安置区黄木岗暂住区（1992 年竣工，65 幢单身公寓，共 1500 套），随后又在莲花山（1996 年竣工，21 幢公寓，共 1500 套）和梅林（2000 年竣工，有 2748 套住宅）另建了两片安置区，条件不断改善，但 3 个安置区总共安置流动人口只有区区 2.6～3.1 万人（吴晓等，2002），只占深圳流动人口数量的千分之几，可谓杯水车薪。还有一些学者（任焰等，2006a；任焰等，2006b）从马克思主义的角度批判了农民工宿舍体制本质是为了短期地、临时性地、大规模地使跨地区流动的廉价而年轻的外来工（特别是女性）的劳动产出最大化；是出于城市秩序及资本积累的政治需要，限制着农民成为城市人的自由，农民工不能在城市中生根；劳动—生活—居住一体化使得工人处于工厂的全面控制（居住、食物、出行、社交及休闲等全部在生产组织中获得）之下；这种全方位的控制和剥削体制不利于流动农民的身心健康和全面发展，必然招致农民工的反抗。

四、三元社会结构理论

20 世纪 80 年代末，中国学术界在刘易斯“二元经济结构”理论①的启发下提出了“二元社会结构”理论②，该理论认为中国社会由相对独立、隔离、分割的“二元”即城市社会和农村社会组成，两元社会之间存在大量不合理的制度屏障及结构性的不平等现象。此后这一理论在社会科学界乃至社会各界迅速传播并得到广泛运用，成为研究中国社会特征、社会分层和社会结构的主要工具。几年以后就有学者提出了“三元经济结构”③和“三元社会结构”④的概念，但是这种“三元结构”理论并没有马上引起学界的共鸣。2001 年，甘满堂⑤提出了“三元社会结构”理论，认为中国二元社会结构在 1949～1957 年为弹性的二元社会结构，1958～1983 年间是属于刚性的二元社会结构，1984 年以后进入刚性与弹性兼有的二元社会结构，即半刚性、半弹性的二元社会结构，并认为这实际是一个三元分治的社会结构类型，因为城市农民工已构成一个相对独立的社会结构单元与社会管理单位。其理论依据是，农民工规模已经达到 2 亿，接近城市人口规模，而且不断壮大农民工规模的“民工潮”还会长期持续约 30～40 年，所以农民工具备成为独立一元的数量基础；农民工处于物理上、经济上、组织管理上的流动状态，既不同于未流动农民，又不同于城市居民，而且其群体意识正在形成，包括依靠血缘与

---

① 刘易斯提出发展中国家存在工业发展的现代部门和维护生计的传统部门两大经济部门，两者具有根本差异。二元经济结构转型就是传统部门的剩余劳动力向现代工业部门和其他部门转移，经济增长的目标是促进二元经济转变为一元经济（徐冠军，2010）。

② 1988 年第 9 期《经济研究参考资料》上发表了由农业部政策研究中心农村工业化、城市化课题组调研报告《二元社会结构——城乡关系、工业化、城市化》。这篇报告首创了“二元社会结构”概念。随后，课题组成员的专著《失衡的中国》问世，书中借用了刘易斯的“二元经济结构”理论，分析了我国国情的诸多特征，将这些社会特征概括为二元社会结构，还从实证角度论述了十几种制度的不合理性，提出了二元结构与工业化、城市化的关系（徐冠军，2010）。

③ 1994 年，陈吉元、胡必亮发表《中国的三元经济结构与农业剩余劳动力转移》一文，用“三元经济结构”来指称中国由农业部门经济、农村工业部门经济及城市部门经济所构成的经济体系以突出当时新型的乡镇企业的地位（陈吉元等，1994）。

④ 1995 年，周沛发表《建立三元社会结构是促成“民工潮”有序流动的战略抉择》一文，提出从根本上改变城乡对立的二元社会结构，在宏观上确立建立三元社会结构的战略方针。其“三元社会结构”是指在大中城市与广大农村之间，按实际情况与能力，积极发展以乡镇企业、服务业为主体的小城镇，形成城市、城镇、乡村三元社会的格局（周沛，1995）。

⑤ 最早提出围绕农民工问题的“三元社会结构”理论的是署名“甘满堂”的文章，但作者在注释中特别说明“城市农民工构成社会第三元”的观点是由清华大学社会学系李强教授首先提出，该文写作曾得到李强教授的指导，但文责由作者自负（甘满堂，2001）。而且最系统展示三元社会结构理论的文献是李强于 2004 年出版的《农民工与中国社会分层》一书。甘是李强的博士生（李强，2004：389），故可以认为李、甘是一个具有师承关系的学术团队。

地缘的“老乡”关系的乡土认同和群体阶层认同，所以农民工具备成为独立一元的社会文化心理基础。甘满堂认为，三元社会结构的形成代表二元社会结构的削弱，虽然有一些负面社会影响也只是暂时性的；同时建议切实改善农民工的微观生存环境，并通过改革制度环境把农民工从原始的地缘组织和血缘组织转移到正式社会组织，以促进三元分治的社会结构早日结束（甘满堂，2001）。后来李强在《农民工与中国社会分层》一书中，在梳理“社会结构”概念和中国社会结构理论的基础上，进一步系统阐述了三元社会结构理论。认为二元结构理论已经出现了明显的缺陷，不足以解释中国社会现实了；三元社会结构是针对二元社会结构而言的，指在城市与农村之间出现了一个巨大的流动于城乡之间的社会群体，该群体既不同于城市居民，又不同于农村居民；第三元群体的本质在于它与农村居民相比是一个占有一定城市资源的群体，它与城市居民相比又是一个仅占有十分有限的城市资源的群体，是被排斥在正式的城市居民之外的非正式城市群体；农民工群体是一个新的身份群体，三元社会结构也可以称为“双重二元结构”，所谓双重二元结构是指城市人口和农村人目前都是由两种群体组成的；三元社会结构代表了 3 个基本的社会群体，分别代表 3 种各具特色的生活方式，即在传统的农村农民生活和城市市民生活之外，又出现了一种新型的城市农民工生活方式，他们形成了自己特殊的社区，居住在城乡结合部或流动人口聚集区；三元社会结构和城市农民工会是个长期现象，而不是短期现象；主张推进制度化建设，将在城市中稳定生活的农民工从非制度化转向制度化，使他们最终融入城市主体社会（李强，2004：368-391）。此后，三元社会结构理论得到广泛响应，成为研究农民工、流动人口等都市乡民群体的重要宏观社会理论。徐明华、盛世豪、白小虎（2003）认为，农民工数量大、存在时间长、社会影响大并已经形成特殊的群体意识，已构成一个相对独立于社会二元结构之外的第三元，对我国二元社会结构产生了广泛、直接而强大的冲击，是农村的未来和希望，大量农民工顺利完成向城市的转移将对我国实现从二元结构到一元结构的转型产生决定性影响。殷民娥（2005）运用马克思社会结构理论分析了我国三元社会，认为目前的三元社会是消除城乡二元结构、实现长远发展目标的过渡阶段，应当更多关注社会系统中的“第三元社会群体”，即市场经济体制下形成的拥有“双重身份”、半工半农（从事的职业所处产业是非农产业但是户籍身份却是农民）群体。季良佼（2007）从农民市民化角度提出三元社会结构应该是指传统职业农民、准市民和市民这 3 个社会群体，规模巨大的准市民包括非农化农民、现代职业农民和“农转非”的征地农民等，已经开始市民化又尚未完全市民化，是在传统职业农民与市民之外出现的第三元群体；准市民本应是农民市民化进程中的一个过渡身份，但现实中却表现出了凝固性的特征，在准市民这一身份上凝固下来或身份转化和角色转型缓慢；城市社会对准市民在经济上吸纳却在社会上排斥是准市民身份凝固化的主要原因；准市民出现了城市适应策略方面的分化：大部分准市民自我隔离，建立以“都市村落”为代表的自我圈子，小部分精英分子融入了城市。接栋正（2013）从移民理论的角度，认为市民、农民、农民工的三元社会结构划分不尽科学，三元社会结构应该由市民、农民、移民（流动人口，包括跨地区流动的外来城镇居民）构成，“移民”构成一个相对独立的社会结构单元与社会管理单位，成为社会二元结构之外的第三元。三元社会结构是二元社会结构瓦解、弱化而非强化的表现，对我国经济社会发展带来的主要是积极效应而非消极影响，是在弱化而非固化市民和农民之间的利益秩序。他认为三元社会结构是欧美发达国家和印度等发展中国家共同存在的社会现象，三元社会结构在国内外都将会长期存在。他认为“待遇”是界定三元社会结构的决定性要素，只有围绕三大群体的待遇问题做好政策设计，才能有序推进人口城镇化，为此他提倡精心设计三大群体“待遇菜单”“待遇指标体系”“待遇指数”方案。应该借鉴国外经验，以权利、义务、时间门槛为 3 个基本要素，逐步扩大移民通过贡献和承担义务所获得福利的通道，在城市生活时间越长，履行义务越多，对城市经济社会发展的贡献越大，就越应当在流入地城市享受更多的社会公共服务资源。

还有部分学者使用李强（2004）提出来的“双重二元社会结构”概念分析农民工和流动人口问题。张英洪（2010）的双重二元结构包括静态二元结构（计划经济体制下因户籍制度建立的城市与农村、市民与农民两种权利不平等的制度体系，农民处于“二等公民”的不平等地位）与动态二元结构（基于本地居民与以农民工为主体的外来人口两种不同的身份建立的城市本地居民与外来人口两种权利不平等的制度体系，外来人口处于“二等公民”的不平等地位），城市中的动态二元结构是对静态城乡二元结构的复制与异地再生，二者之间的共同本质在于不平等地对待某一群体。他建议从户籍制度和外来人口或流动人口管理体制改革入手，将所有外来人口或流动人口视为城市的新移民，将其纳入社区化管理和服务，平等地向农民及城市中的外来人口提供均等的基本公共服务。牛卫平（2010）的双重二元结构则是指我国的城市人口和农村人口目前都是由两种群体组成，即城市人口是由有本地正式户口的市民和无本地正式户口的农民工组成，而农村人口是由未外出的农村居民和已经外出、但户口仍在当地农村的流动农民工组成，无论在城市还是农村，都有两个由于户籍原因而区分的社会群体。两个“二元”中均包含有农民工这一特殊身份的群体，该群体是一个重要的一个身份群体，将起着重要的作用，可以成为缩小城乡之间差距、密切国家与农民关系的黏合剂；该群体在城市定居形成城市化，或者将资金、技术、文化带回家乡，使乡村生活城市化，城乡之间差距得以弥补。

不少学者（丁宪浩，2007；岳澎等，2008；李清华，2008；翁公羽等，2008；史霄飞，2009；顾海英等，2011；张泽义，2013）直接用“新二元社会结构”这一概念来描述目前由城市户籍居民和以农民工为主体的流动人口所组成的城市社会结构特征。这一社会结构增加社会的不和谐因素，必须尽快淡化农民工身份特征，“分化瓦解”农民工群体，积极推动农民工融入其他社会阶层（丁宪浩，2007）。农民工在流入地社会融入程度较低是城市形成日渐强化新二元社会结构的原因，是我国城市化进程中的一个突出问题，我国正处于城市化起步阶段，矛盾在逐渐积累，化解新二元社会结构需要使农民工真正融入所在城市（史霄飞，2009）。新二元社会结构是进入新世纪以来形成相持和并立的传统计划社会机制和市场化社会机制共生的社会结构，两种机制、两套评价体系同时发生作用（翁公羽等，2008）。新二元结构是农民身份转化滞后于农民就业转移导致城乡二元结构进一步向城市延伸的结果，表现为“外来农民工”及其家属不能与城市有户籍从业人员及其家属享有同等的就业、就医、就学、住房、社会管理及社会保障等权利和待遇。解决方案是“淡化”户籍、“强化”常住，回归户籍的人口管理和服务功能，“淡化”附着在只有城市户籍才有的各种机会和待遇；同时采取“做加法”的办法，将原只有城市户籍才有的各种机会和待遇也同样赋予外来常住人口，新出台的各种福利或待遇，均按“常住人口”设计和实施，在具体操作上要有阶段或过渡期，即落实“时间+贡献”门槛（顾海英等，2011）。还有学者（王美琴，2008；侯力，2007）使用“城市二元社会结构”概念，这一概念和“新二元社会结构”大致同义。

还有一个与三元社会结构理论相关的概念是“城市二元社区”，是一部分人类学、社会学者用于分析珠三角、长三角等地城市的城中村中本地人和外地人组成的新型社区结构的理论工具。他们认为，从分配制度、职业分布、消费娱乐、聚居方式和社会心理 5 个方面显示出本地人和外地人形成了不同的两个系统，成因是“寄生性”经济和“地方本位”政策，二元社区可能引发的诸多社会问题，主要表现为群体之间的利益冲突（周大鸣，2000）。外来工与本地人的关系由于前者对当地经济的巨大贡献，已经从开始的隔离渐变为融合，当地人与外地人的交流互动缓和了他们之间的冲突，“二元”性有所弱化，但是意识形态和心理的差异并不能在二三十年里就得到完全的消除，“二元社区”的格局必将在长期一段时间内存在（骆腾，2009）。利益一体化的调整、政治参与的激发、公共空间的建构，是目前对城郊“二元社区”秩序整合的有效策略（华羽雯等，2013）。户籍制度的弹性正在逐步扩大，依托社区、市场和市民文化等资源，新移民与城市社会的融合正在自下而上悄悄地开始启动，外来新移民同城市社会的融合将依次经历“二元社区”“敦睦他者”“同质认同”3 个阶段（童星等，2008）。

三元社会结构理论在描述我国社会结构的动态变迁、诊断以农民工为主体的都市乡民问题的结构性原因、分析以农民工为主体的都市乡民的社会地位、预测都市乡民的发展趋势等方面具有重要价值。但是，三元社会结构理论对于如何破解三元社会结构、如何促进以农民工为主体的都市乡民融入城市社会则办法不多，基本上还纠缠在改革户籍制度、打破社会不平等问题上，就像其他结构理论一样显得有些“大而无当”。

第五节 都市乡民是城市化进程中的过渡性社会群体

综上所述，都市乡民已经成为中国社会一个庞大的社会群体，其规模超过2.1亿[①]，而且按目前的城市化速度趋势这一群体还在快速增长。都市乡民已经成为一个显性化的社会问题，这一问题若解决不好将直接影响我国社会发展和社会进步，甚至影响社会稳定和和谐。所以，都市乡民的城市化已经成为我国城市化的中心课题。从农村的角度来说，“农民的终结”问题已经日益演变为“都市乡民如何终结”的问题，随着人口城市化的快速推进，大多数农民尤其是新生代农民都将加入到都市乡民的行列，并以“都市乡民终结”的方式最终彻底完成“农民的终结”的历史使命。从城市的角度来说，都市乡民将有3种命运和前途。一是成为“市民化过渡人”，随着宏观制度环境的不断改善、个人经济资本的不断积累、城市社会福利和保障体系的健全，都市乡民将真正进入市民化的正常轨道，逐步脱离“乡村性”、积累“城市性”，慢慢“进化”成职业、区域、身份、人格等全方位市民化的城市人。正常来讲，绝大多数都市乡民都将进入这一轨道。二是成为“都市边缘人”，如果国家不彻底打破不平等的社会制度和二元分割的城市管理体制，都市乡民社会认同、社会交往、社会生活“内卷化”的风险是存在的，三元社会结构或城市二元社会结构存在继续固化的可能，“都市乡村”有演变为贫民窟和“都市丛林”的可能。就算国家打破了不平等的社会制度和二元分割的城市管理体制，少部分都市乡民因个人城市性积累失败也有成为都市边缘人的可能。三是成为“都市过客”，或者在城市积累资金、技术、经验，回到农村成为拥有城市生活方式的“新农民”；或者是不能适应城市生活，被迫回归乡村，可以视为“城市化失败”。

有关都市乡民的性质与归宿问题，西方学界有两派对立的观点（李琼英，2013）。一是同化论。这一理论源于美国芝加哥学派，认为随着时间的推移来自传统文化的都市乡民必将会“与过去决裂”，失去“特殊群体感”，被同化并统一地融入现代都市文化之中；从农村到城市的迁移被视为一个原有人际关系解组、移民不断个人化、而最后失去自己原有文化特征和社会关系的过程。从这一理论进行推论，都市乡民只是一种暂时性、过渡性的社会群体，其最终归宿是逐步消融于都市主流文化之中。

① 根据前文所述，都市乡民包括两部分人群：一是城市化进程中的失地农民，数量大约5000万人；二是所谓“外出农民工”，数量为16 336万人。

二是多元并存论。这一理论源于犹太裔学者卡伦（Kallen），他对同化论进行了猛烈的批判，认为不同种族或社会集团享有保持“差别”文化精神的权利。基于对移民社区和网络的研究，他认为人口迁移可以是“无现代化的迁移”，传统要素和现代要素可以长期共存下去。从这一理论进行推论，都市乡民将是与其他各种都市人群并列的异质性社会群体，将会按自己的生活轨迹独立地、稳定地长期存在下去。本书认为，同化论描述的都市乡民命运代表主流和一般规律。

不少学者都认为都市乡民只是城市化进程中正在逐步融入城市社会的过渡性社会群体。汪国华（2009）就认为新生代农民工的交往圈层梯度推移，包括强化业缘与弱化小地缘、大地缘圈的萌生与延展、交往拓展至与城市人的交往与沟通等 3 个圈层梯度；通过交往去内卷化，新生代群体逐步淡化传统乡村文化的核心支撑即“地缘与亲缘”，并进一步适应城市文化（公共规则、日常仪式、价值观念和生活方式等）；文化适应与去内卷化交替进行、互相促进。周建国（2009a）认为，虽然除了少数人通过读书或经商等便捷途径或许能够在一代人之内实现跨越式崛起的梦想，大多数人还是得靠几代人的努力才能实现向城市上层社会流动的梦想，这就是社会阶层结构演进的普遍规律。但农民工正在通过两条路径“融入”与“接替”城市社会阶层：一是少量成功的农民工在工作的大城市定居下来，就地实现了“融入”与“接替”的目标；二是大多数农民工在中小城市尤其是县城买房找到他们城市化的落脚点。许超诣（2009）运用生命历程和日路径的方法研究了从“浙江村时代”到“后浙江村时代”转变的 3 户北京浙江籍小商户，发现虽然政府观念行为、政策环境、社会对文化的容纳度等“社会环境制约”因素和个人自身的意愿、心态、老乡群体意识等内在制约因素导致“非整合”现象存在，但浙江村的居民在政府改造运动中以不同方式离开了浙江村的原有“系统”“模式”，进入到了新的“系统”“模式”：一是选择原地驻留，改造期间，经商和居住随着那片地区临时市场的不断变动而变动；二是选择离开浙江村地区，以老乡小团体形成活动的基本单位，并在北京辗转寻找新的居住和经商空间；三是选择就此离开北京，迁到别的城市寻求发展，或直接回老家。李琼英（2013）也发现，北京浙江村已经走向了终结，演变成了“浙江城”，发生了根本变化。旧村落已被现代化的商贸城和住宅区所替代，这里建成的 24 个现代化商贸城，以服装批发、零售为主，已经成为华北最大的服装集散中心、京城著名的“八大商圈”之一；家庭作坊式的服装加工大都通过办服装厂转向了组织化、专业化生产模式；经济体系、社会管理和社会整合等诸多方面基本上已进入了制度化的框架；浙江村居民在地域上不断分化，在行为方式和价值观念上也逐渐趋同于现代城市社会，血缘、地缘关系逐步弱化，传统的因素逐渐削弱，现代的因素日益增强，流动将越来越快速，边界也将越来越模糊。李琼英认为，浙江村所发生的变迁证明了外来人口的生存机制正在由“并存模式”向“同化模式”的转变，“同化”是社会发展的必然趋势；反映了城乡社会从隔绝走向沟通、从对立走向一体化的方向转变。她认为浙江村作为一个典型，具有普遍意义。还有一些新闻报道（王海燕，2007；杨朝朝，2008）则提供了有关浙江村转型的更为生动、具象的例证。

本书认为，虽然中国都市乡民的终结非一朝一夕之功，甚至可以说是任重而道远，但都市乡民的社会交往、职业发展、情感支持模式系统处于逐步转型过程之中，并没有到达“最终状态”。二元社会结构、户籍制度被“内卷化”论者大致公认为是严格约束农民工社会交往、职业发展、情感支持模式系统扩张的约束因素。中央政府正在致力于这一问题的解决，相信这一问题将会在“十三五”期间在制度层面得到妥善解决。城市人对农民工的社会排斥被较多“内卷化”论者看作是另一个约束因素，但偏见、歧视和排斥其实是所有社会群体之间都存在的普遍现象，并非城市人对农民工才有。而且，都市乡民和城市人之间的偏见、歧视和排斥应该是相互的，并不是单向的；随着社会融合的逐步发展，这些互相之间的偏见、歧视和排斥会慢慢消解。总之，以农民工为代表的都市乡民的社会交往、职业发展、情感支持模式系统存在一系列障碍因素，但不存在所谓严格约束系统扩张的约束因素，这些障碍因素是暂时存在，并没有固化下来。另外，必须意识到，经历数千年农业社会锻造出来的中国传统农民的“乡村性”是都市乡民的社会认同、社会交往、职业发展、情感支持模式系统转型的障碍因素，相比于前述户籍制度、社会排斥、贫富分化几个因素，“乡村性”的影响作用将更为重要而且持久，问题解决的难度也大得多，真正需要几代人才能完成的转型就是都市乡民的“乡村性”，浙江村社会转型中存在的个人自身的意愿、心态、老乡群体意识等所谓“非整合”的内在制约因素就是表现。

从世界各地的经验来看，都市乡民是城市化进程中必然产生的阶段性社会群体，这一群体具有过渡性特征，但是会长期存在；都市乡民的终结将是一个漫长的渐进过程，都市乡民伴随城市化而产生，但不会随城市化完成而立即终结，都市乡民的终结通常会大大滞后于城市化进程。甘斯所描述的都市乡民现象广泛存在于19世纪末20世纪初急剧城市化进程中的美国，直到20世纪60年代都市乡民现象才在美国逐步消失。欧拉（Eula，1993）研究过1880～1980年新泽西和纽约的意大利裔美国人，认为他们一直介于农民和都市乡民之间。甘斯研究的波士顿“西区”就先后存在了100多年。德里格尔（Driedger，1977）认为，加拿大的都市乡民转型需要几代人才能完成。马尼亚雷拉（Magnarella，1970）研究快速城市化阶段的土耳其都市乡民现象的几十年以后，世纪之交的土耳其已经基本完成了城市化，但进城乡民及其下一代仍然存在认同城市还是认同乡村的问题（Erman，1998）。根据埃尔曼的研究，只有少部分进城乡民完全割断了自己的乡村纽带，认为自己已经是“真正的城市人”；大部分进城乡民及其子女徘徊在城乡之间，继续保留自己都市乡民的特殊身份认同，既不放弃他们的乡缘社区和血缘群体，又试图扩展自己的交往范围；另有一小部分进城乡民完全排斥城市，认为自己就是农村人。所以，对于进城乡民及其下一代来说，融入城市还是保留乡民身份始终还是一个问题。

本书认为，从个体角度来看，每一个从乡村进入城市定居的个人或家庭都会成为都市乡民并长期保持都市乡民人格和生活方式；从社会角度来看，每一个城市化进程中的国家或地区都会在其社会结构中长期存在一个规模庞大的都市乡民社群。所以，都市乡民是新市民融入城市社会的一个绕不开的必经阶段，都市乡民经历是城市化进程中农民从进城到完全融入城市、成为完全具备城市性的都市市民之间的一个过渡期。在这个过渡期，新市民逐步适应城市物理和社会环境，学习城市生活方式，积累城市性，养成都市人格，最后实现真正的“人的城市化”，成为现代都市人。一方面，这个过程能否顺利、快速完成，决定于个人的主客观条件，包括个人的人力资本、文化素质，也包括新市民的家庭环境、社交环境等，有的新市民可以很快完成这一过渡，但也有不少新市民需要很长时间甚至需要几代人才能完全褪去都市乡民特性；另一方面，都市社会环境、政府职能发挥、国家政策、社会制度等宏观社会环境也对都市乡民的过渡有结构性影响。

本书预测，中国人口统计意义上的城市化将会在未来10～20年内进入尾声，但中国都市乡民群体将会在未来50～100年内长期存在。希望通过运动式的“城中村改造”或者隔离式的“集中安置”一蹴而就地解决都市乡民问题只能是自欺欺人的“鸵鸟政策”。因此必须直面现实，未雨绸缪，既要有“打持久战”的思想准备，又要系统设计帮助都市乡民市民化转型的规划思路。

第四章　中国新市民的“乡民性”特征

本章将根据“我国城市化发展的机遇与挑战研究——新市民城市性积累与市民化”项目组在珠三角地区进行的抽样调查数据，分析中国都市乡民的群体特征及其城市性不足的具体表现。首先根据前文所述城市性理论的文献综述、“都市乡民”概念的定义、国内外有关都市乡民研究的结论及中国都市乡民的定性描述，本章总结出都市乡民的典型特征作为分析新市民“乡民性”的分析框架。然后根据分析框架，设计分析指标，并分别提出操作化方案。最后根据数据结果进行分析。为了全面反映情况，本章对居住在不同规模城市的新市民进行比较。考虑到新市民的类型多样性，本章根据职业对其进行分类（表 4.1），然后进行职业类型比较分析，由于机关事业单位、散工或无工作、投亲、学生几类职业样本数有限，故重点比较分析打工和投资做生意两类职业类型。东莞市打工者比例较高，其他几个城市新市民职业类型结构相对比较接近。

表 4.1　珠三角各级城市新市民职业类型

职业类型	广州	东莞	江门	台山	合计
打工/%	56.8	79.1	52.7	51.2	60.4
投资做生意/%	31.0	11.8	32.8	28.9	26.2
机关事业单位/%	2.7	1.6	1.0	0.9	1.7
散工或无工作/%	4.7	2.9	3.7	8.1	4.6
投亲/%	2.5	4.2	4.4	5.2	3.9
学生/%	2.2	0.3	5.4	5.7	3.1
合计/%	100	100	100	100	100
样本数/个	403	306	296	211	1216

本章通过对珠三角 4 个城市的抽样调查数据证实了新市民的“乡民性”特征，验证了中国都市乡民问题的客观存在。新市民的“乡民性”特征表现为隔离性和乡村性的居住生活模式、内向性和初级性的社会交往模式、矛盾性和模糊性的社会身份认同、封闭性和选择性的城市社会融入以及持续性、频繁性的乡村社会联系 5 个方面。同时本章发现，广州、东莞等特大城市、大城市的都市乡民问题尤为突出，新市民在居住模式、身份认同、社会融入等方面更具有“乡民”特征；中小城市的新市民融入城市社会的程度反而较高。与投资做生意的新市民相比，

外出打工的新市民“乡民性”更为明显。外出打工的新市民居住生活模式的隔离性、乡村性更为明显和突出，与本地人交往频率更低，直接“城市人”身份认同率和间接“城市人”身份认同率略低；尤其在社会融入程度方面，与外出打工的新市民相比，投资做生意的新市民因为“已经定居，希望居住、生活在城市”而待在城市不回老家、与家人一起居住、家庭团聚、对城市生活的整体适应程度、未来“在这个城市扎根、定居下来”的比例都明显较高；且外出打工的新市民与乡村老家的经济联系更为紧密。

第一节　隔离性、乡村性的居住生活模式

德里格尔（Driedger，1977）的研究发现，都市乡民的首要表现就是区域隔离，他们以族群为单位聚居、封闭、隔离，复制乡村生活方式，形成族群性“城市马赛克”。彼得森（Petersen，1971）将阿布-卢格霍德描述的“开罗乡民”特征归纳为 6 个方面，其中第一个特征就是进城乡民倾向于定居在城乡结合部，从物理和社会的角度这里的生活方式与居住环境与乡村类似，进城乡民没有适应新环境的压力。

本节选择住房来源、居住区域、聚居环境 3 个指标来反映新市民的居住模式。住房来源包括自己买的商品房、租住小区商品房、租住城中村的房子、单位房或集体宿舍、借住亲友房、无固定住所、其他 7 个选项；居住区域包括老城区、新的小区、城中村、厂区、郊区村子里面、无固定住所、其他 7 个选项；聚居环境包括老乡聚居区域、其他外地人聚居区域、本地人为主的区域、不知道以什么人为主或哪些人住在一起 4 个选项。开放、都市性的居住生活模式特征将表现为自己买或租住小区商品房、居住在老城区或新的小区、居住在本地人为主的区域；隔离性、乡村性的居住生活模式则表现为住房来源属于租住城中村的房子、单位房或集体宿舍、借住亲友房、无固定住所，居住区域包括城中村、厂区、郊区村子里面、无固定住所，聚居环境为老乡聚居区域、其他外地人聚居区域。调查结果见表 4.2 和表 4.3。

调查结果表明，大多数新市民处于隔离性、乡村性的居住生活模式，只有 33.9%的新市民自己买或租住小区商品房、38.8%的新市民居住在老城区或新的小区、32.6%的新市民居住在本地人为主的区域。而且调查发现，不同城市等级差异显著（表 4.2 和表 4.4）：城市规模越大，新市民的居住生活模式隔离性、乡村性越强。从住房来源来看，广州有近一半（47.7%）新市民租住城中村房子，东莞单位或厂方提供住房比例较大（28.1%），江门、台山等中小城市新市民自购商品房比例（21.9%、34.9%）明显较大，尤其是台山这样的小城镇；广州近 8 成（77.3%）新市民处于隔离性、乡村性的居住生活模式，东莞近 7 成（66.6%）新市民处于隔

离性、乡村性的居住生活模式，江门这一比例（61.3%）明显下降，台山则只有一半左右（50.9%）处于隔离性、乡村性的居住生活模式。从居住区域来看，广州、东莞大多数新市民（70.9%、59.9%）生活在城中村、郊区村、厂区、工地等“都市乡村”，江门这一比例明显下降（53.8%），台山新市民则大多数（64.7%）生活在老城区、新建小区等生活环境中。从聚居环境来看，广州、东莞多数新市民（56.8%、65.6%）生活在老乡和其他外地人聚居区，江门、台山则以本地人聚居为主。总之，虽然差异明显，但新市民居住生活模式的隔离性、乡村性共性还是客观存在的。新市民居住生活模式的隔离性、乡村性在广州、东莞等特大城市和大城市更为明显和突出，而在台山、江门等中小城市新市民融入主流社会的情况较好。对于这一结果，原因有以下几个方面。

（1）根据费希尔（Fischer，1995）的城市性亚文化理论，城市规模越大，出现“临界大众”的可能性越大，社会越容易出现亚文化群体，也就是分化成“城市马赛克”。新市民在人口规模巨大的特大城市和大城市就容易以同质性族群（老乡、外地人、打工者等）为单位形成封闭性生活圈子。而中小城市人口规模小，甚至一个小城市的人口规模也就是大城市一个封闭性生活圈子（如一个城中村人口可以达到 10 多万）的规模。

（2）中小城市生活成本较小，尤其是房价低廉，新市民融入主流社会障碍较小。大城市房价高、生活成本大，新市民只能进入城中村、郊区居住，或者暂时居住在集体宿舍、工地、门店，以降低生活成本。

（3）不能据此得出结论说台山、江门等地的新市民城市性水平高于广州、东莞等地的新市民。事实上，大城市居民的城市性整体上会高于中小城市，中小城市主流社会的城市性水平都与大城市有差距。居住生活模式只是城市性的影响因素，并不是用于测量城市性的指标。

同时，调查发现，新市民的职业类型与其居住生活模式相关性显著（表 4.5）。从表 4.3 和表 4.5 可以看出，外出打工的新市民的住房来源中“单位房、集体宿舍”比例明显较高，而投资做生意的新市民自己买商品房、租住小区商品房的比例较高；但两个群体都以租住城中村的房子为主，比例相差不明显。同样，外出打工的新市民的住在厂区的比例明显较高，而投资做生意的新市民租在新的小区的比例明显较高；但两个群体都主要分布在城中村、城郊村，比例相差不明显。外出打工的新市民较多居住在老乡聚居区域和其他外地人聚居区域，投资做生意的新市民较多居住在本地人聚居区域和陌生人聚居区域。可见，外出打工的新市民居住生活模式的隔离性、乡村性更为明显和突出，而投资做生意的新市民融入主流社会的情况相对较好。

表 4.2　珠三角各级城市新市民居住模式

	居住模式	广州	东莞	江门	台山	合计
住房来源	自己买的商品房/%	6.9	9.2	21.9	34.9	16.0
	租住小区商品房/%	15.8	24.2	16.8	14.2	17.9
	租住城中村的房子/%	47.7	30.7	26.3	22.2	33.8
	单位房、集体宿舍/%	15.3	28.1	14.1	13.2	17.9
	借住亲友住房/%	3.2	1.3	4.0	3.8	3.0
	无固定住所/%	4.2	3.9	4.0	4.7	4.2
	其他/%	6.9	2.6	12.8	7.1	7.3
	合计/%	100	100	100	100	100
居住区域	老城区/%	15.1	22.5	25.3	50.5	25.6
	新的小区/%	10.4	13.4	16.2	14.2	13.2
	城中村/%	43.7	26.5	20.2	19.3	29.4
	厂区/%	3.0	22.5	8.1	3.3	9.2
	郊区村子里面/%	20.5	7.2	20.9	6.1	14.8
	无固定住所/%	3.5	3.6	4.7	2.8	3.7
	其他/%	4.0	4.2	4.7	3.8	4.2
	合计/%	100	100	100	100	100
聚居环境	您的老乡聚居区域/%	11.9	8.9	10.8	7.1	10.0
	其他外地人聚居区域/%	44.9	56.7	27.0	14.6	38.2
	本地人为主的区域/%	21.1	19.7	43.6	58.0	32.6
	不知道以什么人为主/%	13.9	7.5	12.8	16.5	12.5
	不知道哪些人住在一起/%	8.2	7.2	5.7	3.8	6.6
	合计/%	100	100	100	100	100
	样本数/个	405	306	297	212	1220

表 4.3　珠三角各职业类型新市民的居住模式

居住模式		打工	投资做生意	机关事业单位	散工或无工作	投亲	学生	合计
住房来源	自己买的商品房/%	10.7	22.9	33.3	21.4	40.4	13.2	16.0
	租住小区商品房/%	16.9	24.8	4.8	7.1	10.6	7.9	17.8
	租住城中村的房子/%	34.8	34.8	9.5	51.8	25.5	5.3	33.9
	单位房、集体宿舍/%	24.1	2.5	42.9	0	10.6	44.7	17.8
	借住亲友住房/%	3.4	2.8	0.0	1.8	2.1	2.6	3.0
	无固定住所/%	4.5	3.4	4.8	10.7	0.0	0.0	4.2
	其他/%	5.6	8.8	4.8	7.1	10.6	26.3	7.3
	合计/%	100	100	100	100	100	100	100
	样本数/个	735	319	21	56	47	38	1216

续表

居住模式		打工	投资做生意	机关事业单位	散工或无工作	投亲	学生	合计
居住区域	老城区/%	23.8	27.9	38.1	23.2	44.7	13.2	25.6
	新的小区/%	9.5	21.9	28.6	7.1	12.8	13.2	13.2
	城中村/%	29.9	29.5	14.3	37.5	27.7	21.1	29.5
	厂区/%	14.0	1.9	0.0	1.8	2.1	2.6	9.2
	郊区村子里面/%	16.3	13.5	0.0	17.9	0	15.8	14.7
	无固定住所/%	3.8	2.8	4.8	10.7	0	0.0	3.6
	其他/%	2.6	2.5	14.3	1.8	12.8	34.2	4.1
	合计/%	100	100	100	100	100	100	100
	样本数/个	735	319	21	56	47	38	1216
聚居环境	您的老乡聚居区域/%	12.3	5.7	14.3	17.9	0	2.8	10.1
	其他外地人聚居区域/%	40.2	37.4	38.1	23.2	36.2	30.6	38.2
	本地人为主的区域/%	30.1	37.1	19.0	32.1	31.9	55.6	32.7
	不知道以什么人为主/%	10.5	14.8	19.0	19.6	19.1	8.3	12.5
	不知道哪些人在一起/%	6.9	5.0	9.5	7.1	12.8	2.8	6.6
	合计/%	100	100	100	100	100	100	100
	样本数/个	734	318	21	56	47	36	1212

表 4.4　城市等级与新市民居住模式相关性分析

变量	统计量	Value	Approx. Sig.
住房来源与城市	tau-y（因变量：住房来源）	0.035	0.000
	Cramer’s V	0.360	0.000
居住区域与城市	tau-y（因变量：居住区域）	0.047	0.000
	Cramer’s V	0.259	0.000
聚居环境与城市	tau-y（因变量：聚居环境）	0.066	0.000
	Cramer’s V	0.219	0.000

表 4.5　职业类型与新市民居住模式相关性分析

变量	统计量	Value	Approx. Sig.
住房来源与职业	tau-y（因变量：住房来源）	0.037	0.000
	Cramer’s V	0.186	0.000
居住区域与职业	tau-y（因变量：居住区域）	0.020	0.000
	Cramer’s V	0.191	0.000
聚居环境与职业	tau-y（因变量：聚居环境）	0.010	0.000
	Cramer’s V	0.101	0.000

第二节　内向性、初级性的社会交往模式

里默尔（Riemer，1951）的“大都市里的乡民”（villagers in metropolis）就是指传统、群体成员间以非正式关系紧密联结的大都市生活方式。甘斯（Gans，1962）描述的波士顿西区都市乡民主要特征就是熟人社会。里士满（Richmond，1975）都市乡民的操作定义包括紧密的亲友网络结成初级群体，扎根于亲友家人共同生活的种族聚居区。德里格尔（Driedger，1977）认为都市乡民会依据初级社会关系形成内群体和外群体意识，群内社会距离小而群际社会距离扩大。彼得森（Petersen，1971）归纳的阿布-卢格霍德描述的“开罗乡民”特征包括最重要的社会制度都是非正式的，其中家庭和血缘群体排在首位，其次是近邻。马尼亚雷拉（Magnarella，1970）描述的土耳其都市乡民完整保留了原有近亲血缘纽带，而且将之有效运用于城市适应，有效的针对乡城移民的社会整合机制都建立在原有血缘纽带基础上。本节通过以下几个指标来测量新市民的社会交往模式：

（1）好朋友结构。首先询问被访者在这个城市有多少位好朋友，然后询问好朋友中本地人和老乡各有多少，由此计算好朋友中本地人和老乡的比例。内向性、初级性的社会交往模式将表现为好朋友中老乡比例高而本地人比例低，外向性、次级性的社会交往模式将表现为好朋友中本地人比例高而老乡比例低。

（2）与城市本地人交往的频率。在问卷中问被访者“您和这个城市的本地人交往吗？”答案设计为一个李克特量表：完全不交往、较少交往、一般、交往不少、交往很多。内向性、初级性的社会交往模式将表现为完全不交往、较少交往的比例高，外向性、次级性的社会交往模式将表现为交往不少、交往很多的比例高。

（3）社会支持网络结构。列举生活中最常见的 10 种困难情景（心情不好、缺钱用、找工作、找地方住、重大问题一起讨论、被欺负、生病时需要照顾、遇上纠纷、介绍关系、收集工作或生意信息），然后询问被访者遇到这种情景时的求助对象，选项包括家人/亲戚、老家认识的同学/朋友/熟人、来城市后才认识的老乡、来城市后认识的其他同事/朋友/熟人、单位领导/老板、政府部门社会机构、其他 7 个。从而计算 10 种情景下新市民选择 7 个求助对象的比例，也可以计算加总比例。内向性、初级性的社会交往模式将表现为选择家人/亲戚、老家认识的同学/朋友/熟人、来城市后才认识的老乡的比例高，外向性、次级性的社会交往模式将表现为选择来城市后认识的其他同事/朋友/熟人、单位领导/老板、政府部门社会机构、其他的比例高。

调查结果见表 4.6 和表 4.7。调查结果表明：

（1）好朋友结构中本地朋友比例很低，好朋友中老乡占了绝大部分。绝大部分（78.4%）新市民的好朋友中本地人只占到 10%以下，只有极少数（8.5%）新

市民好朋友中本地人超过20%；各级城市的情况没有显著性差异（表4.8）。投资做生意的新市民好朋友结构中本地朋友比例略高，但差异不显著（表4.9）。这反映了新市民紧密型私人空间的社会交往圈具有十分明显的内向性、初级性。

（2）多数（65.0%）新市民反映自己与城市本地人的交往属于“一般”“较少”甚至“完全不交往”的程度，只有极少数（23.2%）新市民反映自己与城市本地人“交往很多”；各城市情况有一定差异（表4.8），主要表现为广州新市民与本地人交往频率更低。投资做生意的新市民与本地人交往频率稍高，差异较显著（表4.9），但多数（61.7%）投资做生意的新市民与本地人交往频率也处于“一般”“较少”甚至“完全不交往”的程度。这反映了新市民非紧密型公共空间的社会交往圈也具有十分明显的内向性、初级性。

（3）将新市民所需的社会支持分为生活支持（缺钱用、找地方住、生病时需要照顾）、情感支持（心情不好、重大问题一起讨论）、安全支持（被欺负、遇上纠纷）、工作或业务支持（找工作、介绍关系、收集工作或生意信息）几个方面。结果显示，家人/亲戚、老家认识的同学/朋友/熟人、来城市后才认识的老乡等血缘关系和地缘关系是新市民需要的所有社会支持的主要来源，这些社会关系在生活支持、情感支持方面重要性更为明显，在安全支持、工作或业务支持方面来城市后认识的其他同事/朋友/熟人、单位领导/老板、政府部门社会机构、其他关系等次级性、正式性社会关系具有相对较大的价值，但整体上仍是家人/亲戚、老家认识的同学/朋友/熟人、来城市后才认识的老乡等血缘关系和地缘关系发挥主体作用。在社会支持结构方面，各城市差异不明显（表4.8）。新市民社会支持结构的职业类型差异明显，但这种差异主要表现为外出打工新市民对老家认识的同学/朋友/熟人等地缘关系依赖性较强，而投资做生意的新市民对家人/亲戚等血缘关系的求助频率更高，两个群体与来城市后认识的其他同事/朋友/熟人、单位领导/老板、政府部门社会机构、其他关系等次级性、正式性社会关系的联系都不多。这反映了新市民社会支持来源结构也具有十分明显的内向性、初级性。

表4.6 珠三角各级城市新市民社会交往模式

社会交往模式		广州	东莞	江门	台山	合计
本地朋友比例	10%以下/%	81.5	72.4	83.1	74.9	78.4
	10～20/%	11.6	15	11.0	16	13.1
	20～30/%	3.9	4.3	2.1	4.0	3.6
	30～40/%	1.2	3.5	0.8	1.7	1.8
	40～50/%	0.6	0.4	0.8	0	0.5
	50～60/%	0.9	2.0	1.7	2.3	1.6

续表

社会交往模式		广州	东莞	江门	台山	合计
本地朋友比例	60～70/%	0	0	0	0	0
	70～80/%	0	0	0	0	0
	80～90/%	0	0.4	0	0	0.1
	90 以上/%	0.3	2.0	0.4	1.1	0.9
	合计/%	100	100	100	100	100
	样本数/个	336	254	237	175	1002
和城市本地人的交往情况	交往很多/%	15.3	34.1	16.8	31.3	23.2
	交往不少/%	11.4	11.8	14.0	9.0	11.7
	一般/%	30.8	27.4	30.9	24.9	28.9
	较少交往/%	34.7	25.0	30.9	29.4	30.4
	完全不交往/%	7.8	1.7	7.4	5.5	5.7
	合计/%	100	100	100	100	100
	样本数/个	386	296	285	201	1168
心情不好求助对象	家人/亲戚/%	32.4	33.0	31.9	33.3	32.6
	老家认识的同学/朋友/熟人/%	34.2	38.4	34.7	39.3	36.3
	来城市后才认识的老乡/%	5.4	5.1	6.3	5.5	5.6
	来城市后认识的其他同事/朋友/熟人/%	15.5	12.8	11.9	10.9	13.2
	单位领导/老板/%	0.5	0	1.1	1.0	0.6
	政府部门社会机构/%	0.5	0.3	0.4	0	0.3
	其他/%	11.4	10.4	13.7	10.0	11.5
	合计/%	100	100	100	100	100
	样本数/个	386	297	285	201	1169
缺钱用求助对象	家人/亲戚/%	47.9	51.9	49.1	55.7	50.6
	老家认识的同学/朋友/熟人/%	22.5	24.2	26.7	17.9	23.2
	来城市后才认识的老乡/%	4.7	4.4	3.9	4.5	4.4
	来城市后认识的其他同事/朋友/熟人/%	8.8	7.7	9.8	9.0	8.8
	单位领导/老板/%	3.4	2.0	2.5	3.0	2.7
	政府部门社会机构/%	0.5	0	0.4	0	0.3
	其他/%	12.2	9.8	7.7	10.0	10.1
	合计/%	100	100	100	100	100
	样本数/个	386	297	285	201	1169

续表

社会交往模式		广州	东莞	江门	台山	合计
找工作求助对象	家人/亲戚/%	15.3	14.8	13.3	11.4	14.0
	老家认识的同学/朋友/熟人/%	31.6	34.0	36.5	30.8	33.3
	来城市后才认识的老乡/%	10.6	7.1	8.8	10.4	9.2
	来城市后认识的其他同事/朋友/熟人/%	17.6	19.2	17.2	20.9	18.5
	单位领导/老板/%	2.3	3.0	3.2	3.5	2.9
	政府部门社会机构/%	1.8	0.7	0.4	2.0	1.2
	其他/%	20.7	21.2	20.7	20.9	20.9
	合计/%	100	100	100	100	100
	样本数/个	386	297	285	201	1169
找地方住求助对象	家人/亲戚/%	23.8	25.6	23.2	25.4	24.4
	老家认识的同学/朋友/熟人/%	25.1	31.0	23.9	22.9	25.9
	来城市后才认识的老乡/%	10.6	10.1	11.2	8.5	10.3
	来城市后认识的其他同事/朋友/熟人/%	15.0	13.5	15.4	18.4	15.3
	单位领导/老板/%	2.6	1.7	4.2	2.0	2.7
	政府部门社会机构/%	1.8	0	1.8	0.5	1.1
	其他/%	21.0	18.2	20.4	22.4	20.4
	合计/%	100	100	100	100	100
	样本数/个	386	297	285	201	1169
重大问题一起讨论求助对象	家人/亲戚/%	65.5	64.6	67.0	70.6	66.6
	老家认识的同学/朋友/熟人/%	15.3	17.8	16.8	13.4	16.0
	来城市后才认识的老乡/%	2.8	4.4	1.8	1.0	2.7
	来城市后认识的其他同事/朋友/熟人/%	6.5	4.7	5.6	6.5	5.8
	单位领导/老板/%	1.8	0.3	2.8	3.0	1.9
	政府部门社会机构/%	0.8	1.0	0.4	1.0	0.8
	其他/%	7.3	7.1	5.6	4.5	6.3
	合计/%	100	100	100	100	100
	样本数/个	386	297	285	201	1169
被欺负求助对象	家人/亲戚/%	28.8	25.9	29.5	32.8	28.9
	老家认识的同学/朋友/熟人/%	25.4	29.6	27.4	23.9	26.7
	来城市后才认识的老乡/%	6.2	5.7	8.4	5.0	6.4
	来城市后认识的其他同事/朋友/熟人/%	7.5	11.1	9.1	13.4	9.8
	单位领导/老板/%	2.3	2.0	2.8	1.5	2.2
	政府部门社会机构/%	9.1	7.7	8.8	10.0	8.8

续表

社会交往模式		广州	东莞	江门	台山	合计
被欺负求助对象	其他/%	20.7	17.8	14.0	13.4	17.1
	合计/%	100	100	100	100	100
	样本数/个	386	297	285	201	1169
生病时需要照顾求助对象	家人/亲戚/%	65.0	66.7	62.1	71.1	65.8
	老家认识的同学/朋友/熟人/%	13.2	15.5	13.7	11.4	13.6
	来城市后才认识的老乡/%	3.1	2.4	3.9	1.0	2.7
	来城市后认识的其他同事/朋友/熟人/%	6.0	4.7	7.4	9.5	6.6
	单位领导/老板/%	0.5	1.0	0	0	0.4
	政府部门社会机构/%	0.8	0	0.7	1.5	0.7
	其他/%	11.4	9.8	12.3	5.5	10.2
	合计/%	100	100	100	100	100
	样本数/个	386	297	285	201	1169
遇上纠纷求助对象	家人/亲戚/%	22.3	28.3	25.3	30.3	25.9
	老家认识的同学/朋友/熟人/%	21.0	22.9	23.9	15.4	21.2
	来城市后才认识的老乡/%	5.4	5.1	8.4	4.5	5.9
	来城市后认识的其他同事/朋友/熟人/%	13.7	9.4	11.9	12.4	12.0
	单位领导/老板/%	6.2	2.7	4.9	5.0	4.8
	政府部门社会机构/%	15.8	16.5	12.6	18.4	15.7
	其他/%	15.5	15.2	13.0	13.9	14.5
	合计/%	100	100	100	100	100
	样本数/个	386	297	285	201	1169
介绍关系求助对象	家人/亲戚/%	18.7	21.5	19.3	18.4	19.5
	老家认识的同学/朋友/熟人/%	32.4	34.0	33.7	33.8	33.4
	来城市后才认识的老乡/%	10.4	12.1	10.2	8.0	10.4
	来城市后认识的其他同事/朋友/熟人/%	21.5	16.2	21.4	25.9	20.9
	单位领导/老板/%	3.6	2.7	4.2	2.5	3.3
	政府部门社会机构/%	0.8	1.3	1.8	1.0	1.2
	其他/%	12.7	12.1	9.5	10.4	11.4
	合计/%	100	100	100	100	100
	样本数/个	386	297	285	201	1169

续表

社会交往模式		广州	东莞	江门	台山	合计
收集工作或生意信息求助对象	家人/亲戚/%	13.5	14.5	15.4	13.4	14.2
	老家认识的同学/朋友/熟人/%	29.0	31.3	35.4	28.9	31.1
	来城市后才认识的老乡/%	12.7	11.4	8.4	10.0	10.9
	来城市后认识的其他同事/朋友/熟人/%	21.2	19.5	21.8	29.9	22.4
	单位领导/老板/%	7.0	4.7	5.3	3.0	5.3
	政府部门社会机构/%	2.8	2.7	1.1	1.5	2.1
	其他/%	13.7	15.8	12.6	13.4	13.9
	合计/%	100	100	100	100	100
	样本数/个	386	297	285	201	1169

表 4.7 珠三角各职业类型新市民社会交往模式

社会交往模式		打工	投资做生意	机关事业单位	散工或无工作	投亲	学生	合计
本地朋友比例分组	10 以下/%	80.4	77.1	56.3	69.6	78.8	76.5	78.5
	10～20/%	12.2	13.3	31.3	15.2	12.1	17.6	13.1
	20～30/%	2.9	4.8	6.3	4.3	6.1	2.9	3.6
	30～40/%	1.4	2.4	0	2.2	3.0	2.9	1.8
	40～50/%	0.5	0.4	0	2.2	0	0	0.5
	50～60/%	1.8	1.6	0	0	0	0	1.5
	60～70/%	0	0	0	0	0	0	0
	70～80/%	0	0	0	0	0	0	0
	80～90/%	0.2	0	0	0	0	0	0.1
	90 以上/%	0.6	0.4	6.3	6.5	0	0	0.9
	合计/%	100	100	100	100	100	100	100
	样本数/个	622	249	16	46	33	34	1000
和这个城市的本地人的交往情况	交往很多/%	21.1	26.2	33.3	26.4	23.7	28.9	23.2
	交往不少/%	11.2	12.1	5.6	9.4	15.8	21.1	11.8
	一般/%	28.8	30.5	44.4	15.1	21.1	39.5	29.0
	较少交往/%	32.6	26.2	16.7	45.3	31.6	7.9	30.4
	完全不交往/%	6.3	4.9	0	3.8	7.9	2.6	5.7
	合计/%	100	100	100	100	100	100	100
	样本数/个	712	305	18	53	38	38	1164

续表

社会交往模式		打工	投资做生意	机关事业单位	散工或无工作	投亲	学生	合计
心情不好求助对象	家人/亲戚/%	29.5	39.0	38.9	37.7	39.5	18.4	32.4
	老家认识的同学/朋友/熟人/%	38.3	32.1	27.8	37.7	18.4	55.3	36.4
	来城市后才认识的老乡/%	5.6	5.9	0	3.8	10.5	2.6	5.6
	来城市后认识的其他同事/朋友/熟人/%	13.9	11.8	16.7	7.5	7.9	21.1	13.1
	单位领导/老板/%	1.0	0	0	0	0	0	0.6
	政府部门社会机构/%	0.3	0.3	5.6	0	0	0	0.3
	其他/%	11.5	10.8	11.1	13.2	23.7	2.6	11.5
	合计/%	100	100	100	100	100	100	100
	样本数/个	713	305	18	53	38	38	1165
缺钱用求助对象	家人/亲戚/%	44.3	58.4	55.6	56.6	68.4	73.7	50.5
	老家认识的同学/朋友/熟人/%	25.5	20.7	22.2	20.8	5.3	21.1	23.2
	来城市后才认识的老乡/%	4.9	3.9	0	3.8	2.6	2.6	4.4
	来城市后认识的其他同事/朋友/熟人/%	10.4	7.2	11.1	3.8	5.3	2.6	8.8
	单位领导/老板/%	3.8	1.3	5.6	0	0	0	2.7
	政府部门社会机构/%	0.1	0.3	0	1.9	0	0	0.3
	其他/%	10.9	8.2	5.6	13.2	18.4	0	10.1
	合计/%	100	100	100	100	100	100	100
	样本数/个	713	305	18	53	38	38	1165
找工作求助对象	家人/亲戚/%	11.9	19.3	16.7	9.4	7.9	23.7	14.1
	老家认识的同学/朋友/熟人/%	36.7	30.8	33.3	26.4	15.8	15.8	33.3
	来城市后才认识的老乡/%	9.7	8.5	11.1	15.1	2.6	2.6	9.2
	来城市后认识的其他同事/朋友/熟人/%	19.4	16.7	16.7	11.3	18.4	26.3	18.5
	单位领导/老板/%	3.1	2.0	0	3.8	0	10.5	2.9
	政府部门社会机构/%	1.1	0.3	5.6	3.8	2.6	2.6	1.2
	其他/%	18.1	22.3	16.7	30.2	52.6	18.4	20.9
	合计/%	100	100	100	100	100	100	100
	样本数/个	713	305	18	53	38	38	1165
找地方住求助对象	家人/亲戚/%	22.0	27.5	38.9	22.6	39.5	23.7	24.4
	老家认识的同学/朋友/熟人/%	28.9	22.6	16.7	24.5	10.5	21.1	26.0
	来城市后才认识的老乡/%	10.2	11.5	11.1	15.1	2.6	2.6	10.3
	来城市后认识的其他同事/朋友/熟人/%	15.8	14.4	11.1	7.5	7.9	28.9	15.2
	单位领导/老板/%	3.6	1.0	5.6	0	2.6	0	2.7

续表

社会交往模式		打工	投资做生意	机关事业单位	散工或无工作	投亲	学生	合计
找地方住求助对象	政府部门社会机构/%	0.4	1.3	11.1	3.8	0	2.6	1.0
	其他/%	18.9	21.6	5.6	26.4	36.8	21.1	20.4
	合计/%	100	100	100	100	100	100	100
	样本数/个	713	305	18	53	38	38	1165
重大问题一起讨论求助对象	家人/亲戚/%	64.1	71.5	77.8	64.2	86.8	50.0	66.5
	老家认识的同学/朋友/熟人/%	16.4	14.4	11.1	17.0	5.3	34.2	16.1
	来城市后才认识的老乡/%	2.9	2.6	0	3.8	0	0	2.7
	来城市后认识的其他同事/朋友/熟人/%	6.3	5.6	0	3.8	0	10.5	5.8
	单位领导/老板/%	2.5	0.7	11.1	0	0	0	1.9
	政府部门社会机构/%	0.7	0.3	0	5.7	0	0	0.8
	其他/%	7.0	4.9	0	5.7	7.9	5.3	6.3
	合计/%	100	100	100	100	100	100	100
	样本数/个	713	305	18	53	38	38	1165
被欺负求助对象	家人/亲戚/%	27.1	33.4	33.3	30.2	39.5	15.8	29.0
	老家认识的同学/朋友/熟人/%	27.8	25.2	27.8	17.0	10.5	47.4	26.7
	来城市后才认识的老乡/%	6.7	5.9	11.1	7.5	0	5.3	6.4
	来城市后认识的其他同事/朋友/熟人/%	10.4	8.9	0	5.7	7.9	21.1	9.9
	单位领导/老板/%	3.4	0	5.6	0	0	2.6	2.2
	政府部门社会机构/%	8.4	10.5	5.6	17.0	2.6	0	8.8
	其他/%	16.3	16.1	16.7	22.6	39.5	7.9	17.0
	合计/%	100	100	100	100	100	100	100
	样本数/个	713	305	18	53	38	38	1165
生病时需要照顾求助对象	家人/亲戚/%	61.0	75.7	77.8	69.8	94.7	39.5	65.9
	老家认识的同学/朋友/熟人/%	16.4	7.5	11.1	7.5	2.6	26.3	13.5
	来城市后才认识的老乡/%	3.4	2.0	5.6	1.9	0	0	2.7
	来城市后认识的其他同事/朋友/熟人/%	8.0	3.3	5.6	1.9	2.6	18.4	6.6
	单位领导/老板/%	0.6	0	0	1.9	0	0	0.4
	政府部门社会机构/%	0.7	0.7	0	1.9	0	0	0.7
	其他/%	10.0	10.8	0	15.1	0	15.8	10.1
	合计/%	100	100	100	100	100	100	100
	样本数/个	713	305	18	53	38	38	1165

续表

社会交往模式		打工	投资做生意	机关事业单位	散工或无工作	投亲	学生	合计
遇上纠纷求助对象	家人/亲戚/%	22.7	32.1	33.3	28.3	36.8	21.1	26.0
	老家认识的同学/朋友/熟人/%	22.2	18.7	16.7	13.2	13.2	44.7	21.2
	来城市后才认识的老乡/%	6.3	6.2	5.6	3.8	0	5.3	5.9
	来城市后认识的其他同事/朋友/熟人/%	12.8	11.5	16.7	7.5	2.6	13.2	11.9
	单位领导/老板/%	6.3	1.6	16.7	1.9	0	5.3	4.8
	政府部门社会机构/%	15.3	17.4	5.6	28.3	5.3	7.9	15.7
	其他/%	14.4	12.5	5.6	17.0	42.1	2.6	14.4
	合计/%	100	100	100	100	100	100	100
	样本数/个	713	305	18	53	38	38	1165
介绍关系求助对象	家人/亲戚/%	17.4	24.3	16.7	20.8	18.4	23.7	19.6
	老家认识的同学/朋友/熟人/%	35.2	30.5	38.9	32.1	23.7	34.2	33.5
	来城市后才认识的老乡/%	10.8	11.1	11.1	7.5	2.6	5.3	10.3
	来城市后认识的其他同事/朋友/熟人/%	21.6	19.7	22.2	13.2	21.1	28.9	20.9
	单位领导/老板/%	3.4	3.0	5.6	1.9	5.3	5.3	3.3
	政府部门社会机构/%	0.8	1.3	5.6	5.7	0	0	1.2
	其他/%	10.8	10.2	0	18.9	28.9	2.6	11.2
	合计/%	100	100	100	100	100	100	100
	样本数/个	713	305	18	53	38	38	1165
收集工作或生意信息求助对象	家人/亲戚/%	12.3	18.4	16.7	18.9	2.6	21.1	14.2
	老家认识的同学/朋友/熟人/%	31.6	34.8	27.8	22.6	21.1	21.1	31.2
	来城市后才认识的老乡/%	11.5	10.8	11.1	11.3	2.6	5.3	10.8
	来城市后认识的其他同事/朋友/熟人/%	22.6	23.6	27.8	17.0	15.8	23.7	22.5
	单位领导/老板/%	6.5	2.6	5.6	1.9	2.6	13.2	5.3
	政府部门社会机构/%	2.2	1.6	5.6	3.8	2.6	0	2.1
	其他/%	13.3	8.2	5.6	24.5	52.6	15.8	13.7
	合计/%	100	100	100	100	100	100	100
	样本数/个	713	305	18	53	38	38	1165

表 4.8 城市等级与新市民社会交往模式相关性分析

变量	统计量	Value	Approx. Sig.
本地朋友比例与城市	Somers' d（因变量：本地朋友比例）	0.017	0.370
	Somers' d	0.023	0.370

续表

变量	统计量	Value	Approx. Sig.
和这个城市的本地人的交往情况与城市	Somers' d（因变量：和这个城市的本地人的交往情况）	–0.062	0.012
	Somers' d	–0.061	0.012
心情不好求助对象与城市	tau-y（因变量：心情不好求助对象）	0.001	0.009
	Cramer's V	0.056	0.890
缺钱用求助对象与城市	tau-y（因变量：缺钱用求助对象）	0.003	0.296
	Cramer's V	0.063	0.740
找工作求助对象与城市	tau-y（因变量：找工作求助对象）	0.001	0.932
	Cramer's V	0.060	0.821
找地方住求助对象与城市	tau-y（因变量：找地方住求助对象）	0.002	0.006
	Cramer's V	0.075	0.362
重大问题一起讨论求助对象与城市	tau-y（因变量：重大问题一起讨论求助对象）	0.002	0.007
	Cramer's V	0.074	0.371
被欺负求助对象与城市	tau-y（因变量：被欺负求助对象）	0.003	0.227
	Cramer's V	0.075	0.341
生病时需要照顾求助对象与城市	tau-y（因变量：生病时需要照顾求助对象）	0.004	0.001
	Cramer's V	0.087	0.090
遇上纠纷求助对象与城市	tau-y（因变量：遇上纠纷求助对象）	0.004	0.134
	Cramer's V	0.082	0.167
介绍关系求助对象与城市	tau-y（因变量：介绍关系求助对象）	0.002	0.691
	Cramer's V	0.062	0.758
收集工作或生意信息求助对象与城市	tau-y（因变量：收集工作或生意信息求助对象）	0.003	0.181
	Cramer's V	0.078	0.266

表 4.9　职业类型与新市民社会交往模式相关性分析

变量	统计量	Value	Approx. Sig.
本地朋友比例与职业类型	tau-y（因变量：本地朋友比例）	0.007	0.070
	Cramer's V	0.090	0.240
和这个城市的本地人的交往情况与职业类型	tau-y（因变量：和本地人的交往情况）	0.009	0.002
	Cramer's V	0.085	0.031
心情不好求助对象与职业类型	tau-y（因变量：心情不好求助对象）	0.010	0.000
	Cramer's V	0.097	0.004
缺钱用求助对象与职业类型	tau-y（因变量：缺钱用求助对象）	0.015	0.000
	Cramer's V	0.099	0.002
找工作求助对象与职业类型	tau-y（因变量：找工作求助对象）	0.013	0.000
	Cramer's V	0.114	0.000

续表

变量	统计量	Value	Approx. Sig.
找地方住求助对象与职业类型	tau-y（因变量：找地方住求助对象）	0.009	0.000
	Cramer's V	0.113	0.000
重大问题一起讨论求助对象与职业类型	tau-y（因变量：重大问题一起讨论求助对象）	0.004	0.000
	Cramer's V	0.103	0.001
被欺负求助对象与职业类型	tau-y（因变量：被欺负求助对象）	0.011	0.000
	Cramer's V	0.109	0.000
生病时需要照顾求助对象与职业类型	tau-y（因变量：生病时需要照顾求助对象）	0.026	0.000
	Cramer's V	0.114	0.000
遇上纠纷求助对象与职业类型	tau-y（因变量：遇上纠纷求助对象）	0.013	0.000
	Cramer's V	0.122	0.000
介绍关系求助对象与职业类型	tau-y（因变量：介绍关系求助对象）	0.006	0.089
	Cramer's V	0.091	0.017
收集工作或生意信息求助对象与职业类型	tau-y（因变量：收集工作或生意信息求助对象）	0.013	0.000
	Cramer's V	0.125	0.000

第三节　矛盾性、模糊性的社会身份认同

根据埃尔曼（Erman，1998）的研究，只有少部分进城乡民完全割断了自己的乡村纽带，认为自己已经是“真正的城市人”；大部分进城乡民及其子女徘徊在城乡之间，继续保留自己都市乡民的特殊身份认同，既不放弃他们的乡缘社区和血缘群体，又试图扩展自己的交往范围；另有一小部分进城乡民完全排斥城市，认为自己就是农村人。王春光（2006）认为农村流动人口对城市社会不认可，对农村社会逐渐失去了认可或者不被认可，逐渐转向对自己群体的认可，或被自己群体所认可，总之农村流动人口出现了内部认同的趋势，即寻求对自己内群体的认同，包括身份认同、情感认同和生活认同。戴欢欢（2010）对王春光的社会认同内卷化理论进行了更详细研究，并用数据进行了实证分析，发现第二代农民工与第一代农民工不同，既不认同乡村，也不认同城市，出现自我身份认同模糊化和内卷化不断加强的趋势。本节通过以下几个指标来测量新市民的身份认同：

（1）直接“城市人”身份认同率。询问被访者是否认同“我认为我已经是城市人了”这一说法，答案设计为一个李克特量表：完全认同、认同、中立、不认同、完全不认同。

（2）间接“城市人”身份认同率。询问被访者是否认同“别人把我当城里人

看”这一说法，答案设计为一个李克特量表：完全认同、认同、中立、不认同、完全不认同。

（3）城市归宿感。询问被访者是否认同“我属于这个城市”这一说法，答案设计为一个李克特量表：完全认同、认同、中立、不认同、完全不认同。

（4）城市亲切感。询问被访者是否认同“这个城市是我的第二故乡，有家的感觉”这一说法，答案设计为一个李克特量表：完全认同、认同、中立、不认同、完全不认同。

调查结果见表 4.10。调查结果表明：

（1）直接“城市人”身份认同率很低。只有很少（27.9%）一部分新市民认同自己已经是城市人了，而不认同自己是城市人的新市民接近一半（45.4%）。

（2）间接“城市人”身份认同率也较低。同样只有很少（29.6%）一部分新市民认为别人把自己当城里人看；新市民在间接“城市人”身份认同方面相对比较矛盾，认同率不高，反对率（37.3%）也不高，保持中立的比例（34.1%）较高。

（3）新市民在城市归宿感方面明显处于矛盾境地。有关“我属于这个城市”的说法，认同率（37.0%）、反对率（34.9%）和中立率（28.1%）非常接近。

（4）新市民的城市亲切感很强。多数新市民（53.7%）认同“这个城市是我的第二故乡，有家的感觉”这一说法，持反对意见的新市民比例（20.5%）很低。说明新市民经过长期生活，已经对流入的城市产生了感情。

（5）综合以上 4 点，可以发现新市民在社会身份认同方面整体上处于矛盾状态。一方面，经过长期在城市工作、生活，新市民已经对所在城市产生了深厚感情，且对所在城市已经建立了一定的归宿感，具备了定居、融入城市的情感基础；另一方面，新市民又发现城市不完全靠得住，城市、城市人与自己仍然处于若即若离的隔离状态，所以不得不更多地认同自己“农村人”“乡民”的身份。

（6）和居住生活模式类似，各级城市新市民社会身份认同差异性非常显著。从表 4.12 可以看出，城市规模越大，新市民对城市的认同率越低，直接“城市人”身份认同率、间接“城市人”身份认同率、城市归宿感、城市亲切感 4 个指标都与城市规模显著呈负相关关系。这又一次说明，大城市、特大城市都市乡民问题更为突出，而中小城市新市民社会融入尤其是心理融入程度更高。

（7）新市民社会身份认同的职业类型差异（表 4.11 和表 4.13）显著性不太强，投资做生意的新市民比外出打工的新市民直接“城市人”身份认同率和间接“城市人”身份认同率略高。

表 4.10 珠三角各级城市新市民社会身份认同

身份认同		广州	东莞	江门	台山	合计
我认为我已经是城市人了	完全认同/%	6.0	4.7	10.2	12.8	7.9
	认同/%	17.9	12.7	24.6	28.4	20.0
	中立/%	25.3	28.7	25.9	28.0	26.8
	不认同/%	43.4	48.3	35.8	28.9	40.3
	完全不认同/%	7.4	5.7	3.4	1.9	5.1
	合计/%	100	100	100	100	100
	样本数/个	403	300	293	211	1207
别人把我当城里人看	完全认同/%	5.5	3.0	7.2	10.6	6.2
	认同/%	19.6	16.9	27.7	33.7	23.4
	中立/%	34.0	34.5	34.2	33.7	34.1
	不认同/%	34.3	41.2	29.8	20.2	32.4
	完全不认同/%	6.5	4.4	1.0	1.9	3.9
	合计/%	100	100	100	100	100
	样本数/个	397	296	292	208	1193
我属于这个城市	完全认同/%	5.2	6.6	9.1	13.7	8.0
	认同/%	26.2	20.5	32.8	41.2	29.0
	中立/%	26.5	29.8	30.7	25.1	28.1
	不认同/%	32.7	38.4	23.6	17.5	29.3
	完全不认同/%	9.4	4.6	3.7	2.4	5.6
	合计/%	100	100	100	100	100
	样本数/个	404	302	296	211	1213
这个城市是我的第二故乡，有家的感觉	完全认同/%	12.5	9.6	16.9	20.4	14.2
	认同/%	36.2	34.2	43.9	47.4	39.5
	中立/%	27.2	28.9	26.0	18.5	25.8
	不认同/%	20.2	24.9	12.5	13.3	18.3
	完全不认同/%	4.0	2.3	0.7	0.5	2.2
	合计/%	100	100	100	100	100
	样本数/个	401	301	296	211	1209

表 4.11 珠三角各职业类型新市民社会身份认同

身份认同		打工	投资做生意	机关事业单位	散工或无工作	投亲	学生	合计
我认为我已经是城市人了	完全认同/%	5.4	11.4	28.6	5.4	10.9	16.2	7.9
	认同/%	18.3	20.8	23.8	23.2	28.3	27.0	20.0
	中立/%	27.5	27.8	28.6	19.6	17.4	27.0	26.8
	不认同/%	43.0	36.3	14.3	44.6	41.3	29.7	40.3
	完全不认同/%	5.8	3.8	4.8	7.1	2.2	0	5.0
	合计/%	100	100	100	100	100	100	100
	样本数/个	726	317	21	56	46	37	1203

续表

身份认同		打工	投资做生意	机关事业单位	散工或无工作	投亲	学生	合计
别人把我当城里人看	完全认同/%	5.2	7.9	23.8	0	9.3	7.9	6.2
	认同/%	19.8	27.5	19.0	30.4	30.2	36.8	23.3
	中立/%	35.1	32.6	47.6	35.7	18.6	39.5	34.2
	不认同/%	35.8	29.1	4.8	26.8	41.9	13.2	32.5
	完全不认同/%	4.2	2.8	4.8	7.1	0	2.6	3.8
	合计/%	100	100	100	100	100	100	100
	样本数/个	716	316	21	56	43	38	1190
我属于这个城市	完全认同/%	6.0	10.3	19.0	12.5	8.9	13.2	8.0
	认同/%	26.4	30.7	38.1	37.5	37.8	36.8	29.0
	中立/%	29.2	27.6	23.8	23.2	28.9	23.7	28.2
	不认同/%	31.9	26.6	14.3	21.4	24.4	23.7	29.2
	完全不认同/%	6.4	4.7	4.8	5.4	0	2.6	5.5
	合计/%	100	100	100	100	100	100	100
	样本数/个	730	319	21	56	45	38	1209
我已经习惯了这里的生活，回老家反而不习惯了	完全认同/%	7.5	9.9	19.0	7.1	6.7	5.3	8.2
	认同/%	26.4	28.1	33.3	30.4	33.3	18.4	27.2
	中立/%	22.2	22.4	19.0	21.4	15.6	15.8	21.7
	不认同/%	36.3	31.0	23.8	35.7	28.9	42.1	34.6
	完全不认同/%	7.5	8.6	4.8	5.4	15.6	18.4	8.3
	合计/%	100	100	100	100	100	100	100
	样本数/个	730	313	21	56	45	38	1203

表 4.12　城市等级与新市民社会身份认同相关性分析

变量	统计量	Value	Approx. Sig.
我认为我已经是城市人了	Somers' d：对称性	−0.150	0.000
	Somers' d：（因变量：我认为我已经是城市人了）	−0.148	0.000
别人把我当城里人看	Somers' d：对称性	−0.150	0.000
	Somers' d：（因变量：别人把我当城里人看）	−0.148	0.000
我属于这个城市	Somers' d：对称性	−0.174	0.000
	Somers' d：（因变量：我属于这个城市）	−0.174	0.000
这个城市是我的第二故乡，有家的感觉	Somers' d：对称性	−0.135	0.000
	Somers' d：（因变量：这个城市是我的第二故乡，有家的感觉）	−0.134	0.000

表 4.13　职业类型与新市民社会身份认同相关性分析

变量	统计量	Value	Approx. Sig.
我认为我已经是城市人了与城市	tau-y（因变量：我认为我已经是城市人了）	0.008	0.008
	Cramer’s V	0.097	0.001
别人把我当城里人看	tau-y（因变量：别人把我当城里人看）	0.012	0.000
	Cramer’s V	0.105	0.000
我属于这个城市	tau-y（因变量：我属于这个城市）	0.006	0.132
	Cramer’s V	0.078	0.079
这个城市是我的第二故乡，有家的感觉	tau-y（因变量：这个城市是我的第二故乡，有家的感觉）	0.004	0.568
	Cramer’s V	0.067	0.357

第四节　封闭性、选择性的城市社会融入

里士满（Richmond，1975）描述都市乡民对流入地感到满意并倾向于永久居住，但是他们又深深地依赖本民族的制度，不愿意融入主流文化。德里格尔（Driedger，1977）发现都市乡民会在与族群外的文化进行比较的过程中逐步强化族群文化的优越感。易卜拉欣（Ibrahim，1975）发现都市乡民抵制城市性，不愿分散居住，拒绝融入城市社会。本节通过以下几个指标来测量新市民的城市社会融入程度：

（1）城市居留原因。询问被访者“请问您现在还待在城市不回老家主要的原因是什么？”答案包括：为了赚钱；已经定居，希望居住、生活在城市；要和家人住在一起；要在城市读书；其他情况。“已经定居，希望居住、生活在城市”反映新市民主动融入城市的意愿，其比例可以用来测量新市民主动融入城市的意愿程度。

（2）移民倾向。一般认为，家庭团聚是移民倾向的主要表现。本书认为家庭团聚一般分为两级水平：部分家庭团聚和完整家庭团聚。询问被访者是否和家人一起住在城市，用以测量部分家庭团聚和完整家庭团聚的总和；询问被访者是否和配偶、子女同时一起住在城市，用以测量完整家庭团聚。

（3）城市生活适应程度。直接询问被访者“您对城市生活的整体适应程度如何？”答案设计为一个李克特量表：完全适应、适应、中立、不适应、完全不适应。

（4）参加城市社区活动频率。直接询问被访者“请问您平时参加社区活动的情况如何？”答案包括：从来没有、很少、偶尔、经常。

（5）扎根意向。直接询问被访者“请问您未来发展最大的可能性是哪一种？”答案包括：在这个城市扎根、定居下来；回到农村去；回家乡的城镇购房定居；去别的城市发展。“在这个城市扎根、定居下来”的比例可以测量新移民的扎根意

向程度。

调查结果见表 4.14 和表 4.15。调查结果表明：

（1）新市民因为“已经定居，希望居住、生活在城市”而待在城市不回老家的比例（13.5%）很低，反映了新市民主动融入城市的意愿很弱；绝大多数新市民滞留城市的主要原因是为了赚钱，经济目的而不是生活目标成为农村人流入城市并暂居于城市的根本动力，这应该是“虚城市化”“伪城市化”的一个重要表现。可以理解的是，一旦这群规模庞大的都市乡民在城市达到了赚钱的目的，或者赚钱的行动受阻，他们将离开城市回到家乡。

（2）新市民已经具有明显的移民倾向。多数（57.0%）新市民已经和家人一起居住在城市。但必须注意的是，移民倾向和定居倾向不完全是一回事，移民可以是短期的、暂时的、权宜性的家庭计划。另外，家人包括了配偶、子女、父母、兄弟姐妹、孙辈等，部分家庭成员在城市里团聚并不能保证家庭会从农村“拔根”。真正完整家庭团聚的比例并不高，只有不足 3 成（29.7%），众多新市民是夫妻在城市、子女在老家，这种移民是不稳定、脆弱的“半拉子工程”。

（3）新市民已经基本适应城市生活，但是适应程度不高。绝大多数（93.3%）新市民对城市生活没有表现出不适宜，但是完全适应城市生活的新市民比例（7.6%）很低。

（4）新市民在城市里参与社区活动的比例很低、频率更低。只有不到四分之一（21.5%）的新市民偶尔或经常参加城市社区活动，而经常参加（3.9%）的新市民就更是凤毛麟角了。

（5）新市民的城市扎根意向不高。只有约三分之一（37.4%）的新市民以后在现居城市扎根、定居下来，多数（51.5%）新市民会回到家乡，甚至回到农村去（19.5%）。

（6）中小城市的新市民比大城市的新市民融入城市社会的程度高。数据（表 4.14 和表 4.16）表明，各个指标城市之间差异明显。中小城市新市民“已经定居，希望居住、生活在城市”而待在城市不回老家的比例明显较高，与家人一起居住的比例也较高，完整家庭团聚的比重较大，对城市生活完全适应的比例也较高，以后将会“在这个城市扎根、定居下来”的比例也明显较高。

（7）东莞新市民社会融入程度在 4 个城市中最低，甚至明显低于广州。究其原因是新市民的结构差异，东莞以进城打工尤其是跨省流入的打工者居多，而广州新市民中包含了较大比例投资做生意的新市民，后者融入城市的基础条件（收入、消费能力等）相对较好。

（8）新市民社会融入程度的职业类型差异明显（表 4.15 和表 4.17）。与外出打工的新市民相比，投资做生意的新市民社会融入程度明显较高。投资做生意的新市民因为“已经定居，希望居住、生活在城市”而待在城市不回老家的比例（22.3%）明显较高，约为外出打工新市民的 3 倍；与家人一起居住的投资做生意新市民达到 77.1%，高出外出打工新市民(46.3%)30个百分点;投资做生意新市民家庭团聚的比例(46.4%)是外出打工新市民（20.7%）的2倍多；对城市生活的整体适应程度投资做生意新市民也比较高，多数（57.1%）投资做生意新市民表示对城市生活“完全适应”或“适应”，外出打工新市民这一比例不到一半（46.2%）；投资做生意新市民未来“在这个城市扎根、定居下来”的比例（47.6%）也是外出打工新市民（29.7%）的接近2倍。但是，在“参加社区活动”方面两个群体差异不明显，都处于很低的水平。

表4.14　珠三角各级城市新市民城市社会融入

城市融入		广州	东莞	江门	台山	合计
现在还待在城市不回老家主要的原因	为了赚钱/%	71.9	82.4	60.3	55.7	68.9
	已经定居，希望居住、生活在城市/%	12.3	5.2	18.2	21.2	13.5
	要和家人住在一起/%	9.6	6.5	11.8	10.8	9.6
	要在城市读书/%	2.5	2.0	5.4	8.0	4.0
	其他/%	3.7	3.9	4.4	4.2	4.0
	合计/%	100	100	100	100	100
	样本数/个	405	306	297	212	1220
现在和谁一起居住	自己单独住/%	20.0	34.0	12.8	13.7	20.7
	家人/%	56.5	39.9	67.7	67.9	57.0
	亲戚/%	2.5	1.0	1.3	0.9	1.6
	工友、同事/%	11.4	14.1	7.1	3.8	9.7
	朋友、同学、老乡/%	4.9	4.9	6.4	8.0	5.8
	恋人、对象/%	3.7	5.6	3.7	4.7	4.3
	其他/%	1.0	0.7	1.0	0.9	0.9
	合计/%	100	100	100	100	100
	样本数/个	405	306	297	212	1220
是否家庭团聚	是/%	27.9	16.7	39.4	38.2	29.7
	否/%	72.1	83.3	60.6	61.8	70.3
	合计/%	100	100	100	100	100
	样本数/个	405	306	297	212	1220
对城市生活的整体适应程度	完全适应/%	6.4	5.2	10.5	9.4	7.6
	适应/%	40.1	43.1	40.2	53.8	43.3
	一般/%	45.5	44.1	44.3	31.6	42.4
	不适应/%	5.7	6.5	4.1	3.3	5.1
	完全不适应/%	2.2	1.0	1.0	1.9	1.6
	合计/%	100	100	100	100	100
	样本数/个	404	306	296	212	1218

续表

城市融入		广州	东莞	江门	台山	合计
参加社区活动	从来没有/%	52.9	48.7	39.3	53.1	48.6
	很少/%	28.0	28.0	36.6	27.0	29.9
	偶尔/%	15.9	19.4	19.7	15.6	17.6
	经常/%	3.2	3.9	4.4	4.3	3.9
	合计/%	100	100	100	100	100
	样本数/个	403	304	295	211	1213
未来发展最大的可能性	在这个城市扎根、定居下来/%	32.9	22.4	44.9	57.7	37.4
	回到农村去/%	24.1	16.1	21.3	13.5	19.5
	回家乡的城镇购房定居/%	34.7	48.4	23.0	15.4	32.0
	去别的城市发展/%	8.3	13.2	10.8	13.5	11.0
	合计/%	100	100	100	100	100
	样本数/个	398	304	287	208	1197

表 4.15　珠三角各职业类型新市民城市社会融入

城市融入		打工	投资做生意	机关事业单位	散工或无工作	投亲	学生	合计
现在还待在城市不回老家主要的原因	为了赚钱/%	79.3	65.5	28.6	62.5	10.6	2.6	69.0
	已经定居，希望居住、生活在城市/%	8.6	22.3	52.4	10.7	27.7	2.6	13.6
	要和家人住在一起/%	6.9	7.2	9.5	21.4	53.2	7.9	9.5
	要在城市读书/%	1.5	0.9	4.8	0	2.1	86.8	4.0
	其他/%	3.7	4.1	4.8	5.4	6.4	0.0	3.9
	合计/%	100	100	100	100	100	100	100
	样本数/个	735	319	21	56	47	38	1216
现在和谁一起居住	自己单独住/%	25.7	13.8	9.5	26.8	0	2.6	20.6
	家人/%	46.3	77.1	71.4	62.5	97.9	34.2	57.2
	亲戚/%	2.0	0.9	0	0	0	2.6	1.6
	工友、同事/%	15.1	0.6	9.5	3.6	0	0	9.6
	朋友、同学、老乡/%	5.4	1.3	4.8	5.4	0	57.9	5.8
	恋人、对象/%	4.2	6.0	4.8	1.8	2.1	0	4.4
	其他/%	1.2	0.3	0	0	0	2.6	0.9
	合计/%	100	100	100	100	100	100	100
	样本数/个	735	319	21	56	47	38	1216

续表

城市融入		打工	投资做生意	机关事业单位	散工或无工作	投亲	学生	合计
是否家庭团聚	是/%	20.7	46.4	52.4	39.3	61.7	0	29.8
	否/%	79.3	53.6	47.6	60.7	38.3	100	70.2
	合计/%	100	100	100	100	100	100	100
	样本数/个	735	319	21	56	47	38	1216
对城市生活的整体适应程度	完全适应/%	6.8	9.1	0	7.1	8.5	15.8	7.7
	适应/%	39.4	48.0	61.9	39.3	59.6	52.6	43.2
	一般/%	47.5	36.7	33.3	33.9	25.5	31.6	42.4
	不适应/%	4.8	4.7	0	17.9	4.3	0	5.1
	完全不适应/%	1.5	1.6	4.8	1.8	2.1	0	1.6
	合计/%	100	100	100	100	100	100	100
	样本数/个	733	319	21	56	47	38	1214
参加社区活动	从来没有/%	48.6	52.2	28.6	62.5	38.3	21.1	48.6
	很少/%	30.5	29.7	14.3	17.9	31.9	44.7	29.9
	偶尔/%	17.2	15.2	47.6	17.9	14.9	31.6	17.6
	经常/%	3.7	2.8	9.5	1.8	14.9	2.6	3.9
	合计/%	100	100	100	100	100	100	100
	样本数/个	731	316	21	56	47	38	1209
未来发展最大的可能性	在这个城市扎根、定居下来/%	29.7	47.6	80.0	33.3	69.6	45.9	37.5
	回到农村去/%	21.4	16.0	5.0	37.0	15.2	0	19.5
	回家乡的城镇购房定居/%	37.6	26.8	10.0	22.2	10.9	18.9	32.0
	去别的城市发展/%	11.2	9.6	5.0	7.4	4.3	35.1	11.0
	合计/%	100	100	100	100	100	100	100
	样本数/个	723	313	20	54	46	37	1193

表 4.16　城市等级与新市民社会融入相关性分析

变量	统计量	Value	Approx. Sig.
现在还待在城市不回老家主要的原因与城市	tau-y（因变量：现在还待在城市不回老家主要的原因）	0.028	0.000
	Cramer’s V	0.136	0.000
现在和谁一起居住与城市	tau-y（因变量：现在和谁一起居住）	0.033	0.000
	Cramer’s V	0.158	0.000
是否家庭团聚与城市	tau-y（因变量：是否家庭团聚）	0.038	0.000
	Cramer’s V	0.195	0.000

续表

变量	统计量	Value	Approx. Sig.
对城市生活的整体适应程度与城市	tau-y（因变量：对城市生活的整体适应程度）	0.009	0.000
	Cramer's V	0.086	0.007
参加社区活动与城市	tau-y（因变量：参加社区活动）	0.008	0.001
	Cramer's V	0.068	0.055
未来发展最大的可能性与城市	tau-y（因变量：未来发展最大的可能性）	0.044	0.000
	Cramer's V	0.179	0.000

表 4.17　职业类型与新市民社会融入相关性分析

变量	统计量	Value	Approx. Sig.
现在还待在城市不回老家主要的原因与职业类型	tau-y（因变量：现在还待在城市不回老家主要的原因）	0.152	0.000
	Cramer's V	0.433	0.000
现在和谁一起居住与职业类型	tau-y（因变量：现在和谁一起居住）	0.075	0.000
	Cramer's V	0.242	0.000
是否家庭团聚与职业类型	tau-y（因变量：是否家庭团聚）	0.097	0.000
	Cramer's V	0.311	0.000
对城市生活的整体适应程度与职业类型	tau-y（因变量：对城市生活的整体适应程度）	0.015	0.000
	Cramer's V	0.103	0.000
参加社区活动与职业类型	tau-y（因变量：参加社区活动）	0.015	0.000
	Cramer's V	0.121	0.000
未来发展最大的可能性与职业类型	tau-y（因变量：未来发展最大的可能性）	0.036	0.000
	Cramer's V	0.176	0.000

第五节　持续性、频繁性的乡村社会联系

阿布-卢格霍德（Abu-Lughod，1961）、彼得森（Petersen，1971）、马尼亚雷拉（Magnarella，1970）等人都提到了中东的都市乡民和老家乡村社会的密切联系。可见，持续性、频繁性的乡村社会联系是新市民“乡民性”的重要表现，乡村社会的“拔根”过程与城市社会的“扎根”过程是此消彼长的过程，是一个过程的两个方面。

新市民和乡村社会的联系包括经济联系、政治联系、情感联系等几个方面。本节通过以下几个指标来测量新市民的乡村社会联系密切程度：

（1）经济联系。询问被访者是否“自己现在在老家还有田地”、是否“现在定期寄钱回老家”、是否“定期回去干农活”。

（2）政治联系。询问被访者是否“现在还回乡参加选举”、是否“现在还回乡参加竞选”。

（3）情感联系。询问被访者是否“偶尔或节日回老家去探亲、过节、休假”。

调查结果见表 4.18 和表 4.19。调查结果表明：

（1）新市民与老家乡村的经济联系比较密切。大部分（73.4%）新市民在老家还有田地，多数（57.9%）新市民定期寄钱回老家，仍然有少部分（5.6%）新市民属于兼业农民，定期回去干农活。

（2）新市民与老家乡村之间仍有一定程度的政治联系，但政治联系相对比较微弱。只有极少数新市民回乡参加选举（24.0%）或者竞选（13.9%）。

（3）新市民与老家乡村的情感联系非常密切。绝大部分（90.4%）的新市民偶尔或节日回老家探亲、过节、休假。

（4）城市等级与新市民乡村联系之间没有明显差异（见表 4.20）。

（5）新市民乡村联系有一定的职业类型差异（见表 4.21）。主要表现在，与投资做生意的新市民相比，外出打工的新市民与乡村老家的经济联系更为紧密。

表 4.18　珠三角各级城市新市民乡村社会联系

乡村联系		广州	东莞	江门	台山	合计
是否自己现在在老家还有田地	是/%	75.8	75.8	71.3	68.4	73.4
	否/%	24.3	24.2	28.7	31.6	26.6
	合计/%	100	100	100	100	100
	样本数/个	400	302	296	209	1207
是否现在定期寄钱回老家	是/%	59.0	64.5	55.3	50.2	57.9
	否/%	41.0	35.5	44.7	49.8	42.1
	合计/%	100	100	100	100	100
	样本数/个	400	301	293	209	1203
是否定期回去干农活	是/%	5.5	5.0	6.2	5.7	5.6
	否/%	94.5	95.0	93.8	94.3	94.4
	合计/%	100	100	100	100	100
	样本数/个	401	302	292	211	1206
是否现在还回乡参加选举	是/%	21.1	21.5	28.2	27.3	24.0
	否/%	78.9	78.5	71.8	72.7	76.0
	合计/%	100	100	100	100	100
	样本数/个	399	302	294	209	1204
是否现在还回乡参加竞选	是/%	12.7	16.0	13.3	13.9	13.9
	否/%	87.3	84.0	86.7	86.1	86.1
	合计/%	100	100	100	100	100
	样本数/个	393	300	294	208	1195

续表

乡村联系		广州	东莞	江门	台山	合计
是否偶尔或节日回去探亲、过节、休假	是/%	90.8	91.4	89.4	89.6	90.4
	否/%	9.2	8.6	10.6	10.4	9.6
	合计/%	100	100	100	100	100
	样本数/个	401	302	292	211	1206

表 4.19 珠三角各职业类型新市民乡村社会联系

乡村联系		打工	投资做生意	机关事业单位	散工或无工作	投亲	学生	合计
是否自己现在在老家还有田地	是/%	76.4	70.0	61.9	78.2	61.7	56.8	73.4
	否/%	23.6	30.0	38.1	21.8	38.3	43.2	26.6
	合计/%	100	100	100	100	100	100	100
	样本数/个	730	313	21	55	47	37	1203
是否现在定期寄钱回老家	是/%	63.6	53.8	66.7	50.9	40.0	13.5	58.0
	否/%	36.4	46.2	33.3	49.1	60.0	86.5	42.0
	合计/%	100	100	100	100	100	100	100
	样本数/个	725	316	21	55	45	37	1199
是否定期回去干农活	是/%	6.6	3.8	4.8	9.4	2.1	0	5.6
	否/%	93.4	96.2	95.2	90.6	97.9	100	94.4
	合计/%	100	100	100	100	100	100	100
	样本数/个	729	316	21	53	47	37	1203
是否现在还回乡参加选举	是/%	23.8	24.3	23.8	18.9	30.4	24.3	24.0
	否/%	76.2	75.7	76.2	81.1	69.6	75.7	76.0
	合计/%	100	100	100	100	100	100	100
	样本数/个	726	317	21	53	46	37	1200
是否现在还回乡参加竞选	是/%	14.4	13.7	19.0	13.5	6.5	10.8	13.9
	否/%	85.6	86.3	81.0	86.5	93.5	89.2	86.1
	合计/%	100	100	100	100	100	100	100
	样本数/个	721	314	21	52	46	37	1191
是否偶尔或节日回去探亲、过节、休假	是/%	90.8	90.8	95.2	73.6	93.6	97.3	90.4
	否/%	9.2	9.2	4.8	26.4	6.4	2.7	9.6
	合计/%	100	100	100	100	100	100	100
	样本数/个	729	316	21	53	47	37	1203

表 4.20 城市等级与新市民乡村联系相关性分析

变量	统计量	Value	Approx. Sig.
是否自己现在在老家还有田地与城市	tau-y（因变量：是否自己现在在老家还有田地）	0.004	0.147
	Cramer's V	0.067	0.146
是否现在定期寄钱回老家与城市	tau-y（因变量：是否现在定期寄钱回老家）	0.009	0.010
	Cramer's V	0.097	0.010
是否定期回去干农活与城市	tau-y（因变量：是否定期回去干农活）	0.000	0.937
	Cramer's V	0.019	0.937
是否现在还回乡参加选举与城市	tau-y（因变量：是否现在还回乡参加选举）	0.002	0.871
	Cramer's V	0.039	0.871
是否现在还回乡参加竞选与城市	tau-y（因变量：是否现在还回乡参加竞选）	0.001	0.646
	Cramer's V	0.037	0.646
是否偶尔或节日回去探亲、过节、休假与城市	tau-y（因变量：是否偶尔或节日回去探亲、过节、休假）	0.001	0.821
	Cramer's V	0.028	0.821

表 4.21 职业类型与新市民乡村联系相关性分析

变量	统计量	Value	Approx. Sig.
是否自己现在在老家还有田地与职业类型	tau-y（因变量：是否自己现在在老家还有田地）	0.013	0.007
	Cramer's V	0.115	0.007
是否现在定期寄钱回老家与职业类型	tau-y（因变量：是否现在定期寄钱回老家）	0.041	0.000
	Cramer's V	0.203	0.000
是否定期回去干农活与职业类型	tau-y（因变量：是否定期回去干农活）	0.007	0.152
	Cramer's V	0.082	0.152
是否现在还回乡参加选举与职业类型	tau-y（因变量：是否现在还回乡参加选举）	0.002	0.871
	Cramer's V	0.039	0.871
是否现在还回乡参加竞选与职业类型	tau-y（因变量：是否现在还回乡参加竞选）	0.003	0.694
	Cramer's V	0.051	0.693
是否偶尔或节日回去探亲、过节、休假与职业类型	tau-y（因变量：是否偶尔或节日回去探亲、过节、休假）	0.017	0.001
	Cramer's V	0.131	0.001

第五章　内卷化：新市民城市化停滞的陷阱

事物发展有4种常见的趋势：革命（突变）、演进（渐变）、内卷（停滞）、倒退（退化）。新市民进入城市以后，不大可能出现革命性转变，突然从都市乡民突变成标准市民；比较理想的路径是演进性转型，以渐变的方式，逐步“城式化”。但是，新市民人格和生活方式城市化进程是否也有内卷（停滞）和倒退（退化）的可能呢？这就是本章探讨的主题。

第一节　内卷化理论及其由来

内卷化（involution）理论最早由康德提出，后来戈登韦泽（Alexander Goldenweiser）将之运用于人类学研究，格尔茨（Clifford Geertz）1963年在《农业的内卷化：印度尼西亚生态变迁的过程》一书中系统地阐述了这一理论并将之运用于爪哇地区农业生产模式的研究。20世纪80年代末以来，杜赞奇在《文化、权力与国家——1900—1942年的华北农村》一书中运用的“国家权力内卷化”理论和黄宗智在《华北的小农经济与社会变迁》《长江三角洲小农家庭与乡村发展》两部著作中提出的“中国小农经济内卷化”“中国过密型商品化”理论在中国产生了广泛而深远的影响，由此内卷化理论成为中国学术界的热门理论，很快被运用于各个研究领域，学者们“恍然大悟”地发现中国封建社会专制政体、腐败行为、股份制改革、城市基层组织运作、制度创新、国有企业的运行逻辑、村民自治制度等都存在内卷化（甘满堂，2005；郭继强，2007；计亚萍，2010）。以至于刘世定、邱泽奇（2004）感慨“在中国的社会学研究中，存在着为数不多的几个被认为和中国社会的某些特色联系密切且使用频次较高、影响较广泛的概念，‘内卷化’是其中之一”。同样，有关流动人口和农民工内卷化的研究成果不断出现。较早较系统使用“内卷化”理论讨论农民工问题的学者是甘满堂（2005），他在系统梳理内卷化理论的基础上，提出“中国城市农民工问题也可以‘内卷化’概念来描述”，农民工的内卷化特征包括两个方面：一是农民工体制是城乡二元制度在城市的复制；二是农民工阶层内卷化，农民工本来是市场转型时一种过渡性的身份，但现在却出现身份逐渐凝固化的发展趋势，农民工职业生涯表现为从农村流到城市务工的上升流动和由城市再回流到农村务农的向下流动的循环圈。较早将“流动人口”和“内卷化”概念联系起来的是王春光（2006）。他认为，流动人口“半城市化”的表现之一是“社会认同内卷化”。他借用内卷化的一个基本含义：在不能向外部转变和扩张的情况下只能转向内部的变动。他指出，“农村流动人口的社会认同内卷化包含这样几层含义：第一，对城市社会不认可，或者不被城市社会所认可。更多的情况是他们不被城市认可。第二，对农村社会逐渐失去了认可或者不被认可。在这一点上，更多的是他们不认可农村社会。第三，逐渐转向对自己群体的认可，或被自己群体所认可，在这点上认可与被认可同时存在。”（王春光，2006：117）农村流动人口出现了内部认同的趋势，即寻求对自己群体的认同，包括身份认同、情感认同和生活认同。新生代和第二代农村流动人口这种社会认同内卷化趋势更为明显。社会认同内卷化和“半城市化”其他方面一起趋于结构化、长期化和永久化，不少农村流动人口将失去了完全融入城市社会的能力，潜藏社会动荡的危机。戴欢欢（2010）对王春光的社会认同内卷化理论进行了更详细研究，并用数据进行了实证分析，发现第二代农民工与第一代农民工不同，既不认同乡村，也不认同城市，出现自我身份认同模糊化和内卷化不断加强的趋势。黎明泽（2010）探讨了少数民族流动人口由于居住区间“孤岛化”、社会交往“内卷化”、就业形态“单一化”以及情感支持“族内化”导致的社会认同“内卷化”问题。学者们还发现，不仅是社会认同，以农民工为主体的流动人口在很多方面都存在内卷化趋势。新生代农民工在劳动力配置、社会交往、文化和政治生活以及情感支持方面的内卷化不断加强（李鑫健等，2009；秦琴等，2012）。冯建蓉、周永康（2011）认为由于社会排斥，农民工（尤其是中下层农民工）在交往互动中过度依赖同质性群体，呈现情感互动内卷化趋势。叶鹏飞（2012）从农民工和市民的交往深度和广度以及交往空间（社区参与）的维度，通过调查资料解析了农民工社会交往内卷化现象，并认为这是农民工城市社会整合的障碍。左鹏、吴岚（2012）发现新生代女性农民工的生态特征和自我认同已经明显地呈现出内卷化的现象或发展趋势，成了男权社会中进不了城也回不了村的双重“边缘人”。还有学者将农民工城市职业生涯周期结束后回到农村继续从事传统农业生产的“返乡”现象称为“职业行为内卷化倾向”（计亚萍等，2010）。何卫平（2013）则讨论了新生代农民工职业发展内卷化倾向，认为他们在职业上处于一种无渐进式积累也无渐进式增长的状态，缺乏向上的流动通道。有学者发现，社会排斥导致少数民族外来人口出于自我保护而逐渐“内卷”在一定的空间聚落、心理状态之内，即城市中的少数民族聚居区（如新疆村、穆斯林聚居区）是“内卷”的结果（陈云，2008）。严从根（2009）发现农民工子弟学校的学生，不能融入城市社会，又不想回归农村社会，产生了身份认同的“内卷化”危机，“内卷化”的身份认同使他们经常会用一些消极的方式来倾泻他们的不满情绪，影响到社会的稳定与和谐。刘丽（2012）认为，与老一代农民工相比，正在成为农民工主体的新生代农民工“内卷化”倾向日益明显，主要体现在社会交往、社会流动和社会认同3个方面；而“去内卷化”的路径应从确立城乡一体化发展理念、改革相关制度及提升新生代农民工自身的城市适应力等方面加以探求。

以上这些有关流动人口或农民工内卷化的研究有几点值得进一步思考和深究。

首先，虽然几乎每一位学者都会对内卷化理论的由来和含义进行综述，但可以看出各自对“内卷化”概念的理解是不一致的，所以得出一些“泛内卷化”的结论。“内卷化”（involution），源于拉丁语 involutum，意为“转或卷起来”；康德区分了“内卷化”与“演化”两个概念，“内卷化”界定为内卷、内缠、纠缠不清的事物以及退化复旧等意（计亚萍，2010）。格尔茨在综述戈登韦泽有关“内卷化”定义的基础上，系统完整地阐述了“内卷化”的含义。刘世定、邱泽奇（2004）引用了格尔茨的原文：“我这里所用的内卷化的概念，来自美国人类学家戈登韦泽，他用这个概念来描述一类文化模式，即当达到了某种最终的形态以后，既没有办法稳定下来，也没有办法使自己转变到新的形态，取而代之的是不断地在内部变得更加复杂。”他们自己将“内卷化”简要定义为“一个系统在外部扩张受到约束的条件下内部的精细化发展过程”（刘世定等，2004：98），又在其文章的结论中说“在戈登韦泽和格尔茨那里可以清楚地看到，‘内卷化’的基本含义是指系统在外部扩张条件受到严格限定的条件下，内部不断精细化和复杂化的过程”（刘世定等，2004：109）。刘世定、邱泽奇文中出现的这 3 个含义大致相同的定义基本上成为后来研究农民工和流动人口内卷化的学者们共同引用的“内卷化”定义。但是，甘满堂（2005）和戴欢欢（2009）二人在引用刘世定、邱泽奇的定义的同时又自己给出了新的定义：因外部条件严格限制或内部机制的严格约束下，社会经济或文化制度在发展过程出现一种惰性，导致一种内卷性增长，或没有发展的增长。结果就出现了两种截然不同的农民工和流动人口内卷化理解：甘满堂（2005）、戴欢欢（2009）、计亚萍、张广济、姜安（2010）等学者认为农民工从农民到农民工再回到农民这一职业循环就是内卷化，“这种由农民到农民工，再由农民工到农民的流动形式，可以称之为一种内卷化的阶层流动”（甘满堂，2005：38）；与此相反，以王春光（2006）为代表的其他学者将社会分成农村农民、城市市民、城市农民工三大群体，农民工社会认同、社会交往等方面的内卷化表现为：既回不了农村，又融不进城市；既不再认同农民、农村人身份，又没有建立起市民、城市人的自我认同；既脱离了农村的社会交往圈子，又没有建立与城市人的交往关系；结果农民工只能出现模糊化认同，只能在农民工这个群体中发展自己的社会交往圈子。在王春光等人看来，农民工如果认同农村、回到农村就不是内卷化。老一代农民工就属于认同农民身份、回得去的类型，新一代农民工则不认同农民身份、不愿意回到农村，所以出现内卷化的不是老一代农民工，而是新一代农民工。农民工、流动人口内卷化更多是在研究“新生代”“新一代”农民工和流动人口的语境下提出来的。其实，王春光等学者定义的“内卷化群体”就是离开农村进入城市但又无法融入城市的都市乡民，表现为非乡非城、亦乡亦城的独立“第三社会群体”特征。

其次，学者们描绘出来的社会认同内卷化现象究竟是流动人口和农民工（尤其是第二代或新生代）特有的现象，还是“人之常情”或普遍规律？社会认同理论[①]的基本观点是：“个体通过社会分类，对自己的群体产生认同，并产生内群体偏好和外群体偏见。个体通过实现或维持积极的社会认同（social identity）来提高自尊，积极的自尊来源于在内群体与相关的外群体的有利比较。”（张莹瑞等，2006：476）社会认同是由社会分类（social categorization）、社会比较（social comparison）和积极区分（positive distinctiveness）3 个环节建立起来的。群体成员还会根据群体边界的可渗透性（permeability）、群体地位合理性（legitimacy）和这些差异的稳定性（stability）分别采取社会流动（social mobility）、社会竞争（social competition）和社会创造（social creativity）等策略来维持甚至提高自己的社会认同（张莹瑞等，2006）。根据社会认同理论，首先需要判断流动人口和农民工是如何进行社会分类的，内卷论者的立论前提就是将社会分成农村农民、城市市民、城市农民工三大群体，但这究竟是学者们自己的研究分类还是流动人口和农民工的自我归宿分类？如果是学者们的分类而不是流动人口和农民工的分类，那么社会认同本身就没有产生的基础，更谈不上社会认同内卷化；如果既是学者们的分类又是流动人口和农民工的分类，那么流动人口和农民工对自己归宿的群体认同、偏好甚至偏见都属于正常的社会认同规律，不应该被轻易界定为是“内卷化”，否则“社会认同理论”都应该改为“社会认同内卷化理论”，所有社会群体都有“社会认同内卷化”表现。而且，内卷化论者提出的城市人对农民工的偏见、歧视甚至排斥在所有社会群体中都是存在的，甚至可以说农民工对城市人也有偏见、歧视甚至排斥现象。本书认为，农民工的最大特点就是其“流动性”，他们的生活场域在城市和农村之间频繁切换，并没有稳定在一个固定的场域，这是其都市乡民的基本属性。所以农民工的社会认同建立的起点并不是将自己归宿于农民工这一群体，然后产生对农民工群体的认同，认为农民工群体比其他群体（老家的农民和城市的市民）好，由此来形成或提高自己的自尊。相反，当农民工进入老家农村的生活场域时，他们会分出“农村人”和“城里人”或者“老家人”和“外头人”两个群体，并自然将自己归入到“城里人”和“外头人”的群体，通过与“农村人”和“老家人”进行比较，发掘出自己见过世面、见多识广、工作体面、讲卫生、时尚、收入高、生活方便等“城里人”才有的优势，并为自己外出打工感到自豪，由此得到自尊和满足；当他们进入城市的生活场域时，他们会分出“农民”和“市民”或者“好人”和“小市民”两个群体，在传统道德的支撑下，将自己归入到“农村好人”的群体，通过与“城市小市民”的狡猾、势

① 社会认同理论是 Tajfel 等人在 20 世纪 70 年代提出，并在群体行为的研究中不断发展起来；后来 Turner 又提出了自我归类理论，进一步完善了这一理论（张莹瑞等，2006）。

利、冷漠、浪费、懒惰等特点进行比较，发掘出自己淳朴、善良、热情、勤劳、节俭等美德，由此得到自尊和满足。所以，农民工拥有两套社会认同结构，但这两套社会认同结构在时间上、空间上不会重叠。他们不存在第三个生活场域，所以不会出现将农村人、城市人、农民工三者放到一起进行分类比较的情景，内卷论的立论基础是不存在的。从动态发展的角度来看，中国城市化水平快速提高的同时，包括农民工在内的都市乡民群体的生活场域将会逐步发生转型，农村生活场域会逐步退出，城市生活场域将最终成为都市乡民主要甚至近于全部生活场域；到这时候包括农民工在内的都市乡民群体将褪去"流动性"，群体归宿也不再在城市人和农村人之间频繁切换，进入一个稳固的社会认同结构。这个稳固的社会认同结构将表现为都市乡民和城市人之间的矛盾，都市乡民一方面会留恋乡土社会的生活方式、价值观念、行为模式中的"传统美德"，另一方面又会向往都市社会的生活方式、价值观念、行为模式中的"现代性"元素。但是都市乡民向城里人转化是必然的，只不过这一过程会表现为"社会流动①""社会创造②"和"社会竞争③"3种方式。应该尽早积极探索科学合理的社会流动机制，保持群体的边界具有通透性，避免剧烈社会冲突和集体行为的产生。

最后，以农民工为代表的都市乡民在社会交往、职业发展、情感支持等方面是否真的存在无法突破的模式？根据刘世定、邱泽奇（2004）的定义，内卷化产生的前提条件是"系统"或者"模式"外部扩张受到严格约束、到了"最终状态"、没有机会向新模式转型。如果将都市乡民的社会交往、职业发展、情感支持等看成一种模式或者一个系统，那么这个模式或系统的特征就是前文描述过的同源、同乡、同业、同居、同俗"五同"性。在此，必须厘清两个问题。问题一：这个模式或系统是否到了"最终状态"以至于没有机会向新模式转型？问题二：这个模式或系统外部是否存在严格约束系统扩张的约束因素？如果存在，这些因素究竟是什么？这些因素究竟是刚性的还是弹性的？这些因素是暂时存在还是已经完全固化下来了？通过研究发现，问题一的答案是否定的。汪国华（2009）就认为新生代农民工的社会交往虽有"内卷化"趋势，但已经出现了"去内卷化"趋势。

---

① 当人们相信群体的边界具有通透性，一个人可以在各群体之间流动时，就会产生社会流动的信仰体系。地位低的群体的成员如果具有这种信仰体系，他就会努力争取加入另一个地位较高的群体，从而获得更满意的社会认同（张莹瑞等，2006）。

② 是当群体间关系的现状被看作是合理的、稳定的，弱势群体的成员所采用策略。这种策略包括选择其他的比较维度、重新评估现在的比较维度的价值，以及改变与之比较的群体即与地位相同或地位更低的其他群体进行再比较（张莹瑞等，2006）。

③ 如果群体关系的现状被看作是不合理或不稳定的，那么弱势群体的成员就会采用社会竞争的策略。这时，群体成员可以在导致其消极区分性的维度上与优势群体进行直接的对抗，如游行示威、政治游说、甚至革命和战争。而优势群体也会采用政治或军事的手段对弱势群体进行压制，以维护其优越地位。因此，这一策略最可能引发激烈的群体间冲突（张莹瑞等，2006）。

周建国（2009a）认为农民工正在“融入”与“接替”[①]城市社会阶层。许超诣（2009）发现浙江村的居民在政府改造运动中以不同方式离开了浙江村的原有“系统”“模式”，进入到了新的“系统”“模式”，整体上在经商和居住地域空间上与北京人、其他省籍人越来越混合、杂化。总之都市乡民的社会交往、职业发展、情感支持模式系统处于逐步转型过程之中，并没有到达“最终状态”。第二个问题情况相对复杂一些：二元社会结构、户籍制度被“内卷化”论者大致公认为是严格约束农民工社会交往、职业发展、情感支持模式系统扩张的约束因素。正如前文所述，中央政府正在致力于这一问题的解决，相信这一问题将会在“十三五”期间在制度层面得到妥善解决。城市人对农民工的社会排斥被较多“内卷化”论者看作是另一个约束因素。前文有关社会认同的讨论中已经说明，偏见、歧视和排斥其实是所有社会群体之间都存在的普遍现象，并非城市人对农民工才有；而且，都市乡民和城市人之间的偏见、歧视和排斥应该是相互的，并不是单向的；随着社会融合的逐步发展，这些互相之间的偏见、歧视和排斥会慢慢消解。有学者（周建国，2009b）指出贫富分化已经成了农民工城市化向前推进的瓶颈，农民工的低收入严重制约了农民工在城市安营扎寨。必须认识到，贫富分化已经成为中国当今一个严重的社会问题，它不仅影响农民工城市化进程，而且是中国社会稳定的危险因素；但也要看到，农民工的收入增长率在最近几年（2009～2012 年）有了明显提高（表 5.1），增长率明显高于 GDP 增长率，如果这一趋势保持下去，贫富分化瓶颈有望慢慢得到缓解。总之，以农民工为代表的都市乡民的社会交往、职业发展、情感支持模式系统存在一系列障碍因素，但不存在所谓严格约束系统扩张的约束因素，这些障碍因素是暂时存在，并没有固化下来。所以，“内卷论”论者的观点经不起推敲。连王春光本人都承认：“这里只是说，随着在城市的时间越来越长，随着更多年轻人的加入，农村流动人口在社会认同上已经呈现出内卷化的趋势，但是还没有定型，这是一个正在进行中的过程。”（王春光，2006：117）另外，必须意识到，经历数千年农业社会锻造出来的中国传统农民的“乡村性”是都市乡民的社会认同、社会交往、职业发展、情感支持模式系统转型的障碍因素，相比于前述户籍制度、社会排斥、贫富分化几个因素，“乡村性”的影响作用将更为重要而且持久，问题解决的难度也大得多，真正需要几代人才能完成的转型就

---

① 古典城市生态学认为，城市发展的生态过程包括浓缩（concentration）、离散（dispersion）、集中（centralization）、分散（decentralization）、隔离（segregation）、侵入（invasion）、接替（succession）7 种形式。假定城市中某一地区原由某一群体独占，排斥他人，就形成一个隔离区。现在另一个群体移入这一地区并取代前一群体的部分居民，这种一个群体进入由另一个群体居住的区域就是侵入；如果后一群体在取代前一群体之后又对这一地区实施了有效的统治，就构成了接替。社会和经济机构也可能侵入其他机构和人群的地域（康少邦等，1986：72-77）。周建国（2009a）认为，在城市社会学理论中，“融入”和“接替”是一组比较适合从宏观上解释外来人口逐渐融入城市并逐渐成为城市居民这种情况的。

是都市乡民的“乡村性”，浙江村社会转型中存在的个人自身的意愿、心态、老乡群体意识等所谓“非整合”的内在制约因素就是表现。

表 5.1 近年来外出农民工月收入水平①

年度	2008 年	2009 年	2010 年	2011 年	2012 年
月收入/（元/人）	1340	1417	1690	2049	2290
增长率/%	—	5.7	19.3	21.2	11.8

除了极个别的例外，一般学者都把“内卷化”看成一种不利于事物发展的问题。从词源上来看，“内卷化”（involution），源于拉丁语“involutum”，意为“转或卷起来”，含有内缠、纠缠不清以及退化、复旧等义（计亚萍，2010）。康德使用“内卷化”概念是与“演化”“进化”（evolution）概念对应，也就是事物失去演进机会之后才进入内卷化状态。戈登韦泽的“内卷化艺术”和格尔茨的“内卷化农业”都反映了没有实质发展的增长，格尔茨还将“农业内卷化”直接定性为“自我挫败的过程”（self-defeating process）（Geertz，1963：80）。黄宗智、杜赞奇、韦森等人使用“内卷化”概念反映了中国社会在经济、政治、文化几个方面变革的失败。其他学者都是从社会问题的视角来探讨中国封建社会专制政体、腐败行为、股份制改革、城市基层组织运作、制度创新、国有企业的运行逻辑、村民自治等方面的内卷化问题。同理，农民工“内卷化”命题如果成立，将得出令人担忧的结论，它意味着农民工从农民向市民转型的失败，甚至意味着农民工群体未来发展的灰暗前景。王春光（2006）就指出，社会认同内卷化和“半城市化”其他方面一起趋于结构化、长期化和永久化，不少农村流动人口将失去了完全融入城市社会的能力，潜藏社会动荡的危机。按“内卷化”理论的逻辑，以农民工为代表的都市乡民将日益演变为进不了城也回不去村的“边缘人”社群，前途将极为悲观。

总之，表面看来，学界众口一词，农民工内卷化问题似乎已成定论；但是仔细推敲，疑问仍然很多，而且农民工内卷化是否真的存在都还是一个问题。虽然农民工“内卷化”论者已经做了一些实证研究，通过“外出打工时是否遇到或受到城里人的歧视”“农村流动人口对工资收入、工作环境、社会保障、住房条件、发展机会、社会地位、子女教育、心情的满意程度”“农村流动人口在工作中的追求”“个人追求实现满意度”（王春光，2009）“对农民身份的认同”“对乡村社会的认同”“对城市社区的认同”（戴欢欢，2010）“农民工与当地城市居民的社会交

① 资料来源：国家统计局，2012 年全国农民工监测调查报告，2013-05-27http: //www.stats.gov.cn/tjfx/jdfx/t20130527_402899251.htm。

往情况”“农民工市民朋友数及其在性别上区别”“社区参与情况及其在性别上的区分”（叶鹏飞，2012）等指标的频数分布论证了流动人口或农民工社会认同、社会交往内卷化的结论。但是，农民工“内卷化”论者的研究更多停留在概念演绎、逻辑推理甚至人云亦云阶段，少有的实证研究也只是定性研究或简单的数据引证，说服力较弱，并没有看到测量流动人口“内卷化”的方案，更看不到完整的研究假设及其检验思路。所以，本章试图尝试性地设计流动人口“内卷化”的测量方案，提出相关的研究思路和研究假设，并运用在珠三角收集的调查数据进行检验。

在“农民工内卷化”理论中，“农民工社会交往内卷化”影响最大，与内卷化研究的主流最为接近，而且在理论上没有明显的逻辑问题，所以本章将之确定为检验目标。本章的任务就是建立科学合理的模型、运用实证数据检验农民工社会交往内卷化是否客观存在。通过第四章可看出，外出打工新市民是新市民的主体，而且外出打工新市民与投资做生意的新市民在很多方面大同小异，故可以通过农民工社会交往内卷化来推断整个新市民社会交往内卷化，由此论证内卷化是否是都市乡民的生成机制。

第二节　“内卷化”概念及其测量

从渊源上讲，“内卷化”概念的系统运用是在人类学，戈登韦泽和格尔茨都是人类学家。所以，“内卷化”概念从一开始就深深地打上了人类学的烙印，相关研究基本运用观察描述和类型比较的方法。戈登韦泽在他的《初民社会中独特的模式与内卷理论探微》一文中以毛利人的装饰艺术和晚期哥特式建筑艺术为例，说明初民社会文化“模式”的特征，包括结构刚性、限制外部发展、创造性枯竭、内部精细化、复杂化、装饰性、注重细节等，并将这些“模式”的特征概括为“内卷化”（Goldenweiser，1936：99-104）。格尔茨认为戈登韦泽文章中的表述基于模糊的文化生机论（Cultural Vitalism）有诸多理论缺陷，但格尔茨只需要一个分析概念，这个概念的内涵是：一个确定模式通过内部细节的繁杂化变得僵化。格尔茨还根据戈登韦泽的描述确定了“内卷化”的 4 个标志：基本模式凝固化，内部精细华丽化，技术发展细节化，精湛追求持续化（Geertz，1963：81-82）。格尔茨通过爪哇地区历史发展、生态环境、土地变动、经济制约、人口增长、农业技术等各个方面的描述来说明爪哇稻作农业具有内卷化的这 4 个标志性特征，还通过爪哇稻作农业和日本农业的个案对比来论证爪哇稻作农业内卷化的结论。在格尔茨的《农业内卷化》这部内卷化理论的开山之作中，基本上看不到量化研究的影子，甚至连数据的引用都寥寥无几。

格尔茨的农业内卷化理论激发了大量后续性、延伸性研究，其数量之多、争议之烈连格尔茨本人都大感意外，他在 1984 年发表的一篇回应性文章中感叹自己是“跳舞祈雨却得到大洪水”（Geertz，1984）。格尔茨的农业内卷化理论提出不久，人类学界就有学者提出了“都市内卷化”（Urban Involution）理论，用以概括第三世界国家中普遍存在的过度都市化现象，即人口向城市大规模集中并不是经济发展和产业推动的结果，由此导致失业、犯罪、贫民窟等社会问题（Armstrong et al.，1968；Connell，1981）。在中国学术界影响很大的黄宗智、杜赞奇的三部著作也是这些后续延伸研究中的一部分。黄宗智将格尔茨的“农业内卷化”概念理解为劳力投入对产量影响的关系曲线，“我们如在图上以垂直轴线代表产量，水平轴线代表投入的劳力，‘内卷’的现象出现于显示产量与劳力之间的关系的曲线开始向右伸平之后，即劳动力边际产量开始递减之后。”（黄宗智，2000：6）Jennifer Alexander 和 Paul Alexander（1979）的“农业内卷化”模型是以时间为横轴，以单位面积产量为纵轴绘制出来的一条曲线，这一曲线显示，在第一个时间段单位产量提升很快，但进入第二个时间段单位产量增长迅速放缓，然后进入长时段徘徊状态。杜赞奇借用格尔茨的“农业内卷化”概念提出了“国家内卷化”（State Involution）概念，与“国家内卷化”（State Involution）相对立的概念是“国家生成”（State Making）。“国家内卷化”和“国家生成”是国家政权向社会扩张影响力的两种不同方式，杜赞奇用“税征系统效率”（efficiency）来界定二者之间的区别。“税征系统效率”用国家正式机构所得税源的比重来进行测量，如果这一比重逐步上升就是“国家生成”，相反如果这一比重不能提升（持平或者下降）就是“国家内卷化”。杜赞奇还试图用精确定量的方式来表达“国家内卷化”概念，其模型是 si=＞（R/Y）＞0 and（B/S）＞（R/S），模型中 si 代表“国家内卷化”，第一个括号中的 R 代表国家正式税务机构（revenue）征收的税入增长率，Y 代表国家收入增长率；B 代表赢利型经纪人（brokers）为国家带来的税入，第三个括号中的 R 代表国家正式税务机构（revenue）征收的税入，S 代表国家总税入（Duara，1987）。这几位学者运用数据表格或图形对“内卷化”进行了量化研究，但是基本停留在描述性研究层次。

钱德拉和福格申（Chandra et al.，1999）率先用计量经济学术语描述了格尔茨“农业内卷化”概念，并运用 1840～1870 年爪哇地区的历史数据建立回归模型检验了格尔茨“农业内卷化”命题。钱德拉和福格申认为，格尔茨的“农业内卷化”概念是用人类学的文化生态视角分析爪哇的经济发展，必须转化为计量经济学的概念才能进行检验。他们将“内卷化”界定为技术变迁推动下农业劳动力密集程度不断提高的过程，内卷化以极低劳动力边际效益为代价，使有限的耕地承载大量人口成为可能。由于水稻方面的可靠数据难以获取，而蔗糖生产与水稻生产相似性、关联性高，所以钱德拉和福格申运用爪哇 4 个地区的蔗糖数据建立模型。蔗糖生产包括农业部门的甘蔗生产和工业部门的蔗糖生产两个环节，农业部门的甘蔗生产数据难以获取，所以用工业部门的蔗糖产量数据来代替。数据来自

1840～1870 年的历史记载，他们发现，爪哇在 1850 年左右有一次大变革，这次变革将1840～1870年的历史数据分割成两个时段，最终建立了8个线性回归方程，4 个地区变革前和变革后各一个回归方程，因变量为年度蔗糖产量，自变量为土地面积和劳动力投入。8 个回归方程中只有 1 个方程中的劳动力投入对蔗糖产量有显著影响，而且所有方程中劳动力投入对蔗糖产量的回归系数均为负数，这说明了劳动力边际效益极低。由此他们认为格尔茨“农业内卷化”假设得到了计量模型的检验。

为了更深入地探讨“内卷化”概念及其测量方法，有必要回顾一下与格尔茨“农业内卷化”没有关联的“内卷化”概念在其他学科方面的应用情况。Dewey 等人（1969）研究了史前人类“骨质内卷化”（bone involution）问题，其“内卷化”是以年龄段为横轴（自变量）、股骨密度为纵轴（因变量）而形成的一条曲线，这一曲线显示出骨密度先随年龄增长而提高，但过了以某一年龄段（临界点）以后骨密度就随年龄增长而下降（向内弯曲）。类似的应用还有“美国殖民进程内卷化”（Earle et al.，1993）、“人体胸腺重量内卷化”（Clark et al.，1988）。

国内学术界有关“内卷化”测量和量化研究的成果也不多见。值得一提的是有关“农村通婚圈内卷化”的研究，“农村通婚圈内卷化”被理解为随着时间的推移通婚距离趋于缩小（新山，2000；周丽娜，2006；韦美神，2008）。李晓飞（2013）将“内卷化”简单理解为“无发展的增长”“没有实际发展的变革”，并提出了“户籍制度变迁的内卷化”的测量方案：首先设置三个时期变量，包括 1949～1977 年（户籍制度的成型时期）、1978～1999 年（户籍制度改革时期）、2000 年以后（户口一元化改革试点阶段）；然后基于中国综合社会调查（CGSS）2006 年数据建立了一系列回归模型，结果显示各个时期户籍差别（包括户口性质、非农户口等级）对个人经济地位（收入）、政治地位（是否党员）、社会地位（最高教育程度）都有显著影响；由此他得出的结论是“户籍制度的改革和变迁遵循的是一种‘内卷化’的路径”。遗憾的是，他没有进一步探讨户籍差别对个人经济、政治、社会地位的影响力变化的趋势是稳定、增强还是减弱，如果有显著影响但影响力减弱了就不能得出户籍改革内卷化的结论。

康德认为事物发展存在演进（evolution）和内卷化（involution）两种模式（韦森，2006）。张小军（1998）认为中国当代乡村经济发展并存革命（revolution）、演进（evolution）和内卷化（involution）三种“路神”，韦森（2000）则将之理解为人类社会制序变迁中的三种“路径力量”[①]。里莫尔迪（Rimoldi，2009）指出

---

① 韦森（2000）解释 revolution 是间断性的、突发式或者说剧烈的社会制度改变与更替，即从一种社会制度跳跃式地改变为另一种社会制度；evolution 则是指一种连续的、缓慢地、增进性的、发散性的或沿革式的社会变迁；involution 被理解为一个社会体系或制序在一定历史时期中在同一个层面上内卷、内缠、自我维系和自我复制。

内卷化（involution）、熵（entropy）和革新（innovation）是人类社会变迁的三大模式。所以，从哲学的角度来说，“内卷化”是事物变化的一种路径；从社会学的角度来说，“内卷化”是社会变迁的一种轨迹。综合前文的综述，不难发现，戈登韦泽和格尔茨定性地描述了这种路径、轨迹的特征是事物形成了一个停止向外发展而转向内部精细化发展的刚性、僵化模式；后来众多学者试图定量地描绘这种“模式”，虽然角度多种多样，不过可以归纳出大致类似的思路。

首先，“内卷化”模式的路径轨迹表现为一条以时间（时段、年龄）为横轴、以事物某一特征的统计量（总产量、单位面积产量、税入占比、殖民区域、骨密度、胸腺重量、户籍对地位的影响力等）为纵轴的曲线；也可以理解为以时间为自变量、以事物某一特征的统计量为因变量的回归模型。

其次，“内卷化”曲线具有“先扬后抑”的特征，由“增长曲线”和“内卷曲线”两个部分组成，中间会有一个“拐点”[①]。在图像上，“内卷化”曲线会先上扬，但是到达拐点附近这个上扬趋势会放缓，然后进入“内卷”状态。或者说，事物某一特征首先会呈现“演进”发展趋势，其统计量随时间推进而增长；“拐点”意味着“演进”趋势的结束，事物停止向外发展，其统计量随时间推进不再增长。

再次，“内卷”曲线会有两种趋势，一种趋势是黄宗智（2000：6）所说的“伸平”，另一种是向内弯曲。或者说，“拐点”以后事物停止向外发展，其统计量随时间推进或没有明显变化，或呈下降趋势。也可以理解为，在拐点之前事物某一特征的统计量与时间积累呈正相关关系，在拐点之后事物某一特征的统计量与时间积累或呈零相关关系，或呈负相关关系。戈登韦泽、格尔茨、黄宗智等人的“内卷化”曲线属于“伸平”，而前述骨质内卷化、美国殖民进程内卷化、人体胸腺重量内卷化、通婚圈内卷化的案例则属于向内弯曲类型，杜赞奇的模型则存在两种可能。

最后，从戈登韦泽和格尔茨的叙述中可以领会出，事物发展有外向扩张和内部精细化两个方向，“内卷化”含义中“外向扩张”和“内部精细化”两个要素缺一不可，甚至“内部精细化”更为重要（Geertz，1963；刘世定等，2004）。但是，迄今对“内卷化”的测量方案都普遍强调了“外向扩张”，而忽视了对“内部精细化”的考虑。这是本章在“农民工社会交往内卷化”检验方案设计过程中需要注意的问题。

第三节　“农民工社会交往内卷化”检验方案

有关农民工社会交往内卷化的表现，近几年国内众多学者从各个角度进行了

---

① 根据 Siddharth Chandra 和 Timothy J Vogelsang（1999）的模型，“增长曲线”即“Prebreak”曲线和“内卷曲线”即“Postbreak”曲线，“拐点”即“break”。

描述：隔离化，农村流动人口只生活在他们自己的圈子中和有限的空间里，交往圈局限于自己的内群体，在生活和社会交往上与城市居民和城市社会没有联系，缺少与外群体的交往（王春光，2006）。农村流动人口在日常交往中仍然限于自己群体内部，惧于与城市居民交往，也没有更多的时间和渠道去结识城市居民（王春光，2009）。他们与城市生活和城市居民之间的社会距离增大，同时自愿选择结成农民工自己的社群网络（秦琴等，2012；李鑫健等，2009），交往互动中过度依赖同质性群体（冯建蓉等，2011），社会交往只能局限于自我封闭的小群体里，处于自我发展状态（戴欢欢，2010），主要同亲朋好友来往，同当地人或其他地方来的务工人员没有交往（卢先群，2013）。农民工的市民朋友在亲密度、信任度上较弱，能为农民工提供的社会支持非常有限（叶鹏飞，2012）。社会交往具有内倾性和表层性，内倾性是指他们交往的对象多为同乡及从其他地区来的农村务工人员，表层性是指其与城市居民的交往一般只涉及业缘关系而没有情感上的交流（刘丽，2012）。新生代农民工“抱团”，依靠“同质性”建立起彼此的交往，认同了自己这个特殊的社会群体，并在某种程度上形成了与城市社会隔离的状态（杨川丹，2011）。黎明泽（2010）指出沿海城市少数民族流动人口社会交往内卷化表现为交往范围封闭和狭窄，限于血缘、地缘或族缘关系的初级网络。陈云（2008）指出少数民族流动人口出现群体认同的内卷化和城市生活的隔离化，他们只生活在自己的圈子中和有限的空间里，在生活和社会交往上与城市居民和城市社会没有联系。严从根（2009）发现农民工子弟学校学生的朋友圈限于农民工子弟，少有城市朋友或与城市人的交往。虽然表述各有差异，但学界判断农民工进城以后社会交往出现内卷化的表现主要有两个：一个是与流入地的当地城市居民交往很少，另一个是进城以后仍然局限在与同为农民工的同质性群体交往。显然，这基本符合戈登韦泽、格尔茨、刘世定、邱泽奇等人关于“内卷化”的定义，即社会交往外向扩张停止而内部精细化加强。与流入地的当地城市居民交往很少实质上反映了社会交往“外向扩张停止”，而局限在与同为农民工的同质性群体交往则反映了社会交往模式的“内部精细化加强”。

本书采用了多种测量方案来测量农民工的社会交往特征。第一个方案是请被访者自己评价与城市的本地人交往的频率是“完全不交往”“较少交往”“一般”“交往不少”还是“交往很多”；第二个方案是询问被访者在城市里有多少个好朋友，其中本地人和家乡人各有多少；第三个方案是用“在现在打工的地方，您觉得有哪些人对您有帮助？”来测量，帮助形式包括找工作或工作中的帮助（提供信息、介绍关系、陪同见工、直接安排进企业、安排培训学习、增加工资、提拔）、提供食宿帮助、生病时照顾、借钱、情感安慰、重大问题一起讨论、和别人发生纠纷时帮忙处理、其他帮助等。农民工的社交关系类型包括 8 种：家人、亲戚、同学、老乡、工友、主管、企业负责人及企业外朋友。调查发现，方案一被访者自我评价比较主观，对于交往多少缺乏统一的标准，且不能反映“内部精细化”。方案二被访者对“好朋友”的理解很不统一，答案的效度较差，且只能反映社会交往的数量特征，无法反映社会交往的质量特征。方案三测量效果较好，既能反映农民工社会交往的数量特征，又能反映社会交往的质量特征，被访者对概念的理解清晰、统一，答案的一致性、客观性较好。所以本书选择方案三。在统计分析时，本书采取计分方式计算被访者在各个关系类型上的得分，一项帮助计为 1 分，总分 14 分；各关系类型得分反映该关系类型在社会联结中的重要性程度，由此判断该农民工社会交往特征。分析时作 8 个定距变量处理。很显然，根据前文所述学界关于“农民工内卷化”的描述和定义，农民工与家人、亲戚、同学、老乡的交往属于典型的同质性交往，可以用来反映“内部精细化”状况。农民工与工友、主管、企业负责人及企业外朋友的交往属于典型的异质性交往，可以用来反映“外部扩张”程度。由此形成两个“农民工内卷化”测量的关键指标：内部精细度和外部扩展度，前者由前 4 类关系类型得分之和测定，后者由后 4 类关系类型得分之和测定。在测定内部精细度和外部扩展度的基础上，形成另一个综合反映农民工社会交往结构性特征的指标：社会交往发展度。其含义取自戈登韦泽、格尔茨、黄宗智等人的“没有发展的增长”中的“发展”，计算公式是：社会交往发展度=外部扩展度/（内部精细度+外部扩展度），即计算农民工外部扩展度在整个社会交往中的比重。

前文已经论及，“内卷化”模式的路径轨迹曲线的横轴（自变量）为时间。“农民工内卷化”测量的时间维度应该以农民工进入城市的年限来测量。根据本书对“内卷化”概念及其测量的理解，制定以下“农民工内卷化”检验的方案。

第一步，绘制以进城年限为横坐标，以社会交往发展度为纵坐标的曲线，称为“农民工社会交往发展曲线”。然后观察曲线是否符合“内卷化”一般特征，即是否存在一个“拐点”；如果存在拐点，该拐点之前是否存在增长趋势，之后是否出现停滞或者下降趋势。如果这些特征都出现了，则可以初步认定“农民工内卷化”存在可能性。

第二步，建立一元回归模型，由于因变量属于定距变量，所以建立线性回归模型。借鉴钱德拉和福格申（Chandra et al.，1999）的经验，建立两个回归模型，分别检验拐点前后进城年限对社会交往发展度的影响。如果进城年限与外部扩展度之间在拐点前具有显著的正相关关系，在拐点后没有显著的相关关系或者具有显著的负相关关系，那么将进一步认定“农民工内卷化”存在可能性。由此，建立以下两个研究假设：

假设 1，在不控制其他变量的前提下，进城年限对农民工拐点前外部扩展度具有显著正向影响。

假设 2，在不控制其他变量的前提下，进城年限对农民工拐点后外部扩展度不具有显著正向影响。

第三步，控制一些其他可能影响因变量的自变量，主要包括农民工个体社会人口特征（性别、年龄、受教育程度、户籍所在地）、家庭环境（家庭人均收入、家庭人口数、是否与配偶一起外出打工①）、生活环境（所在城市规模、居住条件）、工作环境（所在单位性质、行业、企业规模）以及收入水平（目前月平均工资水平），以排除可能存在的干扰因素，观察进城年限对社会交往发展度的净影响。如果引入控制变量以后，上述"内卷化"特征仍然存在，就可以最后确认"农民工内卷化"假设通过检验。控制变量选择的依据是城市性研究普遍把这些变量作为影响城市人社会交往特征的常用变量（Wirth，1938；Key，1965；Fischer，1982；Tittle，1989；Wilson，1993；Amato，1993）。由此，建立以下另外两个研究假设：

假设 3，在控制其他变量的前提下，进城年限对农民工拐点前外部扩展度具有显著正向影响。

假设 4，在控制其他变量的前提下，进城年限对农民工拐点后外部扩展度不具有显著正向影响。

总之，以上 3 个检验步骤层层递进，第一步将决定是否有必要建立研究假设，第二步将决定是否有必要进一步引入控制变量。4 个研究假设都通过检验是最终确认"农民工内卷化"命题通过实证检验的前提。

由于在珠三角地区收集的新市民样本有限，不能满足内卷化曲线必需的按进城年份进行分组的要求，本章所使用的数据来自蔡禾教授主持的 2005 年国家哲学社会科学重大招标课题"城市化进程中的农民工问题"②。问卷调查于 2006 年 6 月～7 月在珠三角 9 个城市展开；调查对象被限定在"大专及以下学历、跨县（区）域流动到城市务工"的农民工；采取比例抽样，即按人口普查中 9 个地级城市中流动人口比例分配各个城市的样本数，然后按《广东统计年鉴》中各个城市二三产业的比重控制调查对象在二三产业中的分布；具体访问对象的获得是运用拦截方法和"滚雪球"的方法。最后获得有效样本 3970 份，其中在企业打工的样本为 3086 份（其他为非正式就业）。本章的研究是以在企业打工的农民工为对象。具体样本信息如表 5.2 和表 5.3。

表 5.2　样本及其区域分布

区域	珠海	中山	惠州	肇庆	江门	佛山	东莞	深圳	广州	合计
"六普"人口数量/万人	156	312	460	392	445	719	822	1036	1270	5612
样本数/个	194	199	205	198	232	273	612	758	415	3086
占比/%	6.3	6.4	6.6	6.4	7.5	8.8	19.8	24.6	13.4	100

① 婚姻状况、有无子女与年龄相关性太强，容易出现共线性问题，所以没有控制这些变量。

② 本书作者曾经为该课题的子课题负责人，负责过该课题问卷设计、抽样设计、数据收集、资料整理等工作。

表 5.3 相关变量信息

	变量	测量方式	测量层次	均值	标准差	样本数/个
因变量	内部精细度	家人、亲戚、同学、老乡重要性得分之和	定距	7.33	5.81	3086
	外部扩展度	工友、主管、企业负责人及企业外朋友重要性得分之和	定距	4.57	4.64	3086
	社会交往发展度	外部扩展度/（内部精细度+外部扩展度）	定距	0.38	0.28	3056
自变量	进城年限	农民工在城市工作生活的实际年限，18 年及以上单年样本数小于 30，统一计为 18/年	定距	6.00	4.51	2942
控制变量	性别	男=1，女=0	虚拟	0.53	0.5	3086
	年龄（周岁）	农民工实际年龄/岁	定距	27.5	8.65	3084
	受教育程度	小学及以下=1，初中=2，高中=3，中专、技校=4，大专及以上=5	作定距处理	2.29	1	3083
	户籍所在地——广东	是=1，否=0	虚拟	0.23	0.42	3085
	户籍所在地——东部（除广东）	是=1，否=0	虚拟	0.16	0.37	3085
	户籍所在地——中部省份	是=1，否=0	虚拟	0.38	0.49	3085
	户籍所在地——西部省份	是=1，否=0	虚拟	0.23	0.42	3085
	家庭月收入	2005 年被访者家庭月总收入/(元/月)	定距	5002	4129	2279
	家庭人口数	被访者回答的家庭人口数/人	定距	4.99	1.77	3084
	是否与配偶一起外出打工	是=1，否=0	虚拟	0.31	0.46	3086
	流入地城市规模	“六普”人口数量/万人	定距	577	243	3086
	目前居住——集体宿舍	是=1，否=0	虚拟	0.55	0.5	3086
	国有集体——调查时所在单位性质	是=1，否=0	虚拟	0.11	0.32	2956
	三资企业——调查时所在单位性质	是=1，否=0	虚拟	0.23	0.42	2956
	其他单位——调查时所在单位性质	是=1，否=0	虚拟	0.66	0.48	2956
	行业_制造	是=1，否=0	虚拟	0.62	0.49	3086
	目前企业规模	企业员工数量/人	定距	4.13	1.8	3013
	目前月平均工资	被访者回答的实际工资数/（元/月）	定距	1093	562	3007

第四节 “农民工社会交往内卷化”检验结果

一、农民工社会交往发展曲线

表 5.4 是珠三角农民工进城年限与社会交往各项指标的交叉统计表。根据

表 5.4 数据，绘制出“农民工社会交往发展曲线”（图 5.1）。综合表 5.4 和图 5.1，该曲线基本符合内卷化曲线的特征。曲线存在一个较为明显的“拐点”，即进城之后的第 3 年；在该拐点之前是外部扩张呈现增长趋势，外部扩展度从第 1 年的 4.259 分逐年上升至第 3 年的 5.091 分；之后呈下降趋势。内部精细度从第 1 年的 7.719 分逐年下降至第 3 年的 6.920 分；之后基本上处于波动徘徊状态。与此相应，社会交往发展度从第 1 年的 0.338 逐年上升至第 3 年的 0.413，以后虽有部分年份（第 11、12 年[①]）数据出现波动，总体趋势似乎是“向内弯曲”的。所以初步认定“农民工社会交往内卷化”存在可能，有必要进行下一步的假设检验。

表 5.4　农民工进城年限与社会交往发展度

进城时限	家人	亲戚	同学	老乡	内部精细度	工友	主管	企业负责人	企业外的朋友	外部扩展度	社会交往发展度	样本数/个
1	1.97	2.03	1.29	2.42	7.719	1.44	0.89	1.00	0.93	4.259	0.338	437
2	1.91	2.15	1.20	2.36	7.616	1.57	1.07	1.02	0.91	4.561	0.366	378
3	1.72	1.91	1.02	2.26	6.920	1.78	1.14	0.97	1.21	5.091	0.413	283
4	1.73	1.95	1.12	2.29	7.092	1.61	1.09	1.17	0.94	4.807	0.406	294
5	1.96	1.69	1.01	2.09	6.758	1.54	0.92	1.05	1.14	4.647	0.416	211
6	2.23	1.86	0.95	2.25	7.280	1.50	1.06	1.10	1.19	4.855	0.390	206
7	2.33	2.04	1.05	2.55	7.975	1.53	1.07	1.17	1.05	4.821	0.386	238
8	2.76	2.22	0.80	1.95	7.725	1.31	1.09	1.18	1.18	4.763	0.377	130
9	2.28	2.14	0.54	1.86	6.826	1.27	0.78	1.15	0.99	4.197	0.378	131
10	2.34	1.97	1.04	2.62	7.971	1.44	1.03	1.08	1.07	4.618	0.349	102
11	2.19	1.74	0.58	1.96	6.462	1.46	0.74	1.29	1.05	4.539	0.404	91
12	2.15	1.87	1.00	2.22	7.235	1.41	0.93	1.40	1.50	5.235	0.418	68
13	2.43	1.94	0.90	2.39	7.649	1.23	0.83	1.14	1.21	4.416	0.352	77
14	2.61	2.26	0.62	2.50	7.987	1.34	1.00	1.14	1.01	4.487	0.360	73
15	2.15	1.72	0.62	2.46	6.941	1.03	0.57	0.96	0.90	3.456	0.361	68
16	2.96	2.04	0.36	2.60	7.956	1.36	0.76	0.78	0.96	3.844	0.311	44
17	1.76	1.81	0.14	1.78	5.487	1.08	0.30	1.49	0.86	3.730	0.341	37
18	2.29	2.73	0.33	2.38	7.731	1.44	0.79	1.37	1.02	4.615	0.363	50
总计	2.08	1.99	0.99	2.30	7.366	1.49	0.98	1.09	1.04	4.598	0.378	2918

① 本书认为，这种波动是该年份样本数较小导致的数据正常波动。

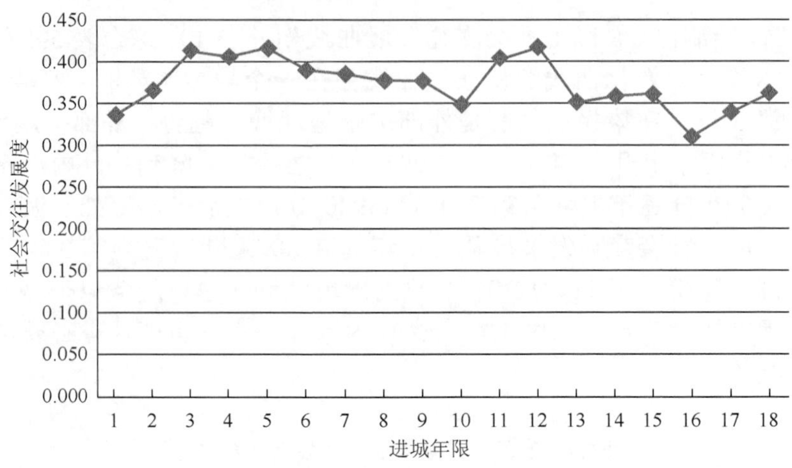

图 5.1 农民工社会交往发展曲线

二、一元线性回归分析

表 5.5 是根据数据建立的两个一元线性回归模型。从表 5.5 可以看出，假设 1 和假设 2 均通过检验。进城年限对社会交往发展度的影响在拐点前后都具有显著性；在拐点前两者呈正相关关系，农民工进城年限每增加 1 年，社会交往发展度将提高 0.037；在拐点后则呈负相关关系，农民工进城年限每增加 1 年，社会交往发展度将降低 0.01。由此，可以进一步认定“农民工社会交往内卷化”存在可能。同时发现，在不控制任何其他变量的情况下，农民工社会交往发展曲线在拐点后呈显著“向内弯曲”的态势，即农民工社会交往发展度呈现出先扬后抑的发展轨迹。但是两个模型的解释能力都非常有限，R^2 值都非常低，所以引入控制变量非常必要。

表 5.5 进城年限对农民工社会交往发展度影响的一元线性回归分析

自变量	模型 1：拐点前		模型 2：拐点后	
	B	标准误差	B	标准误差
截距	0.298***	0.021	0.423***	0.015
进程年限	0.037***	0.011	−0.01***	0.002
R^2	0.011		0.004	
F	12.263		7.538	
样本数/个	1097		1819	

注：系数为非标准化回归系数 B，*表示 $P<0.1$，**表示 $P<0.05$，***表示 $P<0.01$

三、多元线性回归分析

表 5.6 是根据数据建立的两个多元线性回归模型。可以看出，假设 3 和假设 4

均通过检验。

在控制变量引入模型以后，进城年限对拐点后社会交往发展度的影响不再具有显著性。拐点后社会交往发展度的变化主要受性别、户籍所在地、是否与配偶一起外出打工、居住条件、企业性质等因素影响。男性、东部地区（不含广东）、住集体宿舍、月平均工资高的农民工社会交往发展度高，即社会交往向外扩展度得分明显较高；而与配偶一起外出打工和三资企业的农民工社会交往发展度低，即社会交往内部精细度得分明显较高。

但是，在控制变量引入模型以后，进城年限对拐点前社会交往发展度的影响仍然显著（$P<0.01$），拐点前社会交往发展度上升的趋势仍然可以部分归因于进城年限因素。另外，年龄、户籍所在地、行业、企业规模、月平均工资对拐点前社会交往发展度变化也有显著影响，年龄越大社会交往发展度越低，东部地区（不含广东）农民工社会交往发展度较高，制造业农民工社会交往发展度明显较低，企业规模越大、月均工资越高农民工社会交往发展度越高。可见，引入控制变量、排除干扰因素以后，进城年限对拐点前农民工社会交往发展度仍然存在净影响，“内卷化”特征仍然存在显著性，所以最后可以确认“农民工社会交往内卷化”假设通过检验。

表 5.6 进城年限对农民工社会交往发展度影响的多元线性回归分析

自变量	模型 1：拐点前		模型 2：拐点后	
	B	标准误差	B	标准误差
截距	0.337***	0.087	0.28***	0.053
进程年限	0.036***	0.013	0.001	0.002
性别	0.008	0.022	0.043***	0.015
年龄（周岁）	–0.004***	0.002	–0.001	0.001
受教育程度	–0.004	0.011	0.013	0.008
户籍所在地——广东	0.005	0.03	0.022	0.022
户籍所在地——东部（除广东）	0.076**	0.031	0.053**	0.024
户籍所在地——中/西部省份	0.045	0.028	0.019	0.018
家庭收入	1.82E-06	0	2.63E-06	0
家庭人口数	–0.005	0.008	0.007	0.004
是否与配偶一起外出打工	–0.037	0.035	–0.077***	0.016
城市	–4.44E-05	0	–5.42E-05*	0
目前居住——集体宿舍	0.039*	0.023	0.035**	0.015
单位性质——国有集体	–0.055	0.038	–0.027	0.024
单位性质——三资企业	–0.022	0.028	–0.043**	0.019
行业——制造业	–0.121***	0.025	0.004	0.016
目前企业规模	0.02***	0.007	0	0.005

续表

自变量	模型 1：拐点前		模型 2：拐点后	
	B	标准误差	B	标准误差
目前月平均工资	6.94E-05**	0	5.10E-05***	0
R^2	0.105		0.095	
F	4.549		8.244	
样本数/个	673		1348	

注：（1）系数为非标准化回归系数 B，*表示 $P<0.1$，**表示 $P<0.05$，***表示 $P<0.01$

（2）模型 1 户籍所在地参照类别：中部省份；模型 2 户籍所在地参照类别：西部省份

（3）单位性质参照类别两个模型均为：其他单位

第五节　刚性约束：都市乡民生活方式

通过上述几个步骤逐步证实了“农民工社会交往内卷化”的命题。接下来进一步讨论一下“农民工社会交往内卷化”的一些主要特征，并提出相应的“去内卷化”思考。

一、农民工社会交往内卷化曲线具有“伸平”特征

前文已经论及，“内卷”曲线在拐点后会有两种趋势，一种趋势是“伸平”，另一种是向内弯曲。从一元线性回归分析结果来看该曲线似乎有向内弯曲的趋势，但进一步的多元线性回归分析发现这种趋势只是假象，该曲线在拐点后的变化趋势是“伸平”。

前文引述过，不少农民工内卷论者在定性描述农民工社会交往内卷化现象时得出农民工与城市人社会距离越来越远、农民工越来越依赖同质性群体、农民工与城市社会隔离、农民工社会交往局限于自我封闭的小群体等结论。这其实是无意识地将农民工社会交往内卷化曲线想象成向内弯曲，与本书调查的测量结果不一致。本书认为，这种假象产生的原因是，虽然拐点后农民工社会交往“外部扩展度”“内部精细度”和“社会交往发展度”都没有显著外向发展或者向内弯曲，但是“内部精细度”得分始终远远高于“外部扩展度”得分（表 5.4）。这说明，拐点前农民工社会交往出现“内部精细化”和“外部扩展”此消彼长的趋势，拐点后这种趋势逐步终止，变成了相对稳定的结构模式，但这种模式的特征仍然是主要依赖同质性群体。换句话说，农民工经过 3 年在城市努力向外拓展社会交往圈之后，出现了刚性约束，以至于进入了一种类似戈登韦泽和格尔茨描述的“模式”状态；“外部扩展度”的相对值虽然没有显著下降，但其绝对值始终不高。

研究发现，农民工社会交往内卷化过程与黄宗智描述的中国小农经济内卷化过程具有形式上的相似性。黄宗智《华北的小农与社会变迁》第 6 页注解描述的

“产量与劳力之间的关系的曲线”是静态的“内卷”状态，而“内卷化”是一个与时间紧密相关的动态概念。依据黄宗智全书的叙述，王朝初年人口压力不大时“内卷”是不存在的，到了王朝中后期人口压力不断加强，逐步出现“转折点”，“内卷”问题才出现并日益严重。换句话说，王朝初年“产量与劳力之间的关系的曲线”是上扬的，劳动力边际产量呈递增趋势，不存在“内卷”；到了王朝中后期，“拐点”终于出现，“曲线”开始向右“伸平”，“内卷”才出现，以后日益加深。这就是中国小农经济“内卷化”的过程。但是必须注意到，刘世定、邱泽奇（2004：98）根据黄宗智《华北的小农与社会变迁》第 6 页注解绘制出来的图形却是一条向内弯曲的曲线，不具有“伸平”的特征。仔细推敲可以看出，该图形横坐标、纵坐标分别是“劳动力数量”和“产量”，这完全符合黄宗智原文的含义；但是，该图的标题却指向“劳动力边际产量”，与图形坐标标识不一致，也与黄宗智原文的含义有明显出入。本书认为，如果以“劳动力边际产量”作为纵坐标（因变量），以“劳动力数量”（其实应该是“单位面积劳动力数量”）作为横坐标（自变量），MP_L 曲线经过拐点（Q_0）以后向内弯曲是完全符合逻辑的，而且这是经济学边际效益递减规律的常识；但是，如果以“产量”作为纵坐标（因变量），以“劳动力数量”作为横坐标（自变量），MP_L 曲线经过拐点（Q_0）以后理应是“伸平”曲线，不大可能出现“单位面积劳动力投入越多，产量越低”的奇怪的结果；但根据边际效益递减规律，出现“单位面积劳动力投入越多，产量不再增加”的结果是正常的，其实，黄宗智《华北的小农与社会变迁》第 6 页注解表达的曲线就是这样的曲线。需要进一步指出的是，黄宗智《华北的小农与社会变迁》整本书描绘的中国小农经济内卷化过程曲线的横坐标应该是“中国历史时间推移”和“单位土地面积承载劳动力数量”两个高度重叠、基本可以互换的变量，以致容易忽略“内卷化曲线”真正的横坐标应该是时间变量。黄宗智描述的中国小农经济内卷化过程的完整含义应该是：随着时间的推移，人口不断增长，小农经济体制的刚性约束使劳动力缺乏家庭农业以外的其他就业渠道，导致小农家庭单位土地面积承载的劳动力数量不断提高，在边际效益递减规律作用下，单位面积产量增长逐步放缓至零，劳动生产率则呈不断下降趋势。农民工社会交往内卷化的形成过程也可以相应地描述为：随着时间的推移，农民工城市经验不断积累，经济社会体制的刚性约束使农民工缺乏拓展交往圈的渠道，导致农民工只能在原有交往圈进行精细化发展，社会交往发展度增长逐步放缓至零，单位进城年限外部扩展度则呈不断下降趋势。

二、农民工社会交往模式的“刚性约束”是都市乡民生活方式

造成农民工社会交往内卷化模式的“刚性约束”究竟是什么是一个值得深究

的问题。不少论者都从户籍制度和社会排斥两个角度来寻找农民工内卷化的原因。但是，户籍制度和社会排斥从农民工进城那天开始就始终存在，是拐点前后都对农民工社会交往产生影响的因素，难以解释拐点前后农民工社会交往发展曲线发生的显著变化。所以必须另辟蹊径。本书认为，造成农民工社会交往内卷化模式的“刚性约束”是农民工都市乡民生活方式。农民工完成了从农村到城市的区域城市化、从农业到非农业的职业非农化，但是政治身份仍然停留在农民，人格特征仍然保留了完整的乡村性，也就是处于半城市化状态。农民工停留在“经济人”层次，他们进城的目的是赚钱，城市在他们心目中是工厂、工作单位、就业场所和掘金之地，而不是社区、家庭、生活场所和心灵的归宿；他们是城市的生产要素、消费者和匆匆过客，一旦赚钱的目的达成或者赚钱机会失去、赚钱能力下降，他们就将回归乡村。

农民工在当代中国城市聚居形成了数量众多的“都市乡村”，包括城中村、流动人口聚居区、建筑工地、单位集体宿舍等。国家统计局发布的全国农民工监测调查报告①显示，2012 年农民工总量达 26 261 万人，其中外出农民工 16 336 万人，外出农民工的住宿情况为：单位宿舍 32.3%，工地工棚 10.4%，生产经营场所 6.1%，与他人合租住房 19.7%，独立租赁住房 13.5%，务工地自购房 0.6%，乡外从业回家居住 13.8%，其他 3.6%。与他人合租住房和独立租赁住房的农民工基本都居住在城中村或其他形式的流动人口聚居区。建筑业农民工的生活空间是散布于城市各个建筑工地的临时生活区，多以“包工队”作为工作和生活单元。单位宿舍一般都位于各城市周边的开发区、工业区、厂区，远离城市生活区、商贸区和休闲娱乐区；宿舍围墙、保安及严格的作息制度刚性地限制了农民工的活动空间。“都市乡村”使农民工与城市主流社会从物理上隔离；都市乡民生活方式使农民工只与城市社会发生经济上的“单线联系”。社会交往本来应该包括日常生活交往、政治交往、宗教交往、兴趣爱好交往、公共活动交往、职业交往等各种形式，然而农民工社会交往的外部扩展因为都市乡民生活方式约束只能局部发生在职业交往场域，其他社会交往的需要都通过“都市乡村”来满足。从表 5.4 可以看出，农民工社会交往的外部扩展基本发生在工友、主管、企业负责人等交往对象，与企业外的朋友的交往始终非常少；而工友、主管、企业负责人的数量是有限的，经过 3 年的相处基本就稳定了下来；在缺乏其他扩展机会的约束下，农民工社会交往内卷化拐点必然出现。农民工社会交往内卷与都市乡民生活方式具有互相强化的马太效应，都市乡民生活方式吸收了农民工大部分社会交往机会，社会交往内卷化又强化了“都市乡村”在农民工社会支持方面的重要性。这种机制其实和戈登韦泽（哥特式艺术）、格尔茨（爪哇农业内卷）、黄宗智（中国小农经济）、杜赞

① 见国家统计局官网，http: //www.stats.gov.cn/tjsj/zxfb/201305/t20130527_12978.html。

奇（权力的文化网络）等前人描述的内卷化发生机制非常类似。这就是都市乡民问题产生的根本原因，是都市乡民生成机制中存在的关键性密码。

三、全面性人的城市化是农民工社会交往“去内卷化”的根本出路

根据刘世定、邱泽奇（2004）的定义，内卷化是“系统”或者“模式”外部扩张受到严格约束、到了“最终状态”、没有机会向新模式转型。周建国（2009a）断言大多数农民工得靠几代人的努力才能实现向城市社会流动的梦想。但汪国华（2009）认为新生代农民工社会交往可以“去内卷化”，方式是强化业缘与弱化小地缘、大地缘圈的萌生与延展、交往拓展至与城市人的交往与沟通 3 个圈层梯度推移。刘丽（2012）认为“去内卷化”的路径存在于确立城乡一体化发展理念、改革相关制度及提升新生代农民工自身的城市适应力等方面。许超诣（2009）运用生命历程和日路径的方法研究了从“浙江村时代”到“后浙江村时代”转变的 3 户北京浙江籍小商户，也发现浙江村居民在政府改造运动中以不同方式离开了浙江村的原有“系统”“模式”，进入到了新的“系统”“模式”。李琼英（2013）认为浙江村变迁证明了外来人口的生存机制正在由“并存模式”向“同化模式”的转变，“同化”是社会发展的必然趋势。埃弗斯（Evers，1991）的研究表明，爪哇地区在工业化推动下也正在经历“去内卷化”过程。

本书的观点是，一方面不应过于悲观，轻易断定农民工社会交往内卷模式到了最终状态、无法突破；另一方面，也要认识到农民工社会交往内卷化问题的客观性、严重性及解决问题的艰巨性。农民工社会交往内卷化与都市乡民生活方式互相强化，使我国城市化只有数量没有质量，陷入“没有发展的增长”，长此以往将产生很多严重的社会隐患。农民工社会交往“去内卷化”的根本出路是将农民工从城市的“经济人”变成“社会人”，城市不仅为农民工提供就业和赚钱的机会，而且向农民工全方位开放生活保障、政治参与、社区生活、公共活动等各方面机会；让农民工走出“都市乡村”，由都市乡民逐步变成新市民，改变乡村生活方式，积累城市性，实现全面性人的城市化。

第六章 城市性积累：都市乡民终结之路

都市乡民农村“拔根”的过程与城市“扎根”的过程是此消彼长的同一进程，我们可以理解为都市乡民乡民性的消褪与城市性的培养是此消彼长的同一进程。解决都市乡民问题、实现都市乡民的终结，其实就是促进新市民顺利地、快速地、全面地培养和积累城市性。本章用实证研究的方式探讨新市民城市性积累的影响因素或者说是动力机制，从而探索新市民城市性积累的方向和途径。

第一节 城市性积累的影响因素假设

本书第四章描述了新市民的“乡民性”表现，发现中国都市乡民问题是客观存在的。前文也已经指出，都市乡民是生活在城市物理和社会环境中、从事非农职业甚至拥有市民政治身份但仍然保留乡村生活方式、保持传统农村人格的社会人群。所以，在本章进一步的研究中，“城市性”是和“乡民性”对立的概念，可以用“市民性”或“城式化”[①]替换，其内涵侧重在都市乡民的生活方式、社会关系、情感心理、社会交往特征和属性。

在社会学历史上曾经先后出现过 3 个城市性理论。以齐美尔（Simmel，1903）、帕克（Park，1925）、沃思（Wirth，1938）、安德森（Anderson，1959）、米尔格拉姆（Milgram，1970）等为代表人物的决定论认为，一个聚落的人口规模决定城市性程度，不论人口的统计和社会特征，城市性将直接随聚落规模而变化。以甘斯（Gans，1962a）、戈登（Gordon，1976）、刘易斯（Lewis，1965）、赖斯（Reiss，1955）等人为代表人物的组合论则认为，单纯的聚落规模对城市性没有影响，一旦居住时长、人口统计特征、种族、阶级、生命周期等因素被考虑，也就是说人口规模对城市性将没有影响；而且人口统计特征和社会变量将独立于聚落规模影响城市性程度，或者说控制聚落规模以后人口统计特征和社会变量仍将对城市性程度有独立的影响。费希尔（Fischer，1975，1995）的亚文化理论认为，城市规模和密度对城市性的独立影响是存在的，但是影响过程完全不同于沃思决定论的假设；城市度较高的地方，人数集中，形成规模，容易产生、保持各种类似“城市马赛克”的亚文化，城

① “城式化”是辜胜阻先生对沃思“Urbanism”一词的带有创意的意译，重点突出“城市生活方式”这一内涵。

市性的各种现象是亚文化的结果。同时，威尔森（Wilson，1991）发现，城市经历（持续性城市经历和变动性城市经历）也是影响社会个体城市性的重要因素。

所以，本章仍然继续使用王兴周（2009）研究农民工城市性获得影响因素的模型，假设新市民城市性积累的影响因素包括以下 3 个方面：

（1）新市民现居城市的人口规模。西方城市社会学（Tittle，1989）曾经用"城市度"（urbaness）一词来综合反映城市物理环境（人口规模大、人口密度高、人口异质性强等）特征；但在实际研究中，由于"人口规模""人口密度""人口异质性"3 个指标高度相关，而且"人口密度""人口异质性"测量难度较大，所以一般学者还是用"人口规模"这一单一指标来代替综合测量。根据前述城市性决定论，一个聚落的人口规模越大，其居民的城市性程度就越高，由此推测，新市民进入城市的规模越大，其城市性积累的速度越快，或者说大城市比中小城市更有利于新市民城市性的培养。

（2）新市民自身的社会人口特征。西方城市社会学研究城市性影响因素时使用过的社会人口特征指标很多，主要包括个人先天特征（年龄、性别、籍贯、出生地、种族、民族、肤色等）、家庭特征（婚姻状况、子女数量、家庭人口数量等）、社会经济地位（受教育程度、学校教育年限、职业、个人收入水平、家庭收入水平、阶层、党派、宗教信仰等）。本章将根据中国国情和新市民特征选取相应的社会人口特征指标。根据前述城市性组合论，居民的城市性程度与城市物理环境无关，而是受制于个体的社会人口特征，由此推测，无论进入什么样的城市，具有某些社会人口特征的新市民其城市性积累的速度更快，本章的任务是找出这些特征。

（3）新市民离开农村老家以后的城市经历。王兴周（2009）研究农民工城市性获得影响因素时发现，务工总持续时间、是否换过务工地点、换过工作单位次数、调查时所在单位性质、调查时所在的单位行业、调查时所在单位规模、培训等城市流动经历、工作经历、学习经历对农民工城市性获得都有不同程度的影响。本章将检验这些因素是否也影响新市民的城市性积累。

第二节 "城市性"测量指标体系

根据上述研究思路，本节将涉及以下两方面的分析指标，下面分别加以分析并提出操作化方案。

与第四章描述的"乡民性"相对应，本章提出测量"城市性"的指标，同时用表 6.1 说明指标的测量方式、计算方法、测量层次。

表 6.1 因变量“城市性”测量指标

指标		测量方式	计算方式	测量层次
居住生活模式	是否租买商品房	住房来源是否属于“自己买的商品房”和“租住小区商品房”	是=1，否=0	虚拟变量
	是否居住老城区或小区	居住区域是否是“老城区”和“新的小区”	是=1，否=0	虚拟变量
	是否生活在本地人聚居区域	聚居环境是否是“本地人为主的区域”	是=1，否=0	虚拟变量
社会交往模式	好朋友中本地人比例	在城市里所有好朋友中本地人的数量	比例	定距变量
	和本地人交往频率	询问“您和这个城市的本地人交往吗？”	完全不交往=1，较少交往=2，一般=3，交往不少=4，交往很多=5	定距变量
	求助家人亲戚频率	遇到 10 类困难时求助家人、亲戚的频率	统计选择次数：0-10 次	定距变量
	求助老家熟人频率	遇到 10 类困难时求助老家认识的同学/朋友/熟人的频率	统计选择次数：0-10 次	定距变量
	求助进城认识的老乡频率	遇到 10 类困难时求助来城市后才认识的老乡的频率	统计选择次数：0-10 次	定距变量
	求助非老乡朋友频率	遇到 10 类困难时求助来城市后认识的其他同事/朋友/熟人的频率	统计选择次数：0-10 次	定距变量
	求助单位领导老板频率	遇到 10 类困难时求助单位领导/老板的频率	统计选择次数：0-10 次	定距变量
	求助政府机构频率	遇到 10 类困难时求助政府部门社会机构的频率	统计选择次数：0-10 次	定距变量
社会身份认同	直接城市人身份认同度	认同“我认为我已经是城市人了”这一说法的程度	完全不认同=1，不认同=2，中立=3，认同=4，完全认同=5	定距变量
	间接城市人身份认同度	认同“别人把我当城里人看”这一说法的程度	完全不认同=1，不认同=2，中立=3，认同=4，完全认同=5	定距变量
	城市归宿感	认同“我属于这个城市”这一说法的程度	完全不认同=1，不认同=2，中立=3，认同=4，完全认同=5	定距变量
	城市亲切感	认同“这个城市是我的第二故乡，有家的感觉”这一说法的程度	完全不认同=1，不认同=2，中立=3，认同=4，完全认同=5	定距变量
城市社会融入	是否定居性留城	是否因为“已经定居，希望居住、生活在城市”留在城市不回老家	是=1，否=0	虚拟变量
	是否部分家庭团聚	现在是否和家人一起居住	是=1，否=0	虚拟变量
	是否完整家庭团聚	现在是否和配偶、子女一起居住	是=1，否=0	虚拟变量
	城市生活适应度	询问“您对城市生活的整体适应程度如何？”	完全不适应=1，不适应=2，一般=3，适应=4，完全适应=5	定距变量
	社区活动参加频率	平时参加城市社区活动的情况	从来没有=1，很少=2，偶尔=3，经常=4	定距变量
	是否有扎根意向	未来是否“在这个城市扎根、定居下来”	是=1，否=0	虚拟变量

续表

指标		测量方式	计算方式	测量层次
乡村社会联系	是否有田地	是否“自己现在在老家还有田地”	是=1，否=0	虚拟变量
	是否寄钱回家	是否“现在定期寄钱回老家”	是=1，否=0	虚拟变量
	是否回家干农活	是否“定期回去干农活”	是=1，否=0	虚拟变量
	是否回家选举	是否“现在还回乡参加选举”	是=1，否=0	虚拟变量
	是否回家竞选	是否“现在还回乡参加竞选”	是=1，否=0	虚拟变量
	是否回家探亲	是否“偶尔或节日回去探亲、过节、休假”	是=1，否=0	虚拟变量

根据上述研究思路，自变量包括新市民现居城市的人口规模、新市民自身的社会人口特征和新市民离开农村老家以后的城市经历 3 个方面。用表 6.2 说明自变量指标及其测量方式、计算方法、测量层次。

表 6.2　自变量测量指标

指标		测量方式	计算方式	测量层次
城市规模	特大城市	是否居住在广州	是=1，否=0	虚拟变量
	大城市	是否居住在东莞	是=1，否=0	虚拟变量
	中等城市	是否居住在江门	是=1，否=0	虚拟变量
	小城市	是否居住在台山	是=1，否=0	虚拟变量
人口特征	年龄	实际年龄	年龄数	定距变量
	性别	实际性别	男=1，女=0	虚拟变量
	文化程度	实际文化程度	小学及以下=1，初中=2，高中、中专、技校=3，大专=4，本科及以上=5	定序变量做定距变量处理
	培训	是否获得国家承认的职业、执业、从业、技术、职称类证书	是=1，否=0	虚拟变量
	政治身份	是否中共党员	是=1，否=0	虚拟变量
	宗教信仰	是否有宗教信仰	是=1，否=0	虚拟变量
	民族	是否汉族	是=1，否=0	虚拟变量
	个人月收入	平均每月的个人全部收入	收入数	定距变量
城市经历	进城时间	离开农村老家进入城市工作生活多少年	年份	定距变量
	居留城市数量	迄今在几个城市待过	个数	定距变量
	是否外出打工	是否靠打工为生	是=1，否=0	虚拟变量
	是否投资做生意	是否靠投资做生意为生	是=1，否=0	虚拟变量
	是否其他职业	是否从事打工、做生意以外的其他职业	是=1，否=0	虚拟变量

第三节　新市民“城市性”描述性统计结果

和第三章一样，本章将根据“我国城市化发展的机遇与挑战研究——新市民城市性积累与市民化”项目组在珠江三角洲进行的抽样调查数据进行分析。表 6.3 是所有因变量和自变量的描述性统计结果。

表 6.3　变量的描述性统计结果

指标		平均值	标准差	样本数/个
居住生活模式	是否租买商品房	0.34	0.47	1220
	是否居住老城区或小区	0.39	0.49	1220
	是否生活在本地人聚居区域	0.33	0.47	1220
社会交往模式	好朋友中本地人比例	0.08	0.16	1039
	和本地人交往频率	3.17	1.24	1219
	求助家人亲戚频率	3.42	2.52	1169
	求助老家熟人频率	2.61	2.55	1169
	求助进城认识的老乡频率	0.68	1.37	1169
	求助非老乡朋友频率	1.33	2.03	1169
	求助单位领导老板频率	0.27	0.71	1169
	求助政府机构频率	0.32	0.77	1169
社会身份认同	直接城市人身份认同度	3.15	1.05	1207
	间接城市人身份认同度	3.04	0.98	1193
	城市归宿感	2.95	1.06	1213
	城市亲切感	2.55	1.01	1209
城市社会融入	是否定居性留城	0.14	0.34	1220
	是否部分家庭团聚	0.57	0.50	1220
	是否完整家庭团聚	1.70	0.46	1220
	城市生活适应度	2.50	0.77	1218
	社区活动参加频率	1.77	0.87	1213
	是否有扎根意向	0.37	0.48	1220
乡村社会联系	是否有田地	0.73	0.45	1220
	是否寄钱回家	0.57	0.50	1220
	是否回家干农活	0.05	0.23	1220
	是否回家选举	0.24	0.43	1220
	是否回家竞选	0.14	0.34	1220
	是否回家探亲	0.89	0.31	1220
城市规模	特大城市	0.33	0.47	1220
	大城市	0.25	0.43	1220

续表

指标		平均值	标准差	样本数/个
城市规模	中等城市	0.24	0.43	1220
	小城市	0.17	0.38	1220
人口特征	年龄/岁	32.73	11.37	1214
	性别	0.59	0.49	1220
	文化程度	2.47	1.00	1219
	培训	0.35	0.48	1220
	政治身份	0.09	0.28	1220
	宗教信仰	0.16	0.36	1220
	民族	0.94	0.24	1220
	个人月收入/（元/月）	2683.11	4247.52	1179
城市经历	进城时间/年	11.85	9.07	1212
	居留城市数量/个	2.62	1.54	1200
	是否外出打工	0.60	0.49	1220
	是否投资做生意	0.26	0.44	1220
	是否其他职业	0.13	0.34	1220

第四节　新市民“城市性”影响因素回归分析

借鉴国外同行关于城市性经验研究的习惯性思路，同时考虑上述研究思路，本章将按因变量的顺序逐一建立 27 个回归模型，在每一个模型中都一次性同时加入城市规模、人口特征、城市经历 3 个方面的自变量进行多元回归分析，以检验研究假设。

将要使用的统计模型主要有两类：

（1）多元线性回归（Multiple Linear Regression）模型。当因变量为定距变量时使用。包括表 6.1 所列的 14 个定距变量。统计模型如下：

$$Y=\beta_0+\beta_1X_{i1}+\beta_2X_{i2}+\beta_3X_{i3}+\cdots+\beta_kX_{ik}$$

（2）对数比率回归（Logistic Regression）模型。当因变量为定类变量（虚拟变量）时使用。包括表 6.1 所列的 13 个虚拟变量。由于都是二分变量，统计模型如下：

$$Y=\ln(p_1/p_0)=\alpha+\sum\beta_iX_i\text{（其中 }i=1, 2, 3,\cdots n\text{）}$$

本章仍然分居住生活模式、社会交往模式、社会身份认同、城市社会融入、乡村社会联系 5 个部分展示研究结果和相关发现。

一、新市民居住生活模式影响因素

（一）是否租买商品房

研究发现（表 6.4），城市规模、人力资本和年龄是新市民是否租买商品房的显著性影响因素。

（1）城市规模。与台山这样的小城市相比，作为特大城市的广州的新市民租买商品房的比例明显偏低，只有台山的 0.244 倍（$p<0.001$）；东莞新市民租买商品房的比例只有台山的 0.554 倍（$p<0.01$）；江门新市民租买商品房的比例也只有台山的 0.555 倍（$p<0.01$）。总之，大致趋势是，城市规模越大，新市民租买商品房的比例越低。

（2）人力资本。研究发现，文化程度和是否获得国家承认的职业、执业、从业、技术、职称类证书这两个人力资本指标都显著影响新市民是否租买商品房。文化程度越高，新市民租买商品房比例越高，文化程度每提高一个层次，新市民租买商品房的比例就是提高前的 1.482 倍（$p<0.001$），也就是提升约 50%。有证书的新市民租买商品房比例是没有证书的新市民的 1.393 倍（$p<0.05$）。

（3）年龄。研究发现，年龄越大的新市民租买商品房比例越高。新市民年龄每增长 1 岁，租买商品房的比例是增长前的 1.021 倍（$p<0.001$），也就是新市民年龄每增长 1 岁，租买商品房的比例大约将提升 2 个百分点。

（二）是否居住老城区或小区

研究发现（表 6.4），城市规模、人力资本、年龄和职业是新市民是否居住老城区或小区的显著性影响因素。

（1）城市规模。城市规模越大，新市民居住老城区或小区的比例越低。与台山这样的小城市相比，作为特大城市的广州的新市民居住老城区或小区的比例明显偏低，只有台山的 0.151 倍（$p<0.001$）；东莞新市民居住老城区或小区的比例只有台山的 0.305 倍（$p<0.01$）；江门新市民租买商品房的比例也只有台山的 0.333 倍（$p<0.01$）。

（2）人力资本。研究发现，文化程度显著影响新市民是否居住老城区或小区。文化程度越高，新市民居住老城区或小区比例越高，文化程度每提高一个层次，新市民居住老城区或小区的比例就是提高前的 1.360 倍（$p<0.001$），也就是提升 36%。

（3）年龄。研究发现，年龄越大的新市民居住老城区或小区比例越高。新市民年龄每增长 1 岁，居住老城区或小区的比例是增长前的 1.036 倍（$p<0.05$），也

就是新市民年龄每增长1岁，居住老城区或小区的比例大约将提升3.6个百分点。

（4）职业。投资做生意的新市民居住老城区或小区的比例较高，是其他职业的1.796倍（$p<0.01$）。

（三）是否生活在本地人聚居区域

研究发现（表6.4），城市规模、民族和居留城市数量是新市民是否生活在本地人聚居区域的显著性影响因素。

（1）城市规模。大城市、特大城市新市民生活在本地人聚居区域的比例明显较低，中小城市新市民生活在本地人聚居区域的比例明显较高。广州新市民生活在本地人聚居区域的比例只有台山的0.192倍（$p<0.001$）；东莞新市民生活在本地人聚居区域的比例只有台山的0.175倍（$p<0.001$）；江门新市民生活在本地人聚居区域的比例也只有台山的0.526倍（$p<0.01$）。

（2）民族。研究发现，汉族新市民生活在本地人聚居区域的比例较高，是少数民族的1.829倍（$p<0.01$），也就是接近2倍。

（3）居留城市数量。研究发现，居留城市数量越多的新市民生活在本地人聚居区域比例越低。新市民居留城市数量每增长1个，生活在本地人聚居区域的比例是增长前的0.885倍（$p<0.05$），也就是新市民居留城市数量每增长1个，生活在本地人聚居区域的比例将降低11.5个百分点。

表6.4　新市民居住生活模式影响因素（Logistic 回归模型）

自变量	是否租买商品房			是否居住老城区或小区			是否生活在本地人聚居区域		
	B	Std. Error	Exp（B）	B	Std. Error	Exp（B）	B	Std. Error	Exp（B）
广州	−1.412***	0.203	0.244	−1.889***	0.201	0.151	−1.651***	0.195	0.192
东莞	−0.591**	0.206	0.554	−1.186***	0.205	0.305	−1.743***	0.215	0.175
江门	−0.588**	0.202	0.555	−1.099***	0.202	0.333	−0.643***	0.193	0.526
台山	参照值	—	—	参照值	—	—	参照值	—	—
年龄	0.02*	0.009	1.021	0.035***	0.009	1.036	−0.001	0.009	0.999
性别	−0.219	0.142	0.803	−0.229	0.138	0.795	−0.193	0.142	0.824
文化程度	0.394***	0.081	1.482	0.308***	0.079	1.36	0.146	0.081	1.157
有无证书	0.332*	0.156	1.393	0.269	0.154	1.308	0.256	0.158	1.291
是否中共党员	0.134	0.242	1.144	0.095	0.238	1.1	0.017	0.245	1.017
有无宗教信仰	0.012	0.189	1.012	0.213	0.18	1.237	0.161	0.187	1.174
是否汉族	0.548	0.303	1.73	0.035	0.264	1.036	0.604*	0.304	1.829
个人月收入	0	0	1	0	0	1	0	0	1
进城时间	0.011	0.011	1.011	−0.006	0.011	0.994	0.012	0.011	1.012

续表

自变量	是否租买商品房			是否居住老城区或小区			是否生活在本地人聚居区域		
	B	Std. Error	Exp（B）	B	Std. Error	Exp（B）	B	Std. Error	Exp（B）
居留城市数量	0.015	0.046	1.016	−0.022	0.045	0.978	−0.122**	0.047	0.885
外出打工	−0.223	0.206	0.8	−0.065	0.202	0.937	0.077	0.207	1.08
投资做生意	0.672	0.226	1.957	0.585**	0.223	1.796	0.194	0.228	1.214
其他职业	参照值	—	—	参照值	—	—	参照值	—	—
Constant	−2.513***	0.53	0.081	−1.356**	0.496	0.258	−0.555	0.522	0.574
Nagelkerke R^2		0.183			0.186			0.164	
样本数		1152			1152			1152	

注：*表示 $p<0.05$；**表示 $p<0.01$；***表示 $p<0.001$

二、新市民社会交往模式影响因素

（一）本地朋友比例

研究发现（表 6.5），城市规模、性别、有无证书、是否中共党员、有无宗教信仰、进城时间、待过的城市数量是新市民的本地朋友比例的显著性影响因素。

（1）城市规模。其他因素不变的前提下，台山这样的小城市新市民的本地朋友比例明显较高，比参照值东莞高出 8.11 个百分点（$p<0.001$）。

（2）性别。其他因素不变的前提下，男性新市民比女性新市民的本地朋友比例高出 1.986 个百分点（$p<0.05$）。

（3）有无证书。其他因素不变的前提下，有证书的新市民比没有证书的新市民的本地朋友比例高出 3.252 个百分点（$p<0.01$）。

（4）是否中共党员。其他因素不变的前提下，中共党员新市民比非中共党员新市民的本地朋友比例高出 5.337 个百分点（$p<0.01$）。

（5）有无宗教信仰。其他因素不变的前提下，有宗教信仰的新市民比没有宗教信仰的新市民的本地朋友比例高出 4.854 个百分点（$p<0.001$）。

（6）进城时间。其他因素不变的前提下，新市民进城时间每增加 1 年，其本地朋友比例将增加 0.169（$p<0.05$）。

（7）待过的城市数量。其他因素不变的前提下，新市民待过的城市数量每增加 1 个，其本地朋友比例将减少 0.863（$p<0.01$）。

（二）和本地人交往频率

研究发现（表 6.5），城市规模、文化程度、进城时间、待过的城市数量是新市民和本地人交往频率的显著性影响因素。

（1）城市规模。其他因素不变的前提下，和参照值广州相比，江门、台山新市民与本地人交往频率明显较高，江门高出0.582分（满分5分）（$p<0.001$），台山高出0.967分（满分5分）（$p<0.001$）。

（2）文化程度。其他因素不变的前提下，文化程度每提高1个层次，新市民与本地人交往频率得分将高出0.188分（满分5分）（$p<0.001$）。

（3）进城时间。其他因素不变的前提下，进城时间每增加1年，新市民与本地人交往频率得分将提高0.016分（满分5分）（$p<0.001$）。

（4）待过的城市数量。其他因素不变的前提下，待过的城市数量每增加1个，新市民与本地人交往频率得分将降低0.048分（满分5分）（$p<0.05$）。

（三）求助家人亲戚频率

研究没有发现（表6.6）新市民求助家人亲戚频率的显著性影响因素。

（四）求助老家认识的同学、朋友、熟人频率

研究发现（表6.6）新市民求助老家认识的同学、朋友、熟人频率的显著性影响因素只有城市规模，广州新市民求助老家认识的同学、朋友、熟人频率稍高，比参照值东莞高出0.456次（最高10次）（$p<0.05$）。

（五）求助进城认识的老乡频率

研究发现（表6.6），年龄、文化程度、进城时间是求助进城认识的老乡频率的显著性影响因素。

（1）年龄。其他因素不变的前提下，年龄越大求助进城认识的老乡频率越高。年龄每提高1岁，新市民求助进城认识的老乡频率将提高0.02次（最高10次）（$p<0.001$）。

（2）文化程度。其他因素不变的前提下，文化程度越高求助进城认识的老乡频率越高。文化程度每提高1个层次，新市民求助进城认识的老乡频率将提高0.109次（最高10次）（$p<0.05$）。

（3）进城时间。其他因素不变的前提下，进城时间越长求助进城认识的老乡频率越低。进城时间每增加1年，新市民求助进城认识的老乡频率将降低0.027次（最高10次）（$p<0.001$）。

（六）求助来城市后认识的其他同事、朋友、熟人频率

研究发现（表6.7），年龄、进城时间是求助来城市后认识的其他同事、朋友、

熟人频率的显著性影响因素。

（1）年龄。其他因素不变的前提下，年龄越大求助来城市后认识的其他同事、朋友、熟人频率越低。年龄每提高 1 岁，新市民求助来城市后认识的其他同事、朋友、熟人频率将降低 0.019 次（最高 10 次）（$p<0.05$）。

（2）进城时间。其他因素不变的前提下，进城时间越长求助来城市后认识的其他同事、朋友、熟人频率越高。进城时间每增加 1 年，新市民求助来城市后认识的其他同事、朋友、熟人频率将提高 0.021 次（最高 10 次）（$p<0.001$）。

（七）求助单位领导老板频率

研究没有发现（表 6.7）新市民求助单位领导老板频率的显著性影响因素。

（八）求助政府部门社会机构频率

研究发现（表 6.7）新市民求助政府部门社会机构频率的显著性影响因素只有民族，汉族新市民求助政府部门社会机构频率较低，比少数民族新市民低 0.305 次（最高 10 次）（$p<0.05$）。

表 6.5 新市民社会交往模式影响因素（1）（多元线性回归模型）

自变量	本地朋友比例		和这个城市的本地人的交往情况	
	B	Std. Error	B	Std. Error
广州	−0.402	1.267	参照值	—
东莞	参照值	—	−0.132	0.091
江门	2.226	1.38	0.582***	0.091
台山	8.11***	1.508	0.967***	0.1
年龄	−0.004	0.07	−0.002	0.005
性别	1.986*	1.001	0.026	0.071
文化程度	−0.43	0.58	0.188***	0.041
有无证书	3.252**	1.127	0.138	0.08
是否中共党员	5.337**	1.728	0.145	0.123
有没有宗教信仰	4.854***	1.316	0.071	0.094
是否汉族	2.441	1.866	0.106	0.136
个人月收入/元	8.98E-05	0	1.44E-05	0
进城时间	0.169*	0.085	0.016***	0.006
待过的城市数量	−0.863**	0.325	−0.048*	0.023
外出打工	参照值	—	参照值	—

续表

自变量	本地朋友比例		和这个城市的本地人的交往情况	
	B	Std. Error	B	Std. Error
投资做生意	–0.157	1.179	0.029	0.082
其他职业	1.935	1.459	0.013	0.104
Constant	1.283	3.218	2.206***	0.225
R^2	0.092		0.162	
Adjusted R^2	0.078		0.151	
样本数/个	990		1151	

注：*表示 $p<0.05$；**表示 $p<0.01$；***表示 $p<0.001$

表 6.6　新市民社会交往模式影响因素（2）（多元线性回归模型）

自变量	求助家人亲戚频率		求助老家熟人频率		求助进城认识的老乡频率	
	B	Std. Error	B	Std. Error	B	Std. Error
广州	–0.152	0.205	0.456*	0.206	0.052	0.112
东莞	参照值	—	参照值	—	参照值	—
江门	–0.195	0.224	0.211	0.225	–0.072	0.122
台山	–0.199	0.244	0.192	0.246	–0.235	0.133
年龄	–0.005	0.01	0.019	0.01	0.02***	0.006
性别	–0.075	0.16	–0.155	0.162	–0.052	0.087
文化程度	–0.046	0.094	–0.082	0.094	0.109*	0.051
有无证书	0.204	0.183	–0.159	0.184	–0.103	0.1
是否中共党员	0.277	0.281	–0.168	0.283	0.231	0.153
有没有宗教信仰	0.411	0.216	–0.098	0.217	–0.062	0.118
是否汉族	0.493	0.304	0.114	0.306	–0.288	0.166
个人月收入/元	1.96E-05	0	2.10E-05	0	–7.10E-06	0
进城时间	0.022	0.012	–0.017	0.012	–0.027***	0.007
待过的城市数量	–0.087	0.052	0.012	0.053	0.035	0.028
外出打工	参照值	—	参照值	—	参照值	—
投资做生意	0.034	0.187	0.125	0.189	0.133	0.102
其他职业	–0.364	0.235	–0.015	0.237	–0.039	0.128
Constant	3.24***	0.513	2.098***	0.517	0.364	0.28
R^2	0.019		0.017		0.031	
Adjusted R^2	0.005		0.003		0.017	
样本数/个	1105		1105		1105	

注：*表示 $p<0.05$；**表示 $p<0.01$；***表示 $p<0.001$

表 6.7 新市民社会交往模式影响因素（3）（多元线性回归模型）

自变量	求助非老乡朋友频率		求助单位领导老板频率		求助政府机构频率	
	B	Std. Error	B	Std. Error	B	Std. Error
广州	–0.106	0.166	–0.063	0.059	–0.041	0.063
东莞	参照值	—	参照值	—	参照值	—
江门	0.068	0.181	0.03	0.064	–0.014	0.069
台山	–0.063	0.198	–0.018	0.07	0.014	0.076
年龄	–0.019*	0.008	0.001	0.003	–0.003	0.003
性别	–0.084	0.13	0.032	0.046	–0.03	0.05
文化程度	–0.072	0.076	–0.005	0.027	–0.005	0.029
有无证书	0.203	0.148	–0.014	0.052	–0.077	0.057
是否中共党员	–0.064	0.228	–0.113	0.08	0.032	0.087
有没有宗教信仰	0.039	0.175	–0.009	0.062	–0.017	0.067
是否汉族	0.372	0.246	–0.046	0.087	–0.305**	0.094
个人月收入/元	–1.13E-05	0	–3.96E-06	0	–4.60E-06	0
进城时间	0.021*	0.01	–0.003	0.004	0.005	0.004
待过的城市数量	–0.009	0.042	0.004	0.015	0.006	0.016
外出打工	参照值	—	参照值	—	参照值	—
投资做生意	–0.198	0.152	–0.022	0.054	0.004	0.058
其他职业	0.023	0.191	0.08	0.067	–0.046	0.073
Constant	1.648***	0.416	0.344*	0.147	0.716***	0.159
R^2	0.013		0.009		0.017	
Adjusted R^2	–0.001		–0.004		0.003	
样本数/个	1105		1105		1105	

注：*表示 $p<0.05$；**表示 $p<0.01$；***表示 $p<0.001$

三、新市民社会身份认同影响因素

（一）直接城市人身份认同率

研究发现（表 6.8），城市规模、文化程度、有无证书、有无宗教信仰、民族、进城时间、待过的城市数量、职业是新市民直接城市人身份认同率的显著性影响因素。

（1）城市规模。其他因素不变的前提下，江门、台山这样的中小城市新市民的直接城市人身份认同率明显较高，江门比参照值东莞高出 0.37 分（满分 5 分）（$p<0.001$），台山比参照值东莞高出 0.564 分（满分 5 分）（$p<0.001$）。

（2）文化程度。其他因素不变的前提下，新市民文化程度越高，直接城市人身份认同率越高。文化程度每提高一级，其直接城市人身份认同率将提升 0.126 分（满分 5 分）（$p<0.001$）。

（3）有无证书。其他因素不变的前提下，有证书的新市民比没有证书的新市民的直接城市人身份认同率高出 0.314 分（满分 5 分）（$p<0.001$）。

（4）有无宗教信仰。其他因素不变的前提下，有宗教信仰的新市民比没有宗教信仰的新市民的直接城市人身份认同率高出 0.232 分（满分 5 分）（$p<0.01$）。

（5）民族。其他因素不变的前提下，汉族新市民比少数民族新市民的直接城市人身份认同率高出 0.237 分（满分 5 分）（$p<0.05$）。

（6）进城时间。其他因素不变的前提下，新市民进城时间每增加 1 年，其直接城市人身份认同率将增加 0.012 分（满分 5 分）（$p<0.05$）。

（7）待过的城市数量。其他因素不变的前提下，新市民待过的城市数量每增加 1 个，其直接城市人身份认同率将减少 0.087 分（满分 5 分）（$p<0.001$）。

（8）职业。投资做生意和其他职业的新市民直接城市人身份认同率比外出打工的新市民高，前者高出 0.151 分（满分 5 分）（$p<0.05$），后者高出 0.195 分（满分 5 分）（$p<0.05$）。

（二）间接城市人身份认同率

研究发现（表 6.8），城市规模、年龄、文化程度、有无证书、进城时间、待过的城市数量、职业是新市民间接城市人身份认同率的显著性影响因素。

（1）城市规模。其他因素不变的前提下，江门、台山这样的中小城市新市民的间接城市人身份认同率明显较高，江门比参照值东莞高出 0.278 分（满分 5 分）（$p<0.001$），台山比参照值东莞高出 0.473 分（满分 5 分）（$p<0.001$）。

（2）年龄。其他因素不变的前提下，新市民年龄越大，间接城市人身份认同率越低。新市民年龄每增加 1 岁，其间接城市人身份认同率将降低 0.009 分（满分 5 分）（$p<0.05$）。

（3）文化程度。其他因素不变的前提下，新市民文化程度越高，间接城市人身份认同率越高。文化程度每提高一级，其间接城市人身份认同率将提升 0.099 分（满分 5 分）（$p<0.001$）。

（4）有无证书。其他因素不变的前提下，有证书的新市民比没有证书的新市民的间接城市人身份认同率高出 0.265 分（满分 5 分）（$p<0.001$）。

（5）进城时间。其他因素不变的前提下，新市民进城时间越长，间接城市人身份认同率越高。新市民进城时间每增加 1 年，其间接城市人身份认同率将提高 0.019 分（满分 5 分）（$p<0.001$）。

（6）待过的城市数量。其他因素不变的前提下，新市民待过的城市数量越多，间接城市人身份认同率越低。新市民待过的城市数量每增加 1 个，其间接城市人身份认同率将降低 0.063 分（满分 5 分）（$p<0.001$）。

（7）职业。其他职业的新市民间接城市人身份认同率比外出打工的新市民高出 0.202 分（满分 5 分）($p<0.05$)。

（三）城市归宿感

研究发现（表 6.9），城市规模、年龄、文化程度、有无证书、有无宗教信仰、待过的城市数量、职业是新市民城市归宿感的显著性影响因素。

（1）城市规模。其他因素不变的前提下，江门、台山这样的中小城市新市民的城市归宿感明显较高，江门比参照值东莞高出 0.296 分（满分 5 分）($p<0.001$)，台山比参照值东莞高出 0.551 分（满分 5 分）($p<0.001$)。

（2）年龄。其他因素不变的前提下，新市民年龄越大，城市归宿感越高。新市民年龄每增加 1 岁，其城市归宿感将提高 0.009 分（满分 5 分）($p<0.05$)。

（3）文化程度。其他因素不变的前提下，新市民文化程度越高，城市归宿感越高。文化程度每提高一级，其城市归宿感将提升 0.098 分（满分 5 分）($p<0.01$)。

（4）有无证书。其他因素不变的前提下，有证书的新市民比没有证书的新市民的城市归宿感高出 0.221 分（满分 5 分）($p<0.01$)。

（5）有无宗教信仰。其他因素不变的前提下，有宗教信仰的新市民比没有宗教信仰的新市民的城市归宿感高出 0.2 分（满分 5 分）($p<0.05$)。

（6）待过的城市数量。其他因素不变的前提下，新市民待过的城市数量越多，城市归宿感越低。新市民待过的城市数量每增加 1 个，城市归宿感将降低 0.068 分（满分 5 分）($p<0.001$)。

（7）职业。其他职业的新市民城市归宿感比外出打工的新市民高出 0.242 分（满分 5 分）($p<0.01$)。

（四）城市亲切感

研究发现（表 6.9），城市规模、性别、有无证书、有无宗教信仰、个人月收入、进城时间、待过的城市数量、职业是新市民城市亲切感的显著性影响因素。

（1）城市规模。其他因素不变的前提下，江门、台山这样的中小城市新市民的城市亲切感明显较高，江门比参照值广州高出 0.297 分（满分 5 分）($p<0.001$)，台山比参照值广州高出 0.375 分（满分 5 分）($p<0.001$)。

（2）性别。其他因素不变的前提下，男性新市民比女性新市民的城市亲切感低 0.12 分（满分 5 分）($p<0.05$)。

（3）有无证书。其他因素不变的前提下，有证书的新市民比没有证书的新市民的城市亲切感高出 0.178 分（满分 5 分）($p<0.01$)。

（4）有无宗教信仰。其他因素不变的前提下，有宗教信仰的新市民比没有宗教信仰的新市民的城市亲切感高出 0.331 分（满分 5 分）（p<0.01）。

（5）个人月收入。其他因素不变的前提下，新市民待过的个人月收入越高，城市归宿感越高。新市民个人月收入每增加 1 元，城市亲切感将提升 1.57×10^{-5} 分（满分 5 分）（p<0.05）。

（6）进城时间。其他因素不变的前提下，新市民进城时间越久，城市亲切感越高。新市民待过的城市数量每增加 1 个，城市亲切感将降低 0.016 分（满分 5 分）（p<0.01）。

（7）待过的城市数量。其他因素不变的前提下，新市民待过的城市数量越多，城市亲切感越低。新市民进城时间每增加 1 年，城市亲切感将提高 0.081 分（满分 5 分）（p<0.001）。

（8）职业。其他职业的新市民城市亲切感比外出打工的新市民高出 0.255 分（满分 5 分）（p<0.01）。

表 6.8　新市民社会身份认同影响因素（1）（多元线性回归模型）

自变量	直接城市人身份认同率		间接城市人身份认同率	
	B	Std. Error	B	Std. Error
广州	0.057	0.078	参照值	—
东莞	参照值	—	−0.075	0.074
江门	0.37***	0.085	0.278***	0.073
台山	0.564***	0.092	0.473***	0.081
年龄	0.004	0.004	−0.009*	0.004
性别	−0.022	0.061	−0.038	0.058
文化程度	0.126***	0.035	0.099**	0.033
有无证书	0.314***	0.069	0.265***	0.065
是否中共党员	0.015	0.105	0.118	0.1
有没有宗教信仰	0.232**	0.08	0.081	0.076
是否汉族	0.237*	0.116	0.025	0.11
个人月收入/元	1.68E-05	0	1.11E-05	0
进城时间	0.012*	0.005	0.019***	0.005
待过的城市数量	−0.087***	0.02	−0.063**	0.019
外出打工	参照值	—	参照值	—
投资做生意	0.151*	0.07	0.118	0.067
其他职业	0.195*	0.089	0.202*	0.085
Constant	1.815***	0.196	2.609***	0.183
R^2	0.15		0.126	
Adjusted R^2	0.138		0.114	
样本数/个	1141		1126	

注：*表示 p<0.05；**表示 p<0.01；***表示 p<0.001

表 6.9 新市民社会身份认同影响因素（2）（多元线性回归模型）

自变量	城市归宿感		城市亲切感	
	B	Std. Error	B	Std. Error
广州	−0.039	0.081	参照值	—
东莞	参照值	—	−0.052	0.077
江门	0.296**	0.087	0.297***	0.077
台山	0.551***	0.095	0.375***	0.085
年龄	0.009*	0.004	−0.002	0.004
性别	−0.078	0.063	−0.12*	0.06
文化程度	0.098**	0.036	0.005	0.035
有无证书	0.221**	0.071	0.178**	0.068
是否中共党员	0.103	0.109	−0.006	0.104
有没有宗教信仰	0.2*	0.083	0.331**	0.08
是否汉族	−0.055	0.122	−0.03	0.115
个人月收入/元	7.13E-06	0	1.57E-05*	0
进城时间	0.004	0.005	0.016**	0.005
待过的城市数量	−0.068**	0.02	−0.081***	0.019
外出打工	参照值	—	参照值	—
投资做生意	0.139	0.072	0.1	0.07
其他职业	0.242**	0.092	0.255**	0.088
Constant	2.365***	0.203	3.275***	0.19
R^2	0.115		0.105	
Adjusted R^2	0.103		0.093	
样本数/个	1145		1141	

注：*表示 $p<0.05$；**表示 $p<0.01$；***表示 $p<0.001$

四、新市民城市社会融入影响因素

（一）是否定居性留城

研究发现（表 6.10），城市规模、性别、文化程度、民族、进城时间、待过的城市数量、职业是新市民是否定居性留城的显著性影响因素。

（1）城市规模。与台山、江门这样的中小城市相比，作为特大城市和大城市的广州、东莞的新市民定居性留城的比例明显偏低，东莞只有台山的 0.288 倍（$p<0.001$）；广州也只有台山的 0.569 倍（$p<0.05$）。

（2）性别。其他因素不变的前提下，男性新市民比女性新市民的定居性留城比例低，只有 0.419 倍（$p<0.001$），即不足一半。

（3）文化程度。其他因素不变的前提下，新市民文化程度越高，定居性留城比例越高。文化程度每提高一级，其定居性留城比例将是提升前的 1.842 倍（$p<$

0.001)，即差不多是成倍增长。

（4）民族。其他因素不变的前提下，汉族新市民比少数民族新市民的定居性留城比例明显较高，前者是后者的 8.965 倍（$p<0.05$）。

（5）进城时间。其他因素不变的前提下，新市民进城时间越久，定居性留城比例越高。新市民进城时间每增加 1 年，其定居性留城比例将是增加之前的 1.075 倍（$p<0.001$），即每年提升 7.5 个百分点。

（6）待过的城市数量。其他因素不变的前提下，新市民待过的城市数量每增加 1 个，其定居性留城比例将是不增加的 0.844 倍（$p<0.05$），即降低 15.6 个百分点。

（7）职业。其他因素不变的前提下，外出打工的新市民定居性留城比例比其他新市民低，仅是其他职业的 0.574 倍（$p<0.05$），即一半多一点。

（二）是否部分家庭团聚

研究发现（表 6.10），城市规模、年龄、性别、民族、进城时间、待过的城市数量、职业是新市民是否部分家庭团聚的显著性影响因素。

（1）城市规模。与台山、江门这样的中小城市相比，其他因素不变的前提下，作为特大城市和大城市的广州、东莞的新市民部分家庭团聚的比例明显偏低，东莞只有台山的 0.470 倍（$p<0.01$）；广州也只有台山的 0.641 倍（$p<0.05$）。台山、江门之间没有显著性差异。

（2）年龄。其他因素不变的前提下，新市民年龄越大，部分家庭团聚的比例越高。年龄每增加 1 岁，部分家庭团聚的比例将是增加前的 1.045 倍（$p<0.001$），即增长 4.5 个百分点。

（3）性别。其他因素不变的前提下，男性新市民比女性新市民的部分家庭团聚的比例低，只有 0.505 倍（$p<0.001$），即差不多一半。

（4）民族。其他因素不变的前提下，汉族新市民比少数民族新市民的部分家庭团聚的比例明显较高，前者是后者的 2.338 倍（$p<0.01$）。

（5）进城时间。其他因素不变的前提下，新市民进城时间越久，部分家庭团聚的比例越高。新市民进城时间每增加 1 年，其部分家庭团聚的比例将是增加之前的 1.041 倍（$p<0.01$），即每年提升 4.1 个百分点。

（6）待过的城市数量。其他因素不变的前提下，新市民待过的城市数量每增加 1 个，其部分家庭团聚的比例将是不增加的 0.902 倍（$p<0.05$），即降低 9.8 个百分点。

（7）职业。其他因素不变的前提下，外出打工的新市民部分家庭团聚的比例比其他职业低，仅是其他职业的 0.528 倍（$p<0.01$），即只有一半多一点；而投资

做生意的新市民部分家庭团聚的比例比其他职业高，是其他职业的 1.774 倍（$p<0.05$），即接近 2 倍。

（三）是否完整家庭团聚

研究发现（表 6.11），城市规模、年龄、性别、证书、宗教信仰、个人月收入、进城时间、职业是新市民是否完整家庭团聚的显著性影响因素。

（1）城市规模。与台山、江门这样的中小城市相比，其他因素不变的前提下，作为大城市的广州、东莞的新市民完整家庭团聚的比例明显偏低，东莞只有台山的 0.531 倍（$p<0.01$）。

（2）年龄。其他因素不变的前提下，新市民年龄越大，完整家庭团聚的比例越高。年龄每增加 1 岁，完整家庭团聚的比例将是增加前的 1.046 倍（$p<0.001$），即增长 4.6 个百分点。

（3）性别。其他因素不变的前提下，男性新市民比女性新市民的完整家庭团聚的比例低，只有 0.715 倍（$p<0.05$），也就是差不多 7 成。

（4）有无证书。其他因素不变的前提下，有证书新市民比无证书新市民的完整家庭团聚的比例低，只有 0.643 倍（$p<0.05$）。研究分析这主要是有证书的新市民年轻人较多。

（5）有无宗教信仰。其他因素不变的前提下，有宗教信仰新市民比无宗教信仰新市民的完整家庭团聚的比例低，前者是后者的 0.586 倍（$p<0.05$）。

（6）个人月收入。其他因素不变的前提下，新市民个人月收入越高，完整家庭团聚的可能性越大[①]。

（7）进城时间。其他因素不变的前提下，新市民进城时间越久，完整家庭团聚的比例越高。新市民进城时间每增加 1 年，其完整家庭团聚的比例将是增加之前的 1.037 倍（$p<0.01$），即每年提升 3.7 个百分点。

（8）职业。其他因素不变的前提下，外出打工的新市民完整家庭团聚的比例比其他职业低，仅是其他职业的 0.633 倍（$p<0.05$），即只有三分之二左右；而投资做生意的新市民完整家庭团聚的比例比其他职业高，是其他职业的 1.598 倍（$p<0.05$）。

（四）城市生活适应度

研究发现（表 6.12），城市规模、性别、文化程度、有无宗教信仰是新市民城市亲切感的显著性影响因素。

① 因为系数太小，SPSS 系统没有显示出准确回归系数，因此此处没有报告。

（1）城市规模。其他因素不变的前提下，台山这样的小城市新市民的城市生活适应度明显较高，台山比参照值广州高出 0.195 分（满分 5 分）（$p<0.001$）。

（2）性别。其他因素不变的前提下，男性新市民比女性新市民的城市生活适应度低 0.097 分（满分 5 分）（$p<0.05$）。

（3）文化程度。其他因素不变的前提下，新市民文化程度越高，城市生活适应度越高。新市民文化程度每增加 1 个层次，城市生活适应度将提升 0.068 分（满分 5 分）（$p<0.05$）。

（4）有无宗教信仰。其他因素不变的前提下，有宗教信仰的新市民比没有宗教信仰的新市民的城市生活适应度高出 0.127 分（满分 5 分）（$p<0.01$）。

（五）社区活动参与频率

研究发现（表 6.12），城市规模、文化程度、有无证书、有无宗教信仰、个人月收入、进城时间是新市民城市亲切感的显著性影响因素。

（1）城市规模。其他因素不变的前提下，江门新市民的社区活动参与频率明显较高，比参照值广州高出 0.209 分（满分 5 分）（$p<0.01$）。

（2）文化程度。其他因素不变的前提下，新市民文化程度越高，社区活动参与频率越高。新市民文化程度每增加 1 个层次，社区活动参与频率将提升 0.161 分（满分 5 分）（$p<0.001$）。

（3）有无证书。其他因素不变的前提下，有证书的新市民比没有证书的新市民的社区活动参与频率高出 0.233 分（满分 5 分）（$p<0.001$）。

（4）有无宗教信仰。其他因素不变的前提下，有宗教信仰的新市民比没有宗教信仰的新市民的社区活动参与频率高出 0.211 分（满分 5 分）（$p<0.01$）。

（5）个人月收入。其他因素不变的前提下，新市民个人月收入越高，社区活动参与频率越高。新市民个人月收入每增加 1 元，社区活动参与频率将提升 1.30E-05 分（满分 5 分）（$p<0.05$）。

（6）进城时间。其他因素不变的前提下，新市民进城时间越长，社区活动参与频率越高。新市民进城时间每增加 1 年，社区活动参与频率将提升 0.011 分（满分 5 分）（$p<0.05$）。

（六）是否有扎根意向

研究发现（表 6.11），城市规模、文化程度、待过的城市数量、职业是新市民是否有扎根意向的显著性影响因素。

（1）城市规模。与台山、江门这样的中小城市相比，其他因素不变的前提下，作为大城市的广州、东莞的新市民有扎根意向的比例明显偏低，东莞只有台山的

0.246 倍（$p<0.001$），广州只有台山的 0.385 倍（$p<0.001$），江门则为台山的 0.587 倍（$p<0.01$）。

（2）文化程度。其他因素不变的前提下，新市民文化程度越高，有扎根意向的比例越高。新市民文化程度每提升 1 个层次，其有扎根意向的比例将是增加之前的 1.427 倍（$p<0.001$），即提升 42.7 个百分点。

（3）待过的城市数量。其他因素不变的前提下，新市民待过的城市数量越多，有扎根意向的比例越低。新市民待过的城市数量每增加 1 个，其有扎根意向的比例将是增加之前的 0.900 倍（$p<0.05$），即每多一个降低 10 个百分点。

（4）职业。其他因素不变的前提下，外出打工的新市民有扎根意向的比例比其他职业低，仅是其他职业的 0.562 倍（$p<0.01$），即只有一半多。

表 6.10　新市民城市社会融入影响因素（1）（Logistic 回归模型）

自变量	是否定居性留城			是否部分家庭团聚		
	B	Std. Error	Exp（B）	B	Std. Error	Exp（B）
广州	–0.564*	0.261	0.569	–0.444*	0.206	0.641
东莞	–1.243***	0.343	0.288	–0.754**	0.217	0.47
江门	–0.098	0.263	0.906	0.173	0.223	1.189
台山	参照值	—	—	参照值	—	—
年龄	–0.006	0.016	0.994	0.044***	0.01	1.045
性别	–0.87***	0.203	0.419	–0.683***	0.145	0.505
文化程度	0.611***	0.111	1.842	–0.037	0.083	0.964
有无证书	0.388	0.219	1.474	–0.128	0.161	0.88
是否中共党员	0.029	0.331	1.029	0.142	0.239	1.152
有无宗教信仰	–0.184	0.293	0.832	–0.069	0.187	0.934
是否汉族	2.193*	1.02	8.965	0.849**	0.275	2.338
个人月收入/元	0	0	1	0	0	1
进城时间	0.072***	0.018	1.075	0.04**	0.012	1.041
居留城市数量	–0.169*	0.072	0.844	–0.103*	0.047	0.902
外出打工	–0.555*	0.276	0.574	–0.638**	0.212	0.528
投资做生意	0.334	0.285	1.397	0.573*	0.251	1.774
其他职业	参照值	—	—	参照值	—	—
Constant	–5.16***	1.195	0.006	–1.084*	0.52	0.338
Nagelkerke R^2		0.272			0.295	
样本数		1152			1152	

注：*表示 $p<0.05$；**表示 $p<0.01$；***表示 $p<0.001$

表 6.11 新市民城市社会融入影响因素（2）（Logistic 回归模型）

自变量	是否完整家庭团聚			是否有扎根意向		
	B	Std. Error	Exp（B）	B	Std. Error	Exp（B）
广州	−0.326	0.207	1.385	−0.955***	0.189	0.385
东莞	−0.633**	0.239	1.883	−1.403***	0.214	0.246
江门	0.236	0.214	0.79	−0.533**	0.197	0.587
台山	参照值	—	—	参照值	—	—
年龄	0.045***	0.009	0.956	0.011	0.009	1.011
性别	−0.336*	0.152	1.399	−0.232	0.138	0.793
文化程度	0.115	0.087	0.891	0.356***	0.08	1.427
有无证书	−0.442*	0.177	1.556	0.136	0.154	1.146
是否中共党员	0.241	0.268	0.786	0.193	0.237	1.213
有无宗教信仰	−0.534*	0.219	1.706	−0.001	0.185	0.999
是否汉族	0.305	0.301	0.737	0.344	0.281	1.41
个人月收入/元	0**	0	1	0	0	1
进城时间	0.036**	0.011	0.965	0.019	0.011	1.019
居留城市数量	−0.062	0.049	1.064	−0.106*	0.046	0.9
外出打工	−0.457*	0.216	1.579	−0.576**	0.195	0.562
投资做生意	0.469*	0.232	0.626	0.004	0.215	1.004
其他职业	参照值	—	—	参照值	—	—
Constant	−2.709***	0.551	15.018	−0.993*	0.5	0.371
Nagelkerke R^2		0.253			0.165	
样本数		1152			1152	

注：*表示 $p<0.05$；**表示 $p<0.01$；***表示 $p<0.001$

表 6.12 新市民城市社会融入影响因素（3）（多元线性回归模型）

自变量	城市生活适应度		社区活动参加频率	
	B	Std. Error	B	Std. Error
广州	参照值	—	参照值	—
东莞	0.003	0.061	0.042	0.066
江门	0.114	0.061	0.209**	0.066
台山	0.195**	0.067	0.037	0.073
年龄	0.001	0.003	−0.004	0.003
性别	−0.097*	0.048	0.028	0.052
文化程度	0.068*	0.028	0.161***	0.03
有无证书	0.045	0.054	0.233***	0.058
是否中共党员	−0.045	0.082	0.098	0.089
有无宗教信仰	0.127*	0.063	0.211**	0.068

续表

自变量	城市生活适应度		社区活动参加频率	
	B	Std. Error	B	Std. Error
是否汉族	–0.049	0.091	0.113	0.098
个人月收入	5.93E-06	0	1.30E-05*	0
进城时间	0.005	0.004	0.011**	0.004
居留城市数量	–0.014	0.015	–0.019	0.017
外出打工	参照值	—	参照值	—
投资做生意	0.094	0.055	–0.096	0.06
其他职业	0.074	0.07	0.19*	0.075
Constant	2.654***	0.151	1.068***	0.163
R^2	0.037		0.121	
Adjusted R^2	0.024		0.109	
样本数/个	1150		1145	

注：*表示 $p<0.05$；**表示 $p<0.01$；***表示 $p<0.001$

五、新市民乡村社会联系影响因素

（一）是否有田地

研究发现（表 6.13），性别、文化程度、民族、进城时间、待过的城市数量是新市民是否有田地的显著性影响因素。

（1）性别。其他因素不变的前提下，男性新市民比女性新市民有田地比例明显较高，有 1.676 倍（$p<0.001$），即接近 2 倍。

（2）文化程度。其他因素不变的前提下，新市民文化程度越高，有田地比例越低。文化程度每提高一级，有田地比例将是提升前的 0.668 倍（$p<0.001$），即差不多下降三分之一。

（3）民族。其他因素不变的前提下，汉族新市民比少数民族新市民有田地的比例明显较低，前者是后者的 0.446 倍（$p<0.05$），即不到一半。

（4）进城时间。其他因素不变的前提下，新市民进城时间越久，有田地的比例越低。新市民进城时间每增加 1 年，其有田地的比例将是增加之前的 0.957 倍（$p<0.001$），即每年降低 4.3 个百分点。

（5）待过的城市数量。其他因素不变的前提下，新市民待过的城市数量每增加 1 个，其有田地的比例将是不增加的 1.211 倍（$p<0.001$），即提高 21.1 个百分点。

（二）是否寄钱回家

研究发现（表 6.13），城市规模、待过的城市数量、职业是新市民是否有田地的显著性影响因素。

（1）职业。其他因素不变的前提下，东莞新市民比其他城市新市民寄钱回家比例明显较高，是参照值台山的 1.533 倍（$p<0.05$），即多出一半多。

（2）待过的城市数量。其他因素不变的前提下，新市民待过的城市数量每增加 1 个，其寄钱回家的比例将是不增加的 1.142 倍（$p<0.01$），即提高 14.2 个百分点。

（3）职业。其他因素不变的前提下，外出打工的新市民寄钱回家的比例比其他职业明显较高，是其他职业的 2.121 倍（$p<0.01$），即 2 倍多。

（三）是否回家干农活

研究只有一个相对难以解释的发现（表 6.13），是否有证书是新市民是否回家干农活的唯一显著性影响因素，而且有证书的新市民回家干农活的比例更高，为无证书的新市民的 1.920 倍（$p<0.05$），也就是接近 2 倍。本书认为，被访者理解的“国家承认的职业、执业、从业、技术、职称类证书”包括一些在农村时获取、与农业或农村事务相关的证书，成为这部分人明显兼业化的利益驱动力。

（四）是否回家参加选举

研究发现（表 6.14），是否回家参加选举与新市民所在城市规模、职业无显著性关系，年龄、性别、有无证书、是否党员、进城时间、待过的城市数量是新市民是否回家参加选举的显著性影响因素。

（1）年龄。其他因素不变的前提下，新市民年龄越大，回家参加选举比例越高。年龄每增加一岁，回家参加选举比例将是增加前的 1.037 倍（$p<0.001$），即差不多提升 3.7 个百分点。

（2）性别。其他因素不变的前提下，男性新市民比女性新市民回家参加选举比例明显较高，有 1.546 倍（$p<0.01$）。

（3）有无证书。其他因素不变的前提下，有证书新市民比无证书新市民回家参加选举的比例明显较高，前者是后者的 1.565 倍（$p<0.01$），体现了农村“能人”的政治参与热情。

（4）是否中共党员。其他因素不变的前提下，中共党员新市民比非中共党员新市民回家参加选举的比例明显较高，前者是后者的 1.780 倍（$p<0.05$），即接近 2 倍。

（5）进城时间。其他因素不变的前提下，新市民进城时间越久，回家参加选举的比例越低。新市民进城时间每增加 1 年，其回家参加选举的比例将是增加之前的 0.978 倍（$p<0.001$），即每年降低 2.2 个百分点。

（6）待过的城市数量。其他因素不变的前提下，新市民待过的城市数量每增加 1 个，其回家参加选举的比例将是不增加的 1.113 倍（$p<0.05$），即提高 11.3 个百分点。

（五）是否回家参加竞选

研究发现（表 6.14），是否回家参加竞选与新市民所在城市规模、职业无显著性关系，年龄、性别、有无证书、有无宗教信仰、待过的城市数量是新市民是否回家参加竞选的显著性影响因素。

（1）年龄。其他因素不变的前提下，新市民年龄越大，回家参加竞选比例越高。年龄每增加一岁，回家参加竞选比例将是增加前的 1.029 倍（$p<0.05$），即差不多提升 2.9 个百分点。

（2）性别。其他因素不变的前提下，男性新市民比女性新市民回家参加竞选比例明显较高，达 1.623 倍（$p<0.01$）。

（3）有无证书。其他因素不变的前提下，有证书新市民比无证书新市民回家参加竞选的比例明显较高，前者是后者的 1.633 倍（$p<0.05$），再次体现了农村“能人”的政治参与热情。

（4）有无宗教信仰。其他因素不变的前提下，有宗教信仰新市民比无宗教信仰新市民回家参加竞选的比例明显较高，前者是后者的 1.599 倍（$p<0.05$）。

（5）待过的城市数量。其他因素不变的前提下，新市民待过的城市数量每增加 1 个，其回家参加竞选的比例将是不增加的 1.123 倍（$p<0.05$），即提高 12.3 个百分点。

（六）是否回家探亲

研究发现（表 6.14），文化程度、民族、职业是新市民是否有田地的显著性影响因素。

（1）文化程度。其他因素不变的前提下，新市民文化程度越高，回家探亲比例越高。文化程度每提高一级，有田地比例将是提升前的 1.282 倍（$p<0.05$）。

（2）民族。其他因素不变的前提下，汉族新市民比少数民族新市民回家探亲的比例明显较高，前者是后者的 2.289 倍（$p<0.01$）。

（3）职业。其他因素不变的前提下，外出打工的新市民回家探亲的比例比其他职业明显较高，是其他职业的 1.720 倍（$p<0.01$）。

表 6.13　新市民乡村社会联系影响因素（1）（Logistic 回归模型）

自变量	是否有田地			是否寄钱回家			是否回家干农活		
	B	Std. Error	Exp（B）	B	Std. Error	Exp（B）	B	Std. Error	Exp（B）
广州	0.342	0.202	1.407	0.326	0.181	1.386	–0.159	0.386	0.853
东莞	0.277	0.219	1.319	0.427*	0.196	1.533	–0.238	0.426	0.789
江门	0.159	0.211	1.173	0.203	0.191	1.225	–0.005	0.394	0.995
台山	参照值	—	—	参照值	—	—	参照值	—	—
年龄	0.011	0.01	1.011	–0.011	0.008	0.989	0.016	0.018	1.016
性别	0.517***	0.145	1.676	–0.116	0.13	0.891	0.456	0.304	1.578
文化程度	–0.403***	0.084	0.668	–0.065	0.075	0.937	–0.125	0.158	0.882
有无证书	–0.156	0.163	0.856	0.087	0.147	1.09	0.652*	0.298	1.92
是否中共党员	0.304	0.258	1.356	–0.353	0.222	0.702	0.49	0.418	1.632
有无宗教信仰	–0.279	0.192	0.757	–0.054	0.171	0.947	–0.511	0.42	0.6
是否汉族	–0.808*	0.355	0.446	–0.082	0.249	0.921	0.058	0.541	1.06
个人月收入/元	0	0	1	0	0	1	0	0	1
进城时间	–0.044***	0.012	0.957	0.001	0.01	1.001	0.019	0.02	1.019
居留城市数量	0.191***	0.051	1.211	0.133**	0.042	1.142	0.128	0.082	1.136
外出打工	0.353	0.207	1.423	0.752***	0.188	2.121	0.557	0.447	1.745
投资做生意	–0.032	0.227	0.968	0.395	0.21	1.485	–0.013	0.522	0.987
其他职业	参照值	—	—	参照值	—	—	参照值	—	
Constant	1.842**	0.572	6.308	–0.236	0.466	0.789	–4.332***	1.03	0.013
Nagelkerke R^2		0.126			0.065			0.068	
样本数		1152			1152			1152	

注：*表示 $p<0.05$；**表示 $p<0.01$；***表示 $p<0.001$

表 6.14　新市民乡村社会联系影响因素（2）（Logistic 回归模型）

自变量	回家选举			回家竞选			回家探亲		
	B	Std. Error	Exp（B）	B	Std. Error	Exp（B）	B	Std. Error	Exp（B）
广州	–0.348	0.213	0.706	–0.153	0.267	0.858	0.102	0.288	1.108
东莞	–0.373	0.23	0.688	–0.017	0.281	0.983	0.055	0.315	1.057
江门	0.02	0.217	1.021	–0.126	0.278	0.882	–0.13	0.293	0.878
台山	参照值	—	—	参照值	—	—	参照值	—	—
实际年龄	0.036***	0.009	1.037	0.029**	0.011	1.029	0.013	0.013	1.013
实际性别	0.436**	0.156	1.546	0.484*	0.199	1.623	–0.288	0.21	0.749

续表

自变量	回家选举			回家竞选			回家探亲		
	B	Std. Error	Exp（B）	B	Std. Error	Exp（B）	B	Std. Error	Exp（B）
文化	0.121	0.085	1.129	0.133	0.105	1.142	0.249*	0.123	1.282
有无证书	0.448**	0.165	1.565	0.49*	0.203	1.633	–0.099	0.234	0.906
是否中共党员	0.577*	0.234	1.78	0.288	0.285	1.334	–0.228	0.352	0.796
有无宗教信仰	0.188	0.192	1.207	0.469*	0.221	1.599	0.005	0.264	1.005
是否汉族	0.307	0.311	1.36	0.302	0.391	1.352	0.828**	0.308	2.289
个人月收入/元	0	0	1	0	0	1	0	0	1
进城时间	–0.022*	0.011	0.978	–0.022	0.014	0.978	–0.023	0.015	0.978
居留城市数量	0.107*	0.047	1.113	0.116*	0.057	1.123	0.07	0.066	1.073
外出打工	0.218	0.225	1.243	0.448	0.295	1.566	0.542*	0.276	1.72
投资做生意	0.16	0.25	1.174	0.486	0.332	1.626	0.383	0.318	1.466
其他职业	参照值	—	—	参照值	—	—	参照值	—	—
Constant	–3.457***	0.565	0.032	–4.199***	0.71	0.015	0.132	0.678	1.141
Nagelkerke R^2		0.08			0.061			0.046	
样本数		1152			1152			1152	

注：*表示 $p<0.05$；**表示 $p<0.01$；***表示 $p<0.001$

第五节　新市民城市性积累动力机制

本节将表 6.4～表 6.14 所列的 27 个回归模型汇总整理成表 6.15[①]。从表 6.15 可以得出以下结论。

一、城市规模对新市民城市性积累的影响

城市规模对新市民城市性积累的影响是客观存在的，但是影响的方向不同于经典理论的结论，也不同于研究假设。研究发现，新市民所在城市规模越大，其城市性表现越弱，乡民性特点反而越强。与广州、东莞等特大城市、大城市相比，江门、台山这样的中小城市的新市民更多租住商品房、生活在老城区和新建小区、混居于本地人聚居区域；中小城市的新市民在城市好朋友中本地朋友比例更大、和本地人交往频率更高；同时中小城市的新市民直接城市人身份认同率、间接城市人身份认同率明显较高，城市归属感和城市亲切感都明显较强；中小城市的新

① 表中用“+”号表示正向显著性影响，“–”号表示负向显著性影响，“0”表示无显著性影响，“/”号表示为参照值。

市民城市社会融入程度明显较高，他们留在城市不回老家的原因中“生活定居性”比率较高，不论是部分家庭团聚比例还是完整家庭团聚比例都明显较高，对城市生活的适应程度明显更高，参加城市社区活动的频率较高，在未来打算中计划“在这个城市扎根、定居下来”的比例也明显更高。以上这些方面台山这样的小城市新市民表现得尤为突出，居住生活模式、社会交往模式的城市性更强，城市社会身份认同程度更高，城市社会融入程度更好。

中小城市新市民之所以融入城市社会的程度较好，有几个方面的原因。首先，中小城市新市民融入城市的障碍和难度较小。中小城市物价水平尤其是房价水平相对较低，大中小城市新市民的收入差别不大，所以中小城市新市民相对购买力较强，可以租住甚至购买环境较好的商品房、小区房。其次，中小城市通常吸引较多本地流动农民进城，而广州、东莞新市民则更多跨省流动的外地人；所以，中小城市新市民与城市人之间文化差异相对较小，社会交往的障碍也相对较小。再次，中小城市规模小，社会复杂程度相对较低，适应起来相对容易。

从这一研究结果来看，中央政府指定的“全面放开建制镇和小城市落户限制、有序放开中等城市落户限制、合理确定大城市落户条件、严格控制特大城市人口规模”的城镇化工作部署是合理的。尽可能向农村居民全面彻底地开放中小城市，引导农民进入中小城市入户定居，相对有利于进城农民适应城市环境、融入城市生活；农民进入大城市尤其是特大城市定居相对容易进入都市乡民行列，加剧“大都市病”。

当然，也不能忽视，中小城市新市民也一样具有很强的乡民性，并非已进入中小城市就万事大吉，还必须进一步寻求解决都市乡民问题的完整方案。

二、人力资本对新市民城市性积累的影响

在所有社会人口特征指标中，两个人力资本方面的指标对新市民城市性积累较有显著影响。研究结果（表 6.15）表明，新市民文化程度越高，租买商品房和居住在新建小区或老城区的比例越高，和本地人交往频率越高，求助于来城市后才认识的老乡的频率越高，直接城市人身份认同率、间接城市人身份认同率都越高，城市归宿感也越强，城市生活适应程度也越好，城市社区活动参与频率越高，在未来打算中计划“在这个城市扎根、定居下来”的比例也越高，而在老家有田地的比例越低。可见，文化程度越高的新市民居住生活模式、社会交往模式的城市性都越强，对自身“城市人”的社会身份认同程度越高，城市社会融入状况越好，与乡村老家的联系相对较弱。同时也发现，获得过国家承认的职业、执业、从业、技术、职称类证书的新市民在居住生活模式、社会交往模式、社会身份认同、城市社会融入几个方面都比没有证书的新市民表现出了更强的城市性。有证书的新市民租住商品房比例更高，好朋友中本地人比例更高，直接城市人身份认

同率、间接城市人身份认同率都更高，城市归宿感和城市亲切感都更强，城市社区活动参与频率更高。

文化程度较高或获得过国家承认的各类证书的新市民具有较高的思想、文化、心理素质，所以和城市人交往的障碍相对较小，适应城市社会环境的能力较强；文化程度较高或获得过国家承认的各类证书的新市民一般拥有相对较好的工作职位，收入水平较高，在城市里的生存能力相对较强；另外，文化程度较高或获得过国家承认的各类证书的新市民一般学习能力更强，而城市适应过程就是一个学习城市生活方式的过程，学习能力强的新市民自然适应城市生活环境的能力更强。

这一研究结果显示，提升新市民的人力资本可以帮助他们更好、更快地积累城市性，更好地适应城市、融入城市。所以，各种针对新市民群体的培训如果能够落到实处，是可以有效促进都市乡民问题解决的。

三、收入对新市民城市性积累的影响

研究结果（表 6.15）表明，个人月收入水平对新市民城市性积累有多方面的正面影响。第一，个人月收入水平越高，新市民租住商品房的比例越高；第二，个人月收入水平越高，新市民认同自己是城市人的比例越高；第三，个人月收入水平越高，新市民的城市亲切感越强；第四，个人月收入水平越高，新市民完整家庭（配偶、子女）团聚的比例越高；第五，个人月收入水平越高，新市民参加城市社区活动的频率越高。

个人收入决定了新市民在城市生活、定居、扎根的经济基础，是新市民适应城市、融入城市的“底气”；融入城市不仅仅是一种愿望，更重要的是一种行动，收入低、基础弱将使新市民“心有余而力不足”。

所以，帮助新市民解决好“生计”问题，在就业、创业方面给予必要而有效的帮助，落实好与农民工有关的劳动就业和劳动报酬方面的法律政策，帮助新市民提升人力资本以提高其赚钱能力，从而提高新市民的收入，增强其经济基础，是解决都市乡民问题的又一个关键途径。

四、民族对新市民城市性积累的影响

研究结果（表 6.15）表明，少数民族新市民在城市性积累方面似乎有更多困难。第一，少数民族新市民租住商品房比例明显较低，居住在本地人聚居区的比例也偏低，说明他们更大比例地居住在城市的少数民族流动人口聚居区；第二，碰到困难，少数民族新市民较大比例寻求政府和其他正式社会组织的帮助，间接说明他们与城市市民的横向交往较少；第三，少数民族新市民对自己城市人的身份认同率明显较低；第四，少数民族新市民因为“已经定居，希望居住、生活在城市”而待在城市不回老家的比例明显较低，说明其城市融入度较低；第五，少数民族新市民部分家庭（夫妻）团聚的比例较低，说明其“乡村拔根”程度相对较低。

本地流动的新市民融入城市只需要跨越乡村文化向城市文化转型这一堵墙，异地流动的新市民融入城市则需要跨越乡村文化向城市文化转型、外地文化向本地文化适应这两堵墙，而少数民族新市民融入城市却需要跨越乡村文化向城市文化转型、外地文化向本地文化适应、本民族文化向汉族文化适应这三堵墙；所以，少数民族新市民融入城市的难度比汉族新市民要大得多。

所以，在流动人口管理和城市化发展规划方面我们都应该制定专门的民族政策，应该在就业、创业、社会支持、生活扶助、教育培训、福利待遇等各个方面给予少数民族新市民特殊政策，以帮助他们跨越融入城市的“三堵墙”。

五、进城时间对新市民城市性积累的影响

研究结果（表 6.15）表明，进城时间对新市民社会交往模式、社会身份认同、城市社会融入和乡村社会联系几方面都有独立的显著性影响。第一，进城时间越久的新市民在城市里的好朋友中本地人比例越高，而且与本地人交往频率也越高；第二，进城时间越久的新市民其社会支持网络结构中老乡的作用越小而“来城市后认识的其他同事、朋友、熟人”作用越大；第三，进城时间越久的新市民对“我认为我已经是城市人了”和“别人把我当城里人看”两种说法的认同率都越高，说明其直接城市人身份认同率和间接城市人身份认同率都越高；第四，进城时间越久的新市民城市亲切感越强，对“这个城市是我的第二故乡，有家的感觉”说法的认同率越高；第五，进城时间越久的新市民因为“已经定居，希望居住、生活在城市”而待在城市不回老家的比例越高，越趋近于定居性留城；第六，进城时间越久的新市民家庭团聚的比例越高，部分家庭（配偶）团聚和完整家庭（配偶、子女）团聚比例都越高；第七，进城时间越久的新市民城市社区活动参与程度也越高；第八，进城时间越久的新市民老家有田地的比例越低，回老家参加选举的比例也越低，说明进城时间越久的新市民与老家农村的社会联系越弱。可见，城市生活的时间积累确实促进了新市民城市性的积累。

但必须注意的是，新市民城市性积累与时间的关系并不是直线型的。结合前文论述，新市民社会交往具有内卷化的趋势，估计城市性积累的其他方面也应该具有同样的特征。可以这样理解，进城时间久的新市民确实积累了更多城市性，但这种积累在进城的前几年发展速度很快，过了拐点以后就会降低速度甚至停止发展，进入都市乡民式的内卷化状态。应注意到，在反映新市民生活物理环境的居住生活模式方面，进城时间就没有显著性影响，说明新市民进入城中村、城边村、流动人口聚居区、安置小区等“都市乡村”以后生活模式就固化下来了，时

间积累并不能推动他们走出都市乡民生活模式。另外，时间也没能改变新市民对家人、亲戚以及老家认识的同学、朋友、熟人等血缘关系和地缘关系这样的初级社会关系的重度依赖。更为重要的是，进城时间对新市民在城市扎根定居意向的产生也没有显著影响，长时间的城市居留并没有让新市民形成城市归宿感。这些都再次印证而不是反证了新市民城市性积累内卷化的迹象。

本章认为，新市民的进城时间积累有两个部分：一个部分是都市乡村生活时间积累；另一个部分是都市主流社会生活时间积累。努力的方向应该是尽可能减少新市民的都市乡村生活时间积累，提高其都市主流社会生活时间积累，这样才真正有利于他们去内卷化，积累城市性。应该创造更多机会让新市民有机会进入城市主流社会。

六、居留城市数量对新市民城市性积累的影响

新市民离开农村老家以后就开始了城市生活之旅。研究结果（表 6.15）表明，在相同的进城时间内，新市民待过的城市越多，其城市性积累反而越少。在 27 个模型中，有 15 个模型显示，居留城市数量对新市民城市性积累有显著性影响，但均为负向影响。概括来说，其他条件不变的前提下，新市民待过的城市越多，居住在本地人聚居区的比例越低，好朋友中本地人比例越低，和本地人交往程度越低，城市社会身份认同所有指标（包括直接城市人身份认同率、间接城市人身份认同率、城市归宿感、城市亲切感）都越低，定居性留城比例越低，家庭团聚（包括部分家庭团聚和完整家庭团聚）比例越低，在未来打算中计划“在这个城市扎根、定居下来”的比例也越低，与乡村老家的社会联系（包括有田地、寄钱回家、回家参加选举、回家参加竞选四项）几个指标都越高。

分析发现，流动性强的新市民通常更多是进城“搞副业”“赚快钱”的农民，所以缺乏融入城市的思想准备和心理基础；城市间的频繁流动抵消了新市民微弱的城市性积累，始终处于城市“边缘人”“新人”的状态。

这一结果也提醒我们，地方政府应该多创造条件让新市民有恒产、树恒心，在一个城市长期生活下去，逐步扎根。这样才能逐步积累城市性，尽快走出都市乡民的生活状态。

七、职业对新市民城市性积累的影响

研究结果（表 6.15）表明，与外出打工的新市民相比，投资做生意的新市民表现出相对较强的城市性。首先，投资做生意的新市民租买商品房并居住在新建小区和老城区的比例较高；其次，投资做生意的新市民对“我认为我已经是城市人了”和“别人把我当城里人看”两种说法的认同率都较高，说明其直接城市人

表 6.15 新市民城市性积累影响因素汇总

自变量	因变量	居住生活模式			社会交往模式								社会身份认同				城市社会融入						乡村社会联系					
		商品房	老城区或小区	本地人聚居区	本地好朋友	和本地人交往	家人	老家熟人	老乡	朋友	单位	政府	直接城市人	间接城市人	城市归宿感	城市亲切感	定居性留城	部分家庭团聚	完整家庭团聚	城市生活适应	社区活动参加	扎根意向	是否有田地	是否寄钱回家	干农活	是否回家选举	是否回家竞选	是否回家探亲
城市规模	特大城市	-	-	-	0	/	0	+	0	0	0	0	0	/	0	/	-	-	0	/	/	-	0	0	0	0	0	0
	大城市	-	-	-	0	0	/	/	/	/	/	/	/	0	/	0	-	-	-	0	0	-	0	+	0	0	0	0
	中等城市	-	-	-	+	+	0	0	0	0	0	0	+	+	+	+	0	0	0	0	+	-	0	0	0	0	0	0
	小城市	/	/	/	/	+	0	0	0	0	0	0	+	+	+	+	/	/	/	+	0	/	/	/	/	/	/	/
人口特征	年龄/岁	+	+	0	0	0	0	0	+	-	0	0	0	-	+	0	0	+	+	0	0	0	0	0	0	+	+	0
	性别	0	0	0	+	0	0	0	0	0	0	0	0	-	0	-	-	-	-	-	0	0	+	0	0	+	+	0
	文化程度	+	+	0	0	+	0	0	+	0	0	0	+	+	+	0	+	0	0	+	+	+	-	0	0	0	0	+
	有无证书	+	0	0	+	0	0	0	0	0	0	0	+	+	+	+	0	0	-	0	+	0	0	0	/	+	+	0
	是否中共党员	0	0	0	+	0	0	0	0	0	0	0	0	0	0	0	0	0	0	0	0	0	0	0	0	+	0	0
	有无宗教信仰	0	0	0	+	0	0	0	0	0	0	0	+	0	+	+	0	0	-	+	+	0	0	0	0	0	+	0
	是否汉族	+	0	+	0	0	0	0	0	0	0	-	+	0	0	0	+	+	0	0	0	0	0	0	0	0	0	+
	个人月收入/（元/月）	+	0	0	0	0	0	0	0	0	0	0	+	0	0	+	0	0	+	0	+	0	0	0	0	0	0	0
城市经历	进城时间/年	0	0	0	+	+	0	0	-	+	0	0	+	+	0	+	+	+	+	0	+	0	-	0	0	-	0	0
	居留城市数量/个	0	0	-	-	-	0	0	0	0	0	0	-	-	-	-	-	-	-	0	0	-	+	+	0	+	+	0
	是否外出打工	0	0	0	/	/	/	/	/		/	/	/	/	/	/	-	-	-	/	/	-	0	+	0	0	0	+
	是否投资做生意	+	+	0	0	0	0	0	0	0	0	0	+	+	0	0	0	+	+	0	0	0	0	0	0	0	0	0
	是否其他职业	/	/	/	0	0	0	0	0	0	0	0	+	+	+	+	/	/	/	0	+	/	/	/	/	/	/	/

身份认同率和间接城市人身份认同率都较高；再次，投资做生意的新市民家庭团聚（包括部分家庭团聚和完整家庭团聚）比例较高。

与外出打工的新市民相比，投资做生意的新市民收入较高，经济条件相对较好，相对具有改变居住生活模式和家庭团聚的经济基础；由于职业的原因，投资做生意的新市民与城市人交往的机会相对较多，而且相对会比较注重自己的外表形象，与城市人的差异相对不会太明显，所以直接城市人身份认同率和间接城市人身份认同率都较高。

从这一结果来看，政府和新市民相关组织应该考虑如何帮助新市民自主创业，使更多新市民能够在城市实现自己的创业梦想，这将有利于新市民融入城市。

第七章　新市民城市融入及相关政府职能

新市民城市融入就是都市乡民走向终结的过程，也是进城农民逐步脱离乡民性、积累城市性的过程，也就是新市民最终完成乡村拔根和城市扎根的过程。本章将尝试对这一过程的路径进行描述，并对政府职能的合理建立和有效发挥提出相应建议。

第一节　新市民城市融入路径

阿布-卢格霍德（Abu-Lughod，1961）认为，乡民进城以后必须适应城市生活的物理、经济、社会及意识形态要求。受此启发，本章认为都市乡民的终结应该包括以下 4 个方面的渐进过程。

首先，走出封闭的都市乡村物理环境。城中村、流动人口聚居区、工厂宿舍、建筑工地等流动农民聚居的“都市乡村”具有存在的意义，可以为刚进城的流动农民提供立足之地和最起码的生存条件，且基于连锁流动的同源、同乡聚居可以为流动农民提供心理缓冲和原始的社会支持；但是，这些“都市乡村”对于流动农民只能是暂时性、权宜性、过渡性的生活场所，不应该变成长期性、目标性、归宿性的久居之地，否则，路径依赖效应必然发挥作用，流动农民必然进入恶性循环的“内卷化”轨道，“都市乡村化”问题将越来越严重，都市乡民问题将进入无解的境地。所以，流动农民应该尽快走出“都市乡村”。在这个问题上，政府必须承担责任，负责流动农民的社会保障，尽最大努力为流动农民提供居住条件。但是，政府不应直接充当发展商或业主，而应该完善健全社会保障制度。政府出面为流动农民大规模建设廉租房、经济适用房弊端很多，一是建设负担沉重、可行性不能保障，二是管理难度大、政府角色不清，还有就是会再造同源、同乡性的类似“安置小区”一样的新型“都市乡村”，不利于打破进城农民的乡村纽带，不利于他们融入城市社会。政府应该评估进城农民的进城时间、收入水平、家庭负担、居住条件等，然后以租房补贴、无息贷款、低息贷款、低首付等方式帮助进城农民租房或购房。这样，进城农民将逐步分散融入城市各个社区。为了防止“骗保障”现象出现，借鉴发达国家经验，可以将补贴和贷款政策直接提供给房屋提供方而不是租购方。同理，征地过程中惯行的“集中安置”政策是复制“都市乡村”物理环境，不利于失地农民市民化，应该代之以“货币安置”，鼓励失地农民自主购房，分散融入都市大社会。为了避免失地农民“乱花钱”不购房，从而失去住房保障，可以规定补偿款中必须有一定比例用于购房，而且款项直接拨给卖房方。政府在提供保障政策的同时，应该对提供给流动农民、失地农民的房源进行严格审核，凡是不利于都市乡民融入城市生活的居住环境政府可以不予批准。

其次，进入持续向上流动的生计通道。生计是都市乡民走出都市乡村、融入都市社会的根本基础。理论上来讲，中国农民现在有三次向上流动的机会：第一次机会是参加高考，与城市人平等竞争，如果考中就可以进入城市人的行列；第二次机会是进城务工经商，通过自身努力积累各方面资本，逐步融入城市社会；第三次机会是培养子女，争取实现代际向上流动。都市乡民已经基本失去了第一次机会，只能寄希望于第二三次机会。但是，由于自身人力资本存量有限，也由于户籍制度带来的歧视性、分割性就业政策，进城农民（包括失地农民）只能依托连锁就业的链条，进入低技术、低收入、低保障的岗位就业，甚至大量进入“非正规部门”寻求生计。从劳动力市场分割理论来看，进城农民只能分隔在二级劳动力市场就业，没有机会进入一级劳动力市场。结果是，除了极少数精英以外，绝大多数进城农民都没有职业、职位、收入向上流动的机会，难以在城市里形成积累。与户籍制度关联的教育制度使进城农民的子女不能和城市人子女一样拥有平等的教育机会，又使进城农民第三次向上流动的机会大大减少。所以，加快户籍制度及相关的就业制度、教育制度改革进程是都市乡民的终结的重要条件。政府还应该加强劳动力就业信息渠道的建设，使都市乡民逐步减少对连锁就业信息渠道的依赖。另外，政府应加大对农民工职业技术培训的投入并提升政策落地执行的能力，帮助流动农民积累人力资本、提升职业发展潜力。

再次，逐步拓展次生异质性社会关系网络。本书将都市乡民从乡村老家带到城市的社会关系称为原生社会关系，主要包括家人、亲戚、同村人、同学等，将都市乡民进入城市以后建立的社会关系称为次生社会关系。从来源、背景、处境等来看，次生社会关系又分为同质性社会关系和异质性社会关系，老乡、工友、同事属于典型的同质性社会关系，邻居、生意伙伴、单位领导上司、社会朋友、组织成员、政府部门人员等属于典型的异质性社会关系。都市乡民的社会支持网络结构将分 3 个发展阶段：进城之初主要依赖原生社会关系网络；然后长期依赖原生社会关系和次生同质性社会关系组成的网络；最后逐步拓展次生异质性社会关系网络。次生异质性社会关系网络扩大的过程就是都市乡民终结的过程。随着都市乡民逐步走出封闭的都市乡村物理环境，其次生异质性社会关系网络也将逐步扩大。阿布-卢格霍德（Abu-Lughod，1961）发现，埃及都市乡民社会中正式社会机构（工会、协会、慈善组织、政治团体等）严重缺位，都市乡民不得不完全依赖非正式社会机构（家庭、家族、邻里、咖啡店等）获取社会支持。中国目前也存在同样的问题。从户籍管理制度来看，都市乡民的“正式组织关系”（村民委员会、党团组织等）都在家乡，城市的政府组织、居民自治组织对都市乡民更多是控制、防范，而不是支持、服务。所以，“都市乡村”成了农民在城市建立的一个个“飞地”，成为典型的正式社会管理的盲点。工会、协会组织通常有名无实，对都市乡民的社会支持功能非常有限。正式社会机构与非正式社会机构此消彼长，正式社会机构缺位与非正式社会机构占位互为因果，正式社会机构的介入是促进都市乡民终结的关键。所以，应该加速改革以户籍制度为基础的城市社会管理体制，尽快建立以居住登记为基础的城市社会管理体制；同时，国家需要健全立法，引导流动农民建立公民协会、俱乐部、民间团体等社会组织。

最后，学习都市文化并逐步养成市民人格。前文已经讨论过，都市乡民是在职业非农化和聚落模式城市化以后仍然保留了传统农民的人格和生活方式的农村人。都市乡民是一种城市性发展滞后现象，也是一种文化滞后现象。所以，都市乡民的终结是农民终结的一个阶段，也是农民终结的最后一个阶段，即文化意义上的农民终结。根据跨文化适应理论，乡村文化熏陶下成长起来的乡民进入都市文化环境以后，必然出现文化震撼（culture shock），在短暂的接触（contact）、最初调整（initial adjustment）和蜜月期（honeymoon）以后，必然出现崩溃（disintegration）和危机期（crisis），然后经过重新整合（reintegration）、恢复（recovery）、再度调整（regained adjustment），最终达到自治（autonomy）、独立（independence）和适应（adjustment）状态（孙进，2010）。这一过程是反思、放弃或悬置乡村文化的过程，也是认识、接受和学习都市文化的过程，也就是文化意义上的农民终结过程。结合文化进化论和文化相对论，完全否定、抛弃乡村文化也是不合理的。都市乡民带进城市的乡村文化应该分为 3 个部分：落后文化，包括不讲卫生、不守秩序、不守时、法制观念弱、公德意识差、守旧、理性化程度低、小圈子意识、迷信等；中性文化，比如农村人重视祠堂和祖先、外地人习惯方言交流、区域性的饮食等生活习惯等；先进文化，包括诚实善良、热情待人、睦邻友好、团结互助等。对这三部分文化应该区别对待。首先，要倡导和促进都市乡民学习都市文化，培养理性、守时、守秩序、强调一致、精明、自由、宽容、世俗、竞争、进取、适应次级社会关系、适应超负荷社会交往模式、适应亚文化环境、创新与反常规的都市人格。无锡、宁波、成都、重庆等地近年来出现了街道、社区与职业学校合办的新市民学校，帮助新市民适应城市生活、融入城市社会，发挥了一定作用，但在办学方向、教学内容、办学方式等方面有待进一步研究。其次，应该尊重都市乡民的文化习俗，不贬低、不歧视、不破坏中性文化，以保持都市社区文化的多样性。同时，要反对目前征地拆迁过程中的物质利益和金钱至上倾向，不能只关注失地农民的住房、就业、经济补偿和物质保障，还应该关心失地农民的精神需求，对存在了千百年的村庄祠堂、祖坟等失地农民的精神家园应该适当保存，并以文物、博物馆、纪念馆等形式融进新城建设之中。再次，应该利用好乡村文化的先进成分，借大规模都市乡民融入城市之机优化城市规划和城市社区建设。比达尔夫等（Biddulph et al.，2003）就指出，都市乡村是一种理想的都市生活方式，是一种重要的现代城市规划理念，这种理念强调在城市住宅小区设计中营造类似村落的睦邻友好、守望相助的人文氛围。

第二节 新市民城市融入过程中的政府缺位问题

从以上分析可见，在新市民融入城市的过程中，政府应该且必须扮演重要的角色，包括社会管理、社会支持、社会保障、社会服务等各个方面。但是，在珠三角地区的抽样调查发现，在新市民融入城市的过程中，政府基本处于缺位的状态。

一、政府在新市民社会支持方面作用非常有限

新市民所需的社会支持分为生活支持（缺钱用、找地方住、生病时需要照顾）、情感支持（心情不好、重大问题一起讨论）、安全支持（被欺负、遇上纠纷）、工作或业务支持（找工作、介绍关系、收集工作或生意信息）几个方面。调查结果（表 7.1）表明，政府部门在对新市民的安全支持（被欺负、遇上纠纷）方面发挥一定作用，但其他几方面的社会支持作用几乎可以忽略不计。可见，政府在新市民社会支持方面基本上处于被动出场甚至被迫出场、应急出场的状态，只有当被欺负、遇上纠纷等消极甚至危机情形出现而且其他社会支持网络解决不了问题的时候，新市民才不得不求助于政府，政府仅仅被迫充当社会秩序、社会底线维护者的角色为新市民提供最低限度的社会保障。而在生计保障、住房保障、医疗保障、心理支持等方面新市民基本处于“自生自灭”状态，政府并没有承担应该承担的责任。

表 7.1 政府部门在新市民社会支持中的作用

求助对象	心情不好	缺钱用	找工作	找地方住	重大问题一起讨论	被欺负	生病时需要照顾	遇上纠纷	介绍关系	收集工作或生意信息
家人/亲戚/%	33.1	50.2	14.0	24.3	66.6	28.9	66.1	25.9	19.3	14.2
老家认识的同学/朋友/熟人/%	35.4	22.9	32.7	25.2	15.6	26.1	13.2	20.7	33.4	31.0
来城市后才认识的老乡/%	5.3	4.3	8.9	10.0	2.5	6.1	2.7	5.7	10.0	10.6
来城市后认识的其他同事/朋友/熟人/%	13.2	8.9	18.3	15.1	5.7	9.9	6.6	11.8	20.5	22.1
单位领导/老板/%	0.6	2.7	3.0	2.9	2.0	2.2	0.4	5.1	3.4	5.2
政府部门社会机构/%	0.4	0.2	1.6	1.2	0.7	8.9	0.7	15.6	1.1	2.1
其他/%	12.0	10.7	21.5	21.3	6.9	17.8	10.4	15.2	12.3	14.8
合计/%	100	100	100	100	100	100	100	100	100	100
样本数/个	1220	1220	1220	1220	1220	1220	1220	1220	1220	1220

二、多数新市民反映政府失职

在定性研究阶段召开座谈会时，新市民普遍反映：政府对外来人口不够关心；外来人员缺乏向政府申述的渠道；政府没有采取有效的措施来帮助外来人口更好地融入城市。为了验证这些问题的普遍性，通过问卷询问被访者对“政府对外来人口不够关心”“外来人员缺乏向政府申述的渠道”“政府没有采取有效的措施来帮助外来人口更好地融入城市”几个说法是否同意。调查结果见表 7.2。调查结果表明，新市民对这几个说法的同意率很高，各有大约三分之二的新市民对三个说法表示同意，而且三个说法之间差异不大。就各级城市来看，“政府对外来人口不够关心”“外来人员缺乏向政府申述的渠道”两个说法的同意率差异不明显，对于“政府没有采取有效的措施来帮助外来人口更好地融入城市”这一说法城市规模越大同意率越高（tau-y=0.01，*p*=0.009），说明大城市和特大城市政府对新市民融入城市的帮助更小。

表 7.2 新市民对政府职能发挥的评价

说法	是否同意	广州	东莞	江门	台山	合计
政府对外来人口不够关心	同意/%	68.5	67.9	66.4	62.1	66.7
	不同意/%	31.5	32.1	33.6	37.9	33.3
	合计/%	100	100	100	100	100
	样本数/个	400	305	292	211	1208
外来人员缺乏向政府申述的渠道	同意/%	74.3	75.3	69.4	66.5	72.0
	不同意/%	25.8	24.7	30.6	33.5	28.0
	合计/%	100	100	100	100	100
	样本数/个	400	304	294	209	1207
政府没有采取有效的措施来帮助外来人口更好地融入城市	同意/%	70.1	67.2	61.6	57.6	65.1
	不同意/%	29.9	32.8	38.4	42.4	34.9
	合计/%	100	100	100	100	100
	样本数/全	398	305	292	210	1205

三、新市民对政府部门人员评价不高

在调查时问被访者“您跟这个城市哪些政府部门（可以多选）打过交道？”，调查结果见表 7.3。从中可以看出，与所在城市各个政府部门打过交道的新市民比例整体上不高，有近 4 成新市民没有和任何政府部门打过交道，打交道比例最高的“部门”也是“准政府部门”居委会和村委会，其次就是派出所、公安、警察这些社会秩序维护者。在调查时接着问被访者“请问您认为这些部门人员的态度如何？”，调查结果见表 7.4。从中可以看出，新市民对城市政府部门人员对新市民态度的评价整体上好评率很低，只有约四分之一评价为“很好”和“还不错”，大多数评价都是“一般”“不大好”和“很不好”。各个城市之间有显著性差异（Somers' d=–0.07，$p<0.05$），东莞新市民评价最低，台山相对较好。

表 7.3　与城市政府部门打过交道的新市民比例

政府部门	打过交道比例
居委会、村委会/%	33.4
派出所、公安、警察/%	25.7
工商部门/%	18.7
税务部门/%	14.6
城管/%	14.1
劳动部门/%	13.5
计生部门/%	12.6
卫生部门/%	12.3
消防部门/%	8.2
以上都没有/%	39.6
样本数/个	1209

表 7.4　新市民对政府部门人员态度的评价

评价	广州	东莞	江门	台山	合计
很好/%	3.4	2.6	7.2	5.9	4.6
还不错/%	23.7	14.8	21.5	27.1	21.8
一般/%	48.1	51.6	56.9	46.6	51.0
不大好/%	16.2	23.2	12.8	14.4	16.5
很不好/%	8.6	7.7	1.5	5.9	6.1
合计/%	100	100	100	100	100
样本数/个	266	155	195	118	734

四、新市民有不愉快的经历

调查结果（表 7.5）表明，政府部门人员给大约四分之一的新市民带来过不同程度的不愉快经历，包括实施过侮辱、搜身、打骂、歧视、敲诈等较为严重的侵权行为。这些经历客观上破坏了新市民对城市、城市人和城市政府的印象，损害了新市民对城市的归宿感，对其融入城市留下了心理阴影。

表 7.5　与城市政府部门有过不愉快经历的新市民比例

不愉快经历	比例
罚款/%	16.0
打骂/%	2.5
侮辱/%	3.1
搜身/%	3.0
歧视/%	5.1
敲诈/%	2.0
抓起来/%	3.1
没收财物/%	4.3
扣押证件/%	7.9
以上都没有/%	74.7
样本数/个	1208

第三节　新市民对政府的期望及相关政策思考

在深入访谈和座谈会阶段，询问新市民希望政府能够为外来人口做些什么，然后将访谈的主要结果进行归纳，形成了 7 个主要的意见；在问卷调查阶段，将这些意见放在问卷上，以了解各个意见的量的分布。调查结果见表 7.6。

表 7.6　新市民希望政府做的事情

新市民对政府的期望	广州	东莞	江门	台山	合计
为外来人提供交通、就业、住房等各方面信息咨询服务/%	73.8	75.2	74.4	72.2	74.0
通过宣传教育消除本地人对外地人的歧视/%	63.7	62.7	69.4	67.5	65.5
提供语言、安全、法律法规、卫生保健等各类培训/%	58.5	61.4	62.0	58.0	60.0
建立专门服务于外来工群体的机构或部门/%	60.0	64.7	60.9	50.5	59.8
通过各种办法提高外来人口的社会地位/%	61.2	61.8	57.6	48.6	58.3
通过社区文娱活动使外地人融入城市/%	50.9	64.7	61.3	57.1	58.0
通过互联网等信息交流平台加强与外来人的沟通/%	45.4	52.3	47.1	47.6	48.0
样本数/个	405	306	297	212	1220

一、信息咨询服务

新市民最希望政府做的事情是“为外来人提供交通、就业、住房等各方面信息咨询服务”，约四分之三（74.0%）的新市民有这方面的期望。

在理想中，政府是希望市场能很好地担负交通、就业、住房等各方面信息的供给职能；但在当今的现实中，新市民获得交通、就业、住房等各方面信息的主要途径是社会网络，主要是前面论述过的连锁就业链条上的同源社会网和同乡社会网。这是都市乡民问题产生的原因之一。其实，新市民强烈希望政府能够承担相应的责任。

本书认为，政府在新市民需要的就业、住房、交通以至其他方面的信息收集、信息统计、信息整合、信息鉴别、信息发布、信息提供、信息跟踪等环节都具有权威性和透明性，能够更好地为新市民提供服务，弥补市场和社会网络在这方面功能发挥的不足；政府承担这方面的职能也能够帮助新市民减轻对同源社会网和同乡社会网的依赖，缓解新市民社会交往内卷化的趋势。

二、消除歧视，提高地位

希望政府“通过宣传教育消除本地人对外地人的歧视”的新市民也比较多，65.5%的新市民有这方面的期望；与此相应，58.3%的新市民期望政府“通过各种办法提高外来人口的社会地位”。

本地人对外地人的歧视是新市民融入城市社会的重要障碍，它阻止了新市民与本地人的交往动机，是新市民社会交往内卷化形成的重要原因。目前的情况是，政府就算在歧视方面不是实施者或者推波助澜者，起码也是旁观者、无动于衷者。在本地人对外地人的歧视方面，作为外地人的新市民是受害者，也是弱者，无力改变被歧视的被动处境；作为社会秩序和社会公正的维护者，政府不仅不能成为歧视实施者或者推波助澜者，而且就算作为旁观者、无动于衷者也是严重失职甚至是渎职。

其实，政府在这方面是有责任而且有能力作为的。首先，政府应该认识到，歧视不仅是普通的民间行为，而是有损社会和谐、社会稳定的社会问题，不利于当地社会的可持续进步和发展；其次，政府应该公开表明态度，反对族群歧视，维护新市民权益，这会在社会上形成健康的舆论导向；再次，政府应该通过各种传播途径（政府官网、电视、电台、报纸、户外广告、宣传栏、志愿者、公益活动，等等）抵制族群歧视，倡导和谐文明社会风气。

在这方面已经有不少地方政府做了很好的尝试。2004 年 6 月 23 日至 30 日中国人权研究会调研组在上海市和江苏省无锡、镇江、常州等市调研、考察进城农民工合法权益保障状况发现，无锡、镇江、常州三市不再将进城农民工称为外来从业或务工人员，均统称为“新市民”。无锡市对企业中表现优秀、成为生产能手或技术骨干或有突出成绩的农民工给予迁移户口指标，已有不少来自各地农村的农民工将其农村户口迁移并转成了无锡市城市户口，还有不少人已与本市居民结婚，有的已经在无锡市买房，已经真正融入了城市成为真正的城里人（吴天宝等，2005）。对24.5万外来人口，浙江省平湖市人称他们为“新平湖人”（朱瑞俊，2005）。江苏省昆山市针对60多万外来人口推出“新昆山人”建设工程，出台了《关于加强“新昆山人”建设工作的意见》，成立了“新昆山人”工作委员会，搭建了专门的服务平台，营造融管理教育服务为一体的大环境，包括社区服务、新老昆山人沟通互动等（谢波等，2006）。西安市雁塔区区委、区政府要求对“外来人口、外来务工人员、打工者、农民工”等称谓统一规范为“新市民”，并出台了具体办法（艾君，2006）。殷建光（2007）报道，雁塔区规定区政府文件、领导讲话、口头称呼中40万“外来工”“外来务工人员”将被改为“新市民”，同时进行社保、医疗、子女教育制度改革，让所有公民融为一体。2008年6月，湖北省劳动保障厅、发改委、公安厅、教育厅、建设厅五部门联合发出通知要求在全省城镇实施“迎接新市民工程”，将符合一定条件（合法固定住所、相对稳定的职业、合法生活来源、连续就业年限、劳动合同年限、学历、纳税额、荣誉称号、有遗产继承或有赡养义务等）的人员定为可以办理城镇入户、享受与城镇居民相同的就业和社会保障政策的“新市民”（厚坤，2008）。艾君（2011）报道，时任北京市委书记刘淇在优秀来京务工人员代表座谈会上指出：“在新的发展阶段，要把来京务工人员作为北京的新市民。”近5年来，市财政已投入164亿多元，解决了42.9万来京务工人员随迁子女就读问题。北京市总工会从1999年着手组建外来务工者工会，十多年来在为农民工培训、就业、入会、维权等方面做了大量工作。但是，不得不承认，这些有益的尝试涉及的面并不广，可谓凤毛麟角；而且这些举动多具有自发性、冲动性，换一任领导就变回老样子，并不是制度化、持续性的政府行为。

三、新市民教育

接下来较多新市民需要的政府行为是“提供语言、安全、法律法规、卫生保健等各类培训”，其比例达60.0%。

前文的实证研究结果表明，提升新市民的人力资本可以帮助他们更好、更快地积累城市性，更好地适应城市、融入城市，各种针对新市民群体的培训如果能够落到实处，可以有效促进都市乡民问题解决。各地举办的新市民学校在帮助新市民适应城市生活、融入城市社会方面发挥了一定作用。

早在2002年就有学者（朱涛，2002）提出，今后20年中我国将有3亿～4亿农民及其后代由“农民”转成“市民”，应该借鉴发达国家（譬如英国、日本等）经验，依托我国成人教育体系，开办各种“市民学校”，通过“平民教育”提高民众素质，引导“农民”向“市民”转型，促进城市化顺利发展。包括：法制法纪教育、伦理道德教育、公民权利义务教育、城市生活规则教育；生产内容、生产方式、生产组织、生产管理等改变的职业观念、职业技能、职业道德、职业纪律等教育；自强自立意识和生存能力培训；高雅文明的文化休闲教育；要引导、辅导市民参加阅读写作、弹琴下棋、书法绘画、歌舞戏剧、美容健身、种花养鱼、服装烹饪、旅游摄影等健康有益的文化活动。

从 2003 年 4 月开始常州市就将外来工纳入“学习型城市”建设计划，开办了以外来工为培训对象的“新市民学校”（连玉明，2003）。杨向群、项复民（2003）建议通过社区教育培育一代新市民，以形成城镇可持续发展的动力。汪鹤飞（2007）报告了宁波市“新市民”培训“海曙模式”的四大工程、五种模式：文明科普素质教育工程、普网工程、心理健康关爱工程、职业技能培训工程；新居民联谊会模式、家校联手模式、部门联动模式、典型推动模式、跟踪拉动模式。2006 年的 12 月 18 日，中国首个农民工励志创业培训基地“重庆农民工夜校”挂牌成立，7 个月后，名噪一时的重庆农民工夜校关闭了。吴婷婷（2007）提出“农民工到新市民还有多远？”的问题，认为农民工学习一门简单劳动技能不算困难，但要彻底改变他们的生活陋习却是一件不容易的事，所以应该加强对农民工城市生活常识、文明礼仪的学习。成都市总工会宣教部（2009）报道，成都市总工会联合团市委、市妇联利用自有培训资源和力量，创建了面向进城务工或即将进城务工的农民工的公益性、社会化、开放式的新市民学校，编印了统一教材《成都新市民读本》，建立遍及农民工较集中的社区、企业教学网络，两年时间，已建立 21 个新市民学校培训基地，固定或流动教育点 76 个，共培训农民工 62 580 人，培训人次达 25 万人次。陈未鸣、李孟龙（2009）报道，宁波市北仑区为 48 万新市民提供“均等化”公共服务，包括公办学校均衡教育、孕产妇电子健康档案、与本地市民共享文化生活、新型社区等。汤海明（2009b）报道，宁波市江北区 2007 年 10 月开始启动了“市民大课堂”，开展了“走进江北”“携手新市民，共建新江北”“奥运讲坛”三大主题教育。2008 年 11 月，又启动了“十万新市民素质提升工程”，计划在三年内培训十万人次的新市民。但是，因为宣传不够、课程设置针对性不足、教学组织不科学，“新市民课堂”社区教育实效性不高。李霞（2010）报道了成都市龙泉驿区大面街道龙华社区新市民教育工作思路：一个主题，“唱响主旋律、共创新生活”；两种形式，活动和培训互动；三大对象，突出培训农村壮年劳动力，兼顾老年人教育和青少年校外教育，拓展培训务工人员；四大举措，资源利用、培训整合、校企联系、跟踪培训；五大内容，观念引导、职业技能、市民素质、青少年校外教育和社区文化；六大方法，问题学习、游戏学习、案例学习、小组合作学习、活动学习、因材施教学习；七大平台，社区教育学校、社区广播站、社区电视台、《龙华实践》杂志、社区宣传公示栏、学生联合会、家长学校；八大座谈，文明生活、和谐家庭、忧患意识、奥运精神、邻里互助、终身学习、勤俭节约、健康养生；九大专题，文明礼仪、知恩图报、科普环保、普法守德、家庭理财、和谐发展、尊老爱幼、勤劳致富、弘扬正气等专题系列活动；十大公约，知恩感恩、弘扬正气、遵纪守法、明礼诚信、和谐包容、珍惜荣誉、文明生活、爱岗敬业、团结友爱、勤俭节约。严娟红（2011）报道，宁波市江北区早在2006、2007年，就已通过校企联动、校社联动、校校联动、大型企业职工教育基地等途径开展外来务工人员岗位技能培训，2008年又启动了“十万新市民素质提升工程”，计划通过3年时间，对居住在江北的10万新市民进行免费的教育培训，培训内容涉及初小文化普及、电脑基本操作及网络知识、岗位技能、法律知识、文明礼仪五大块。艾君（2011）报道，2006年6月26日“北京市总工会农民工业余学校”正式成立，2007年年初又建立了第一个农民工业余学校培训基地，仅2009年就完成81 150名来京务工者的培训工作。吴济慧（2012）报道，2003年，常州市钟楼区在全国范围率先创设了首批11所新市民学校，其他地区也争相效仿；2004年，中央电视台专题报道了新市民学校建设的“常州做法”，被专家们誉为新一轮的“城市运动。”截至2006年年底，常州市已成立新市民学校600多所，开班3253期，培训人员7.35万人次。2008年，常州市各辖市、区“新市民学校”数量逾700所，2009～2011年新市民学校每年平均培训新市民7万人次以上。夏道明、王永利（2013）报道，从2007年到2011年底，江苏省已建立了农民工业余学校11 102所，累计培训的农民工有1 315 978名，苏南地区占全省的将近二分之一，比如苏州一地就有1000余所。常州市已经形成了“社区大学—社区培训学院—社区教育中心—居民（村民）学校”四级社区教育网络体系。

但是，费小兵（2012）提供的数据表明，有8.08%、6.5%、5.22%的新市民接受过计算机、机电类、装潢装修类培训，其余各种培训类型的比例均不足5%；可见，绝大部分的培训都只有单一的技术能力的培训，而很少见到关于人际关系的和解决问题的能力的培养，这实际上是那些仅关注经济利益、忽视“受训主体”的狭隘培训思维所致。陈泓宇（2012）认为，城市化进程中新市民教育包括专业技能教育、素质教育、学前教育、老年教育等，建议传统教育增加新市民教育内容，同时通过社区教育和远程教育满足新市民教育的需求。蒋新红（2012）指出新市民教育存在认识简单化问题，重视技能培训，至于如何帮助新市民解决其普遍存在的角色失调、新旧市民互动等问题则普遍认识不足，导致对新市民人文素质方面的教育严重缺失，如人的职业素质、协作能力、人际沟通能力、城市生活各方面的适应能力等。阴祥（2012）报道，苏南地区真正严格意义上的“新市民学校”不多，更多是职业技能培训和指导等方面的培训学校。贾陆和（2013）发现城郊新市民文明素质堪忧、法制意识淡薄、公德意识不强、办事方式沿袭土办法，社区教育可以通过居民联谊会、家校联手、部门联动、典型推动、跟踪拉动等多种形式使城郊新市民尽快适应城市生活。卢美芬（2013）建议，针对“村转居”新市民的成人教育要增强城市价值理念教育，帮助新市民了解城市的特点与功能，了解工业化、社会化生产所产生的行业区别和职业分工，了解他们所生活区域的环境空间和风貌，了解城市生活规则，包括法律规律及约定俗成的习惯，树立遵纪守法、依法办事的法制观点；同时加强公共文明意识建设，改变原有的不文明习俗，掌握适合城市文化的人际交往礼仪等。另外，要适当尊重农村原有的一些生活习惯及难能可贵的文化习俗。

总之，目前新市民教育存在的主要问题是：各地冷热不均，苏南、浙东、成都、西安、北京等地开展较好，而珠三角及其他地区却鲜有报道；培训的系统性、持续性、制度性不强，政府大多将新市民教育当做政绩工程、安抚工程，并没有把新市民教育当做政府必须承担的制度化职责；培训内容过于侧重职业技术教育，有关新市民的素质培养、行为疏导、人格塑造、意识灌输、思想熏陶等方面的文明教育非常缺乏，不能从城市性积累、现代人锻造的角度开展新市民教育，所以效果并不理想。

四、成立专门机构

大约 6 成（59.8%）的新市民要求政府能够“建立专门服务于外来工群体的机构或部门”。

其实，之所以新市民迫切需要的信息咨询服务、消除歧视、新市民教育不能够在制度化的基础上持续、系统、全面地展开，就是因为从中央到地方都没有专门机构或部门来统筹、计划、实施、监督、跟进针对新市民的各项管理和服务工作。没有专门机构或部门是政府在新市民服务管理中缺位的根本原因。新市民数量已经超过 2 亿，而且这个数量还在不断快速增长，在未来 10～20 年可能会达到 5 亿，如此庞大的人口，却没有专门的服务管理机构或部门，以致数亿新市民成为农村老家政府管不着、城市政府没人管的“自生自灭”群体，沦为都市乡民并陷入恶性循环的内卷化怪圈就不足为奇了。

其实，部分学者和地方政府已经适应时代的需要，开始自下而上地进行组织创新和管理创新的尝试。早在 1995 年，梁夏（1995）就针对农村剩余劳动力的无组织流动，提议成立“新市民城发展公司”，在城市非繁华地段建立“新市民城”，作为农民工招聘、培训、职业介绍、居住提供、生活服务等综合基地，逐步发展成新市民社区，成为农民工进城的“着陆点”和有组织转移农村剩余劳动力的主导方式。2005 年 9 月 12 日无锡市政府出台《关于新市民安居乐业工程的实施意见》，无锡创新建设民本化外来人口自治组织，新区南站东风村、崇安区广瑞路街道、南长区扬名镇相继创新建立了新市民治安理事会、新市民亲情理事会、新市民维权中心（胡俊生，2006；杨卫泽，2006）。2006 年 2 月起，青岛市对 120 万名取得“暂住证”的外来务工人员的全新称呼为“新市民”，新市民可以享受子女入学、房贷、保险、购车挂牌、考驾照等与市民同等的待遇，青岛市在八大关风景区延安一路 69 号建立“新市民之家”，开辟文化活动中心、维权服务中心、学习教育中心、就业服务中心、交友联谊中心、党团活动中心六大板块（王婷，2006）。江苏省昆山市针对 60 多万外来人口推出“新昆山人”建设工程，出台了《关于加强“新昆山人”建设工作的意见》，成立了“新昆山人”工作委员会，搭建了专门的服务平台，营造融管理教育服务为一体的大环境，包括社区服务、新老昆山人沟通互动等（谢波等，2006）。李国瑞、沈亚平、蔡炜（2008）报道，2008 年 4 月 8 日常州市西林街道东岱村便民中心正式开放，“一站式”服务走进新市民集聚区，这个服务中心集办公、活动、服务场所于一体，还根据农民的期盼和呼声，重点建设了医疗服务、失地农民培训、党员驿站、议事中心等特色区。倪黄村（2010）报道，赣州市从 2009 年开始实施“新市民工程”，包括保障工程、就业工程、素质工程、安居工程等，帮助新生代农民工更快地融入城市生活，并成立“新市民办公室”代表市委、市政府具体操办落实这些“工程”；呼吁每一个城市政府都设立“新市民办”，并认为这是一项十分紧迫的任务。顾莹（2013）报道，昆山市 2004 年专门成立了由市委书记挂帅的“新昆山人”工作委员会，后相继成立“新昆山人”服务中心和法律援助中心，具体解决外来人员在子女入学、医疗保健、安全卫生、就业保险等方面的诸多困难，在创新制度管理、转变服务方式上进行了有益的探索，努力使新市民充分享受与当地居民同等的待遇。包括推出居住证制度、提供公共就业服务、改善居住条件、完善社会保障制度、创造良好的就读环境。钱洁、陈洪泉（2013）报道，张家港市设立了新市民事务中心，下设综合秘书科、业务指导科、法制宣传科、人事科、网络信息科、入户申办科、入医申办科、入学申办科 8 个科室。全市八镇一区都建立了镇（区）新市民事务中心，并建立了 241 个新市民工作站，组建了由 823 名专职协管员和 4000 多名兼职信息员组成的流动人口服务工作队伍，将与流动人口相关的政府职能进行整合。

2008 年 11 月 6 日，中国国内首个为外来人口设立的专职行政机构“东莞市新莞人服务管理局”经广东省政府批准正式对外挂牌成立，下设 32 个镇区新莞人服务管理中心。该机构职能包括：贯彻执行国家和省、市有关流动人员和出租房屋服务管理的方针政策、法律法规和规章制度，拟定全市新莞人和出租房屋服务管理的规定并组织实施；统筹全市新莞人和出租房屋服务管理工作，研究制定发展规划，并组织实施和监督检查；规划和建立健全新莞人服务、培训体系，协调督促有关部门做好新莞人的服务、培训和维权工作；负责界定新莞人享受优惠服务的资格和在各行业中评优推先的组织协调工作；收集、登记、统计和分析全市新莞人有关信息，为市委市政府提供有关决策依据及建议，并向有关职能部门提供有关数据信息；协助有关职能部门做好房屋租赁登记备案、出租房屋税收征管、计划生育、户口登记、暂住证发放、出租房屋管理整治以及社会治安综合治理等工作；协调指导镇（街道）新莞人服务管理中心开展新莞人和出租房屋服务管理工作，负责全市新莞人和出租房屋服务管理队伍建设；组织开展流动人员和出租房屋服务管理政策法规宣传和课题调研及理论研究；承办市委、市政府交办的其他事项。该局侧重服务，开展"优秀新莞人"评选，被评为"优秀新莞人"的可享受市民化待遇；此外还推出新莞人服务卡，相关措施以"服务无限"为理念，不断增加在社保、劳动、就业、子女入学、医疗等方面的相关优惠服务，逐步成为新莞人的"东莞身份证"。运作了 6 年，取得了显著成效。新莞人局的设立在全国独一无二，具有标志意义，但该局既无"上级"指导又无明晰职能分工，在运作中与教育、公安、民政等部门存在职能重叠现象，所以在政府机构精简大潮中于 2014 年 9 月被撤并到东莞人力资源局[①]。

本书建议，中央政府应该认真考虑数亿新市民的期望，在总结上述地方政府新市民服务、管理组织创新经验教训的基础上，设立全国性的新市民管理机构或部门，并督促全国各省市区设立相应的机构，地级市原则上也必须设立专门机构，区县（县级市）和建制镇可根据需要考虑是否设立。

五、组织社区活动

接近 6 成（58.0%）的新市民希望政府能够"通过社区文娱活动使外地人融入城市"。

城市社区文化娱乐活动可以丰富新市民的生活内容，对其身心健康有益；可以增强新市民的城市归宿感，让他们产生对城市的良好印象和感情。社区文娱活动本身就是城市生活方式的元素，可以培养新市民适应城市生活节奏，于无声处融入城市生活；更为重要的是，社区活动可以增加新市民与原住民接近和交往的机会，帮助新市民拓展次生异质性社会关系网络。政府应该在新市民社区文化娱乐活动方面发挥倡导、策划、促进、监督、宣传甚至组织功能，城市社区自治组织、社工组织、志愿组织应该作为实施主体。

部分地方政府已经有了尝试。2006 年 2 月起，青岛市在八大关风景区延安一路 69 号建立"新市民之家"，开辟文化活动中心、维权服务中心、学习教育中心、就业服务中心、交友联谊中心、党团活动中心六大板块（王婷，2006）。李国瑞、沈亚平、蔡炜（2008）报道，2008 年 4 月 8 日常州市西林街道东岱村便民中心正式开放，"一站式"服务走进新市民集聚区，这个服务中心集办公、活动、服务场所于一体。付启章（2012）报道，成都市近郊龙泉驿区大面街道所辖的"龙华二

---

① 参见东莞市新莞人服务管理局官网 http: //dgxgr.dg.gov.cn/。

期”入住新市民达 2 万，成立了社区便民服务中心、生活服务中心、社会服务中心（专业社会工作民间机构进入）、新市民活动中心、新市民就业服务中心等“五中心”。组织楼栋议事会、跨区联合议事会对小区的管理、公共服务、社区资源的维护与发掘发挥决策监督功能，从而充分发挥了新市民自我管理、自我服务的作用；成立工青妇群团组织工作站，在小区建立科普、健身、舞蹈、读书、垂钓、棋牌等群众性组织（协会），以日常活动的形式，引导、教育新市民转变思维、融入社区，形成与城市生活相适应的生活方式。韩家兴（2013）报道了常州市武进区南夏墅街道南湖家苑社区的新市民社区建设经验，包括警务、社区、物业“三合一一站式”服务模式；已开办 32 次、13 620 余人参与的道德讲堂；以“舍长负责制”为基础，包括“星级宿舍”评选活动的新市民自治管理。

D 街位于广州市的老城区，是一个流动人口稠密的街道社区，占地仅 1.02km^2，登记在册流动人员却有 15 927 人，其中居住半年以上的有 8000 多人（2010 年）。2006 年，D 街街道政府主动推出服务流动人口的“金雁”工程，2008 年活动达到顶峰时引起中央、省、市各级政府注意，众多新闻媒体做了大量报道。本书调查组于 2012 年 8～9 月前后 7 次到 D 街走访，对“金雁”工程的活动场所、宣传栏进行了实地观察，对 D 街街道办事处副主任、文化站站长、普通工作人员、3 名企业主、10 位 2008 年之前来 D 街的外来务工者进行了半结构式的深度访谈。调查结果表明，作为一个针对流动人口的服务工程，政府是具备服务姿态的，投入了大量资金和物资，提供的 18 个项目涵盖权益维护、看病、租房、文化活动等多个领域，都有助于新市民更好地在 D 街道生活和工作。但是，该项活动经过短暂的“辉煌”以后迅速走向“衰落”。2008 年年底，街道党工委换届，新书记上任，该工程就基本处于半死不活状态。2009 年，以文化站举办的活动数量就由原来的 24 项减少为 18 项，其中主要面向流动人员的活动由 8 项减为 4 项，随后几年越来越少。“金雁”工程开办以来，D 街街道政府并没有开设专项资金，每年 50 万以上的支出都是从各部门预算里边挤出来的，也没有设置相应的专职岗位，由其他岗位干部人员兼任，所以该工程基本上是街道一把手凭一腔热情强力推动，一把手换届，活动也就立即冷下来了。受访的 10 位分布在 4 个不同行业的在 D 街道生活超过 7 年的新市民中，除了工作场所位于文化站附近的 3 位听说过“金雁”工程并参加过至少一次，其余的七位有 3 位没有听过，4 位听过了却不曾参加。政府并没有采用任何方式来评估工程效果，而是热衷于邀请媒体进行报道和参访团来渲染如火如荼的气氛。“金雁”工程开展还未满 1 年，政府就相继邀请各大媒体报道该工程，南方都市报、羊城晚报、广州日报等广东知名媒体都进行了正面宣传与报道，吸引了中央电视台、越南卫生部等多个单位来参访，这是一个典型的面子工程。

可见，只有明确政府职能，新市民需要的社区活动才能有计划、有组织、持续性地开展，才能真正发挥作用。

第八章　结　　语

第一节　本书主要结论

一、都市乡民已经成为一个显性化的社会问题

都市乡民已经成为中国社会一个庞大的社会群体，还在快速增长。都市乡民问题的解决影响社会稳定和社会和谐。"农民的终结"问题已经日益演变为"都市乡民如何终结"的问题。都市乡民是城市化进程中正在逐步融入城市社会的过渡性社会群体，其城市化问题已经成为我国城市化的中心课题。中国传统农民的"乡村性"是都市乡民的社会认同、社会交往、职业发展、情感支持模式系统转型的障碍因素。都市乡民的终结将是一个漫长的渐进过程，都市乡民伴随城市化而产生，但不会随城市化完成而立即终结，都市乡民的终结通常会大大滞后于城市化进程。中国人口统计意义上的城市化将会在未来10～20年内进入尾声，但中国都市乡民群体将会在未来50～100年内长期存在。

二、抽样调查数据证实了中国都市乡民问题的客观存在

通过珠三角4个城市的抽样调查数据，本书证实了新市民的"乡民性"特征，验证了中国都市乡民问题的客观存在。新市民的"乡民性"特征表现为隔离性和乡村性的居住生活模式、内向性和初级性的社会交往模式、矛盾性和模糊性的社会身份认同、封闭性和选择性的城市社会融入及持续性和频繁性的乡村社会联系5个方面。相对于中小城市，特大城市、大城市的都市乡民问题尤为突出，新市民在居住模式、身份认同、社会融入几个方面更具有"乡民"特征；与投资做生意的新市民相比，外出打工的新市民"乡民性"更为明显。

三、"农民工社会交往内卷化"命题得到证实

多元线性回归分析逐步证实了"农民工社会交往内卷化"的命题。农民工社会交往内卷化曲线具有"伸平"特征。农民工社会交往内卷与都市乡民生活方式具有互相强化的马太效应，都市乡民生活方式吸收了农民工大部分社会交往机会，

社会交往内卷化又强化了“都市乡村”在农民工社会支持方面的重要性。这是都市乡民问题产生的根本原因。不过不应过于悲观，轻易断定农民工社会交往内卷模式到了最终状态、无法突破；但是也要认识到农民工社会交往内卷化问题的客观性、严重性及解决问题的艰巨性。农民工社会交往“去内卷化”的根本出路是将农民工从城市的“经济人”变成“社会人”，城市不仅为农民工提供就业和赚钱的机会，而且向农民工全方位开放生活保障、政治参与、社区生活、公共活动等各方面机会；让农民工走出“都市乡村”，由都市乡民逐步变成新市民，改变乡村生活方式，积累城市性，实现全面性人的城市化。

四、从城市性影响因素可以寻找到新市民融入城市社会的动力

城市规模对新市民城市性积累的影响是客观存在的，但是影响的方向不同于经典理论的结论；新市民所在城市规模越大，其城市性表现越弱，乡民性特点反而越强；引导农民进入中小城市入户定居的决策是正确的。人力资本对新市民城市性积累有显著影响，各种新市民群体培训落到实处可以有效促进都市乡民问题解决。帮助新市民解决好生计问题，在就业、创业方面给予必要而有效的帮助，落实好与农民工有关的劳动就业和劳动报酬方面的法律政策，帮助新市民提升人力资本以提高其赚钱能力，从而提高新市民的收入，增强其经济基础，是解决都市乡民问题的又一个关键途径。少数民族新市民融入城市的难度比汉族新市民要大得多，所以，在流动人口管理和城市化发展规划方面都应该制定专门的民族政策，应该在就业、创业、社会支持、生活扶助、教育培训、福利待遇等方面给予少数民族新市民特殊政策，以帮助他们融入城市。进城时间对新市民社会交往模式、社会身份认同、城市社会融入和乡村社会联系几方面都有独立的显著性影响；但是新市民城市性积累与时间的关系并不是直线型的，应尽可能减少新市民都市乡村生活时间积累，提高其都市主流社会生活时间积累，以有利于他们去内卷化并积累城市性。在相同的进城时间内，新市民待过的城市越多，其城市性积累反而越少；地方政府应该多创造条件让新市民在一个城市长期生活扎根。与外出打工的新市民相比，投资做生意的新市民表现出相对较强的城市性；帮助新市民自主创业有利于新市民融入城市。

五、城市政府应该承担新市民管理和服务的职责

都市乡民的终结应该包括走出封闭的都市乡村物理环境、进入持续向上流动的生计通道、逐步拓展次生异质性社会关系网络、学习都市文化并逐步养成市民人格 4 个方面的渐进过程。珠三角的抽样调查发现，政府在新市民融入城

市的过程中基本处于缺位的状态。政府在新市民需要的就业、住房、交通乃至其他方面的信息服务，可以帮助新市民减轻对同源社会网和同乡社会网的依赖，缓解新市民社会交往内卷化的趋势。政府有责任而且有能力消除歧视；歧视不仅是普通的民间行为，而且是有损社会和谐、社会稳定的社会问题；政府应该公开表明态度，反对族群歧视，维护新市民权益，并通过各种传播途径抵制族群歧视，倡导和谐文明社会风气。各地举办的新市民学校在帮助新市民适应城市生活、融入城市社会方面发挥了一定作用；但各地冷热不均，培训的系统性、持续性、制度性不强，培训内容过于侧重职业技术教育，所以效果并不理想。城市社区文化娱乐活动可以丰富新市民的生活内容，增强新市民的城市归宿感，帮助新市民适应城市生活节奏，增加新市民与原住民接近和交往的机会，帮助新市民拓展次生异质性社会关系网络；政府应该在新市民社区文化娱乐活动方面发挥倡导、策划、促进、监督、宣传甚至组织功能，城市社区自治组织、社工组织、志愿组织应该作为实施主体。为了保障新市民政策的落实，政府应该认真考虑设立全国性的新市民管理机构或部门，并督促全国各省市区设立相应的机构。

第二节　未来研究方向

由于各种主客观原因，本书尚存在诸多不足或欠缺，尚有需进一步深入研究的问题，可以作为本书未来研究的方向。

一、新市民城市性发展水平的测量有明显欠缺

最初的研究计划是希望构建具有中国特色的测量城市性的指标体系。具体内容有包括：深入分析研究以期还原“城市性”概念的内涵本质；提炼并筛选测量“城市性”的各级指标；对指标体系进行信度和效度评估，同时加以优化。然后运用指标体系对新市民城市性水平进行测量。测量结果与国外进行对比，以评判我国城市性发展的水平现状。同时进行群体比较研究，以探寻城市性发展的轨迹和方向。但是，研究过程中却发现，西方的城市化先于我国 100 左右已经完成，当时定量研究在世界学界不成熟，所以缺乏可资对比的国外新市民城市性水平定量历史资料。所以这一计划完成受到限制。

下一步研究的替代方案是用本书的城市性测量指标同时对新市民和普通市民进行测量，然后进行对比。本书所依据的数据和资料主要来自于珠三角，难免具有局限性，有待长三角、京津唐、中西部地区等全国各类型地区的研究结果进行验证和对比。有待进一步研究国外解决新市民城市融入和都市乡民问题的相关经验，尤其是政府的相关职能发挥情况。中国城市化速度非常快，新问题、新情况

非常多，本书还需要进一步的滚动研究。

二、都市乡民的生成机制尚未完全厘清

本书的主体部分完成以后，笔者关于都市乡民的生成机制问题又有了新的发现，但这种发现有待进一步理论探讨和实证研究。

农村人进入城市以后，其生产方式实现了非农化转型，其生活环境突变成了人口数量大、人口密度高、人口异质性强的聚落；但是，其乡村性消褪、城市性养成却不是一朝一夕之功，而是一个长期的再社会化过程。在这个过程中，进城农民不仅时时刻刻表现出“农人”（Farmer）和“村民”（Villager）的本色，而且面临寻找适应城市环境的策略问题。为了在流入地城市立足，对于来自都市文化的挑战，流动农民的应对策略是在城中村、城边村或其他异地农村社区聚居，因为这类地区无论景观、习惯，还是生活方式上都与其来源地有着或多或少的相似性，使其更易找到心理认同感，更易融合到新的环境之中。这就是乡村性生成都市乡民的逻辑线索。

此外，农村人进入城市之前拥有的文化与所进入城市主流文化差异越大，其进入城市以后表现出的族群性越强。但是，农村人的特点是安土重迁，世世代代、祖祖辈辈生活在相对封闭、不流动的村落，容易形成区域封闭性文化，而且与其他文化群体交流的机会较少，所以其“族群性”只能处于自在的、潜在的状态，没有机会表现出来。城市化给农村人提供了凸现“族群性”的机会。农村人进入城市以后，被迫与其他文化群体进行接触、交往，在这个过程中文化之间的差异才终于被“我群体”和“他群体”充分意识到；农村人进入的城市规模越大，他可能面对的文化种类越多，文化互动和比较的机会也越多，“族群性”凸显的机会也越大。族群认同的工具性、资源性、功能性和价值性促使进入城市的农村人对自己的族群产生认同甚至依赖 ，在连锁流动的机制作用下族群汇合、聚集逐步实现。这是族群性生成都市乡民的逻辑线索。

总之，乡村性和族群性是都市乡民形成的两条逻辑线索，都市乡民的“城市性不足”同时表现为乡村性留存和族群性延续两个方面。乡村性和族群性犹如互相紧紧缠绕在一起的两根藤蔓，粗看难分彼此，细究脉络清晰。乡村性和族群性都源于传统农牧业社会形态，但一个是因乡村聚落环境和农牧业生产方式而形成的乡村生活方式和乡民人格在城市化进程中的再社会化滞后，另一个是历史渊源和传统塑造出来的族群文化特征在城市化进程中的凸现。都市乡民概念始终包含了乡村性和族群性两重涵义，“城市性不足”既表现为乡村性存留（乡民人格、血缘群体、邻里关系、熟人社会等等），也表现为族群性延续（族群聚居、社会隔离、传统文化、生活习惯等等）。本书迄今的研究是直接引用甘斯的概念对都市乡民现

象进行描述，没有同时从乡村性和族群性的角度对都市乡民生成机制进行的研究。另外，乡村性和族群性在都市乡民问题上的关系也比较含糊，似乎族群性只是乡村性的一部分或者族群性只是乡村性的表现形式。这两个问题不厘清，都市乡民问题的逻辑线索就处于混沌状态，解决都市乡民问题的路径也就不可能完全清晰起来。

都市乡民生成的这种双重机制将是笔者下一步“城市性”和都市乡民研究的重点。

三、基于“都市乡民终结”的市民化制度设计有待进一步研究

近几年，政府和学界围绕农民工市民化进行了大量制度设计研究，但大多局限在如何促进农民在城镇落户定居，有关农民城市性积累、人格和生活方式市民化的制度设计的研究成果比较少见。为此，本书认为应该构建基于“都市乡民终结”的农民工市民化制度设计思路，即兼顾农民身份和生活方式市民化的制度需求与供给研究。包括以下几个方面：

1. 制度设计研究应该包括制度需求与制度供给两个方面，而且制度需求研究应该是制度供给研究的基础；但是，十多年来学界有关农民工市民化制度设计的研究具有明显的“轻需求、重供给”特征，迄今罕见系统深入的市民化需求研究成果，尤其是量化的实证研究成果更为罕见，以致制度供给难免一厢情愿、无的放矢。证据之一就是，近几年大量研究表明，农民入户城镇的意愿并不强烈，原以为放开入户以后农民会踊跃进城落户的盛况并未出现。应该开拓市民化需求研究，梳理农民在市民化方面的真实需求，从而寻找市民化制度供给设计的根基和方向。

2. 身份市民化（入户）和生活方式市民化（城市性）应该是市民化的两个不可分割的内容，二者互相联系、彼此促进，犹如人有双腿、车有两轮。但是，最近几年的农民工市民化制度设计研究过于局限在身份市民化方面，严重忽略了生活方式市民化的制度供给问题。应该重点研究农民在生活方式市民化（城市性）方面的制度需求，以期从另一个侧面探究身份市民化（入户）推进的障碍因素和动力机制。

3. 制度设计应该充分考虑政府、市场和社会三者之间的分工和协同机制。但是，近年来农民工市民化制度设计研究明显单一关注政府的责任担当、政策调整和行政改革，很大程度上忽视了市场和社会作为责任主体、协同力量和制约因素的作用。为此，应该在全面研究市民化需求体系的基础上，探讨政府、市场和社会三者之间在市民化问题上的功能定位、角色分配及协调机制。

4. 在系统梳理市民化需求的基础上，提出既包括身份市民化（入户）又包括

生活方式市民化（城市性）的全方位市民化制度设计方案，并设计相应的制度实施保障机制，力求建立市民化建设的闭环管理体系。

这些研究在本书基本没有涉及。但是，本书的研究结论可以作为基于“都市乡民终结”思路的市民化制度设计的起点；这也是本书愿意和各界同仁共同协作将研究往纵深推进的一个方向。

参 考 文 献

阿尔温，托夫勒. 1983. 第三次浪潮. 北京：生活·读书·新知三联书店.

阿历克斯·英克尔斯. 1995. 人的现代化素质探索. 曹中德等译. 天津：天津人民出版社.

艾君. 2006. 还“农民工”一种合体的称谓. 工会博览，(23)：1.

艾君. 2011. 拥抱“新市民”共建新北京. 工会博览，(23)：6-9.

安虎森，皮亚彬. 2013. 半城市化与人口城市化研究. 经济与管理评论，(3)：5-10.

白俊超. 2011. 对福州大都市区建设进程中“城中村”改制若干问题的思考. 福州党校学报，(6)：43-48.

白田田，梁倩. 2013. 部分地方现逆城市化现象：市民要求换为农民户籍. 当代社科视野，(10)：26.

白万平，张文专，白明. 2008. 农民工生存状况调查研究. 中国国情国力，(1)：32-35.

包福存，张海军. 2007. 建筑业青年农民工的社会认同. 沈阳大学学报，19 (1)：21-23.

蔡禾，王进. 2007. “农民工”永久迁移意愿研究. 社会学研究，(6)：86-113.

蔡金水. 2005. 北京：向“城中村”宣. 前线，(3)：45-47.

蔡志海. 2004. 流动民工现代性的探讨. 华中师范大学学报（人文社会科学版），43 (3)：65-69.

曹诚. 2008. 社区：培育“新市民”的重要载体. 成人教育，(4)：48-49.

曹雁. 2011. 让新市民群体真正在城市扎下根来. 今日中国论坛，(8)：81-81.

陈丰. 2008. 从“虚城市化”到市民化：农民工城市化的现实路径. 社会科学，(2)：110-120.

陈泓宇. 2012. 城市化进程中新市民教育问题初探. 中国德育，7 (15)：40-42.

陈吉元，胡必亮. 1994. 中国的三元经济结构与农业剩余劳动力转移. 经济研究，(4)：14-22.

陈静. 2012-09-14. 郑州城中村改造势在必行. 郑州日报，02 版.

陈丽萍. 2007. 和谐社会视野下何必拒绝职业称谓“农民工”. 中国市场，(27)：102-103.

陈林. 2010. 城郊失地农民市民化问题探析. 重庆理工大学学报（社会科学版），24 (9)：52-56.

陈曙. 2013. 城市化进程中的新市民教育培训激励研究——以宁波市为例. 宁波广播电视大学学报，11 (2)：74-78.

陈未鸣，李孟龙. 2009. 北仑新市民的幸福生活. 今日浙江，(15)：48-49.

陈锡文. 2013. 户籍人口城镇化是必须处理好的重大问题. http://news.dichan.sina.com.cn/2013/04/15/700386.html [2013-04-15].

陈仙平. 2010. 农民工公寓的发展现状. 上海房地，(7)：31-32.

陈云. 2008. 少数民族流动人口城市融入中的排斥与内卷. 中南民族大学学报（人文社会科学版），28 (4)：42-45.

陈仲常，王芳. 2005. 中国城市化进程中的滞后城市化，超前城市化与城市中空化趋势. 当代经济科学，27 (2)：11-15.

成得礼. 2008. 对中国城中村发展问题的再思考——基于失地农民可持续生计的角度. 城市发展研究，(3)：68-76.

成都市总工会宣教部，2009. 建立新市民学校破解农民工素质提升难题. 中国职工教育，(12)：38.

程慧栋. 2012. 底层生态与生活重建：新市民社会管理中的社区介入. 社会工作，(4)：52-54.

程俐骢，吴光伟. 2005. 我国城市化滞后于工业化的成因分析. 同济大学学报（社会科学版），16 (1)：52-57.

迟福林. 2013a-05-03. 推进规模城镇化向人口城镇化转型. 经济参考报，08 版.

迟福林. 2013b-05-15. 关键是推进人的城镇化. 经济参考报，01 版.

迟福林. 2013c. 城镇化前途. 祖国，(07)：15.

迟福林. 2013d-03-06. 用三年时间使有条件的农民工市民化. 21 世纪经济报道，19 版.

崔铭香，刘建坤. 2013. 论成人教育与农民工“城市性”的提升. 河北师范大学学报（教育科学版)，(01)：70-73.

崔述强. 2013. 中国人口城市化率与发达国家差距 50 个点. http: //economy.caijing.com.cn/2013-08-03/113126081.html[2013-08-13].

戴欢欢. 2009. 我国城市化进程中的农民工困境——基于内卷化机理的阐释. 江西农业大学学报（社会科学版)，8（3)：36-41.

戴欢欢. 2010. 农民工在城市融合过程中的社会认同“内卷化”分析. 中共宁波市委党校学报，32（3)：55-59.

邓春玉，王悦荣. 2008. 我国城中村问题研究综述. 广东行政学院学报，(1)：92-96.

邓进. 2006. 城市化滞后：中部崛起的瓶颈. 理论研究，(4)：13-15.

邓宇. 2011-04-25. 城中村里的躁动和希望. 海口晚报，09 版.

丁倩，吕世辰，王俊君. 2010. 新市民社会教育管理. 山西高等学校社会科学学报，22（8)：37-40.

丁宪浩. 2007. 打破新二元社会结构促进农民工社会融入. 农业现代化研究，28（5)：538-541.

董春辉，土道勇. 2009. 新市民的现代市民教育问题研究. 合肥学院学报（社会科学版)，26（2)：25-28.

董伟. 2010-12-16. 城市户籍对 80 后农民工吸引力有限. 中国青年报，05 版.

董昕. 2013. 中国农民工住房问题的历史与现状. 财经问题研究，(1)：117-123.

法悟，穆易，栾琦. 2003. 北京“村落”. 中国经济快讯，(45)：8-14.

范贵德. 2006. 浅议南宁“城中村”问题存在的原因与出路. 南宁职业技术学院学报，11（2)：73-77.

范丽娜. 2012. 浅析城市化进程中的“新市民”教育. 湖北广播电视大学学报，32（5)：10-11.

方长春. 2006. 从方法论到中国实践：调查研究的局限性分析. 华中师范大学学报（人文社会科学版)，45(3)：38-43.

方云梅，鲁玉祥. 2008. 农民工生存状况调查. 中国统计，(3)：25-27.

费穗宇、张潘仕. 1988. 社会心理学辞典. 石家庄：河北人民出版社.

费小兵. 2012. 从“漂移的农民工”到“新市民”的权利增设——论综合素养培训权写入公益法律的必要. 河北法学，30（09)：153-156.

费孝通. 1985. 乡土中国. 北京：生活·读书·新知三联书店.

冯骥才. 2012. 中国每天消失近百个村落速度令人咂舌. http: //www.chinanews.com/cul/2012/10-21/4263582.shtml[2012-10-21].

冯建蓉，周永康. 2011. 关系与排斥：进城农民工生存境况的社会学分析. 西南大学学报（社会科学版)，37（6)：104-109.

冯志刚. 2012-10-28. 过去 10 年每天消失 80 个自然村. 都市快报，09 版.

付启章. 2012. 加强城市近郊“涉农社区”社会管理的对策研究——以成都龙泉驿区龙华二期为样本. 四川行政学院学报，(5)：76-78.

付先锐. 2011-03-04. 贵阳：力争 3 年完成城中村改造. 法制生活报，02 版.

傅琼. 2005. 加速农民市民化的制度创新. 农村经济，(2)：103-105.

傅小锋，曹卫东，曹有挥，等. 2005. 半城市化地区土地利用变化及其环境效应——以成都新津县为例. 中国人口资源与环境，15（3)：80-83.

富晓星. 2008. 北京市建筑业农民工组织流动特征. 北京社会科学，(3)：74-78.

甘满堂. 2001. 城市农民工与转型期中国社会的三元结构. 福州大学学报（哲学社会科学版)，15（4)：30-35.

甘满堂. 2005. 社会学的“内卷化”理论与城市农民工问题. 福州大学学报（哲学社会科学版)，19（1)：33-38.

高和荣，马敏. 2011. 地图抽样法在社会调查中的应用. 中共福建省委党校学报，(10)：83-87.

高钟. 2006. “推力”“拉力”之外更需“助力”——中国农民工市民化之历史蜕变途径浅探. 苏州科技学院学报（社会科学版），23（1）：36-41.

辜胜阻. 2013a-03-07. 中国经济最大的机遇是城镇化. 中国经济导报，09 版.

辜胜阻. 2013b. 新型城镇化的难点是人的城镇化. 重庆与世界，（03）：52-53.

辜胜阻，李睿. 2013. 新型城镇化的健康发展. 中国金融，（4）：17-19.

顾海英，史清华，程英，等. 2011. 现阶段“新二元结构”问题缓解的制度与政策——基于上海外来农民工的调研. 管理世界，（11）：55-65.

顾莹. 2013. 创新制度管理转变服务方式. 群众，（3）：12-13.

关颖. 2011. 新生代农民工现代性特征管窥. 当代青年研究，（11）：19-25.

关之宜. 2004. 不容忽视的群体——新市民. 人力资源，（5）：64-66.

郭继宁，郑丽丽. 2008. “爱”之中的“伤逝”——张爱玲笔下的女性形象透析. 遵义师范学院学报，10（6）：22-25.

郭继强. 2007. “内卷化”概念新理解. 社会学研究，（3）：194-208.

郭立场. 2011-12-07. 警惕失地农民的“伪城市化”. 中华工商时报，07 版.

郭强，黄华玲. 2012. 城市性及其获致. 创新，6（5）：78-82.

郭臻. 2005. 珠海市“城中村”改造中的多方利益建构. 广东行政学院学报，17（1）：17-20.

国家统计局. 2013. 2012 年全国农民工监测调查报告. http: //www.stats.gov.cn/tjfx/jdfx/t20130527_402899251.htm [2013-05-27].

国务院研究室课题组. 2006. 中国农民工调研报告. 北京：言实出版社.

韩家兴. 2013. 关爱新市民，共建新家园. 群众，（3）：14.

郝在今. 1996. 八千万流民部落：中国人口大流动纪实. 北京：中国社会出版社.

何可文. 2006-12-04. 省会城中村改造提速. 河南日报，05 版.

何黎. 2008. 麦肯锡预测农民工将占中国城市人口一半. http: //news.sina.com.cn/c/2008-03-29/071915249679.shtml [2008-03-29].

何卫平. 2013. 新生代农民工职业发展内卷化倾向及选择性城市融入——以新生代青年农民工 H 为个案的研究. 西华师范大学学报：哲学社会科学版，（3）：79-82.

何元睿. 2009. 西部欠发达地区城市化滞后原因分析. 发展，（12）：92-93.

贺新全，窦琴. 2013. “农民工”一词的意与译. 西北农林科技大学学报（社会科学版），13（1）：153-157.

侯力. 2007. 从“城乡二元结构”到“城市二元结构”及其影响. 人口学刊，（2）：32-36.

侯小平. 2013. 基于再社会化和民主视域下的农村流动人口半城市化困境分析. 今日中国论坛，（6）：90-91.

厚坤. 2008. 湖北实施“迎接新市民工程”. 中国就业，（8）：15-16.

胡俊生. 2006. 无锡：农民工成为新市民. 中国社会保障，（4）：12-14.

胡武贤，游艳玲，罗天莹. 2010. 珠三角农民工同乡聚居及其生成机制分析. 华南师范大学学报（社会科学版），（1）：10-14.

胡小武. 2010. 城市性：都市“剩人社会”与新相亲时代的来临. 中国青年研究，（9）：26-29.

胡艳辉. 2011. 从“农民工”到“新市民”——农民工城市适应与发展能力培训的实践性研究. 产业与科技论坛，（1）：4-5.

胡莹. 2002. “城中村”的文化冲融——以广州市石牌村为例. 城市问题，（2）：42-44.

华羽雯，熊万胜. 2013. 城郊“二元社区”的边界冲突与秩序整合——以沪郊南村为个案的调查与思考. 上海城市管理，（3）：49-55.

黄炳福. 2005. 对“城中村”改革改造问题的研究. 上海农村经济，（1）：38-42.

黄建伟. 2009. 失地农民的概念问题研究. 调研世界，(3)：24-27.
黄洁，张晓瑞，章林富. 2013. 城市农民工居住条件调查及对策探讨——以合肥市为例. 科技创新导报，(30)：234-235.
黄晓燕. 2010. 新市民社会融入维度及融入方式——以天津市外来人口为例. 社会科学家，(3)：100-104.
黄宗智. 1986. 略论华北近数百年的小农经济与社会变迁——兼及社会经济史研究方法. 中国社会经济史研究，(2)：9-15.
计亚萍. 2010. “内卷化”理论研究综述. 长春工业大学学报（社会科学版），(3)：48-49.
计亚萍，张广济，姜安. 2010. 农民工“内卷化”行为倾向研究. 长白学刊，(6)：126-129.
季良佼. 2007. 农民市民化视野下的三元社会结构. 淮阴师范学院学报（哲学社会科学版），29（6)：757-762.
贾陆和. 2013. 城郊新市民的城市化困境及对策——基于社区教育的角度. 继续教育研究，(5)：24-27.
贾楠，郭强. 2011. 新生代农民工群体特征分析——现代性的渗入与缺失. 河南大学学报（社会科学版），51（1)：27-33.
贾庆文. 2013. 转型中新生代农民工现代性人格研究. 江苏师范大学学报（哲学社会科学版），39（4)：83-87.
贾若祥，刘毅. 2002. 中国半城市化问题初探. 城市发展研究，(2)：19-23.
简富缋，任艳红. 2012. 兰州市城中村改造难点及破解思路. 甘肃科技，28（19）.
江立华. 2004. 农民工在城市的生存与适应（笔谈）——论农民工在城市的生存与现代性. 郑州大学学报（哲学社会科学版），37（1)：74.
蒋述卓，张康庄. 2002. 当代艺术生产对都市人审美意识的培养. 求是学刊，(1)：79-84.
蒋新红. 2013. 农民市民化背景下的新市民教育. 中国成人教育，(16)：8-10.
焦秀侠. 2011-02-21. 过热的“伪城市化”该降温了. 民主与法制时报，A04 版.
接栋正. 2013. “同城同待遇”到“同城同待遇指数”——中国的三元社会结构与人口城镇化政策. 浙江学刊，(03)：144-150.
荆宝洁. 2012-12-13. “伪城市化”危机运营商欲借产业植入突围. 21 世纪经济报道，022 版.
荆化. 2011-11-25. 征地造成大量“伪城市化”农民. 西部时报，04 版.
景卫东，乔庆智，王丽君. 2013. 城市化进程中新市民素质提升的对策研究. 前沿，(11)：20-24.
敬东. 1999. “城市里的乡村”研究报告——经济发达地区城市中心区农村城市化进程的对策. 城市规划，(9)：8-14.
鞠晓辉，郑洪利，王兆红. 2011. 新市民社会支持现状研究. 青岛职业技术学院学报，24（1)：73-75.
康少邦，张宁. 1986. 城市社会学. 杭州：浙江人民出版社.
莱斯利·基什. 1997. 抽样调查. 倪加勋等译. 北京：中国统计出版社.
蓝宇蕴. 2006. 论城中村的社区保障及城市化意义——以广州一城中村为例的研究. 社会科学战线，(2)：188-193.
蓝宇蕴. 2007. 论城中村改造的社会基础——以广州市城中村为例的研究. 华中师范大学学报（人文社会科学版），46（2)：55-60.
蓝宇蕴，张汝立. 2005. 城中村成因的探析——以广州市石牌村为例的研究. 中国农村经济，(11)：68-74.
黎民. 1997. 进城农民转变为新市民问题探讨. 华中科技大学学报（社会科学版），(2)：52-55.
黎明泽. 2010. 浅论城市融入过程中的社会认同“内卷化”——以沿海城市少数民族流动人口为例. 广州社会主义学院学报，8（4)：31-35.
黎云，陈洋，李郇. 2007. 封闭与开放：城中村空间解析——以广州市车陂村为例. 城市问题，(7)：63-70.
李诚. 2005. 昆明市“城中村”问题及改造对策研究——以盘龙区东庄村为例. 云南地理环境研究，17（4)：46-49.
李飞，钟涨宝. 2010. 城市化进程中失地农民的社会适应研究——基于江苏省扬州市两个失地农民社区的调查. 青年研究，(2)：84-93.
李刚. 2011. 农民工的适应性与中国半城市化的形成. 西北人口，(6)：31-35.
李广贤. 2005. 人的全面发展与农民工现代性的提高. 经济与社会发展，3 (1)：125-128.
李国瑞，沈亚平，蔡炜. 2008. "一站式"走进新市民集聚区. 江苏农村经济，(12)：24.
李汉宗. 2013. 血缘，地缘，业缘：新市民的社会关系转型. 深圳大学学报（人文社会科学版），(4)：113-119.
李怀. 2006. "城中村"研究的三种视角. 广东社会科学，(3)：174-178.
李记. 2011-11-24. 靠刚性制度减少伪城市化现象. 新华每日电讯，03 版.
李立辉，刘小艳. 2008. 建筑行业农民工生存状况调查——以湖南省长沙市芙蓉区为例. 湖北经济学院学报（人文社会科学版），5 (9)：80-81.
李培林. 2002. 巨变：村落的终结. 中国社会科学，(1)：168-180.
李培林. 2011. 吕世辰教授《新市民社会管理》一书评介. 山西师大学报（社会科学版），38 (2)：2.
李培林. 2012a-11-26. "农民的终结"：不再遥远的话题. 北京日报，18 版.
李培林. 2012b. 从"农民的终结"到"村落的终结". 传承，(15)：84-85.
李强. 2004. 农民工与中国社会分层. 北京：社会科学文献出版社.
李强. 2008. 传统人向现代人的转变——现代性视角下的农民工研究述评. 内蒙古农业大学学报（社会科学版），10 (1)：56-58.
李清华. 2008. "新二元结构"考验政策供给力. 人民论坛，(1)：20-21.
李琼英. 2013. 从并存到同化：一个中国移民村的变迁之路——以北京"浙江村"为例. 江淮论坛，(2)：136-141.
李荣. 2011-01-01. 宜居宜业，上海嘉定拒绝"伪城市化". 新华每日电讯，02 版.
李若建. 2003. 广州市外来人口的空间分布分析. 中山大学学报（社会科学版），43 (3)：73-80.
李炜. 2008. 新市民城市融入问题研究——以青岛市为例. 中共青岛市委党校青岛行政学院学报，(2)：53-58.
李文. 2001. 城市化滞后的经济后果分析. 中国社会科学，(4)：64-75.
李武，布仁. 2013. 呼和浩特市城中村改造统筹规划及对策研究. 内蒙古科技与经济，(7)：6-7.
李霞. 2010. 加强新市民教育统筹城乡共发展——对成都市龙泉驿区开展新市民教育工作的调查与思考. 中共成都市委党校学报，(2)：41-43.
李小群. 2008. 城中村改造的若干问题探析——以合肥城中村改造为考察视角. 法治论坛，(4)：40-48.
李晓飞. 2013. 中国户籍制度变迁"内卷化"实证研究. 广东社会科学，(1)：231-241.
李晓静. 2007-08-10. 长春 21 个城中村年末将要大变样. 城市晚报 A05 版.
李鑫健，郑慧. 2009. 新生代农民工的"内卷化"分析. 法制与社会，(36)：258-259.
李一平. 2004. 城市化进程中的郊区社会稳定问题研究. 浙江社会科学，(2)：209-215.
李颖. 2010. 新市民培育路径研究. 重庆三峡学院学报，26 (6)：133-138.
李祝明. 2005. 浅谈城市化进程中的"新市民"教育. 中国农村教育，(1)：71-72.
李佐军. 1999. 建设"新市民城"设想. 村镇建设，(3)：18-19.
李佐军. 2013. 城镇化的核心是人的城镇化. 农村经营管理，(3)：28.
梁蓉，周国华. 2008. 长沙市雨花区"城中村"问题的现状与思考. 国土与自然资源研究，(1)：16-17.
梁夏. 1995. 新市民城农村剩余劳动力的组织和转移. 中国乡镇企业，(5)：21-22.
林丹华，方晓义，李晓铭，等. 2004. 年轻流动人口的流动模式与其社会适应的关系. 心理发展与教育，20 (4)：49-55.
林发茂. 1985. 三明市精神文明建设的实践. 城市问题，(1)：20-23.
林建鸿，郑明芬. 2010. 论城市化进程中的新市民社区教育. 福建农林大学学报（哲学社会科学版），(3)：22-26.

林蓉. 2009. 从北京的“浙江村”看农民工在城市的社区融入. 消费导刊，(5)：34-35.

刘崇俊，王超，郭治谦. 2007. 农民工的现代性：和谐社会之重要元素——以经济社会学为分析视角. 甘肃理论学刊，(1)：78-80.

刘方涛. 2012. 经典人学理论维度下我国农民工现代性之构建. 求索，(9)：136-138.

刘海泳，顾朝林. 1999. 北京流动人口聚落的形态，结构与功能. 地理科学，19（6)：497-503.

刘怀廉. 2005. 中国农民工问题. 北京：人民出版社.

刘金海. 2007. 城中村改造的四大转变及相关问题探讨. 东南学术，(06)：15-22.

刘丽，2012. 新生代农民工“内卷化”现象及其城市融入问题. 河北学刊，(04)：118-122.

刘林平，2001. 外来人群体中的关系运用——以深圳“平江村”为个案. 中国社会科学，(05)：112-124.

刘奇. 2013. 失地农民的叹息. 中国发展观察，(08)：44-47.

刘盛和，陈田，蔡建明. 2004. 中国半城市化现象及其研究重点. 地理学报，59（10)：101-108.

刘盛和，叶舜赞，杜红亮，等. 2005. 半城市化地区形成的动力机制与发展前景初探——以浙江省绍兴县为例. 地理研究，(04)：601-610.

刘世定，邱泽奇. 2004. “内卷化”概念辨析. 社会学研究，(05)：96-110.

刘伟文. 2003. “城中村”的城市化特征及其问题分析——以广州为例. 南方人口，(03)：29-33.

刘毅华. 2007. 文化整合是城中村改造的核心——以广州城中村为例. 现代城市研究，(08)：73-80.

柳博隽. 2008-08-04. 正视城市化滞后的现实. 学习时报，04 版.

卢美芬. 2013. 农民市民化教育：问题形态与策略重构. 宁波大学学报（教育科学版)，(02)：95-100.

罗震宇，秦启文. 2009. 城市居住空间分异与群体隔阂——对失地农民城市居住问题与对策的思考. 城市发展研究，(01)：8-11.

骆萍. 2006. 辽宁大连市启动关注新市民健康活动. 人口与计划生育，(12)：7.

骆腾. 2009. 冲突中的调适：城市二元社区新探——基于东莞市增埗村的实证研究. 广西民族大学学报（哲学社会科学版)，(02)：45-50.

吕青. 2005. 新市民的社会融入与城市的和谐发展. 江南论坛，(05)：12-13.

吕青. 2006. 新市民的信任：从差序格局到扩展的同心圆——以无锡市广瑞一村为实证对象. 江南大学学报（人文社会科学版)，(04)：18-23.

吕世辰，薛成水. 2008. 新市民经济及其健康发展. 理论探索，(01)：103-104.

吕维平. 2007. 失地农民住房安置模式探讨. 城市问题，(05)：57-59.

吕学昌，张小平. 2012. 济南市流动人口聚居区现状探析——以济南甸柳庄为例. “多元与包容——2012 中国城市规划年会”论文集（06 住房建设与社区规划）.

马航. 2007. 深圳城中村改造的城市社会学视野分析. 城市规划，(01)：26-32.

马林靖，周立群. 2011. 快速城市化时期新市民就业转型的调查——以天津宅基地换房政策为例. 调研世界，(12)：20-22.

马小红. 2009. 北京市流动人口聚集效应与移民倾向研究. 新视野，(04)：83-85.

毛文琳，陈永峥，陈芳. 2010. 城市建筑业农民工闲暇生活堪忧——对嘉兴市建筑业农民工闲暇生活的调查与思考. 农村工作通讯，(17)：40-42.

毛哲山. 2011. 农民工城市化的历史发展阶段与趋势. 学术交流，(08)：137-140.

孟德拉斯. 2010. 农民的终结. 李培林译. 北京：社会科学文献出版社.

孟祥远，邓智平. 2009. 个人的城市性与城市的发展. 城市问题，(09)：59-63.

明眺生. 2013-02-06. 武汉二环内不再有“城中村”. 武汉晚报，06 版.

缪青. 2009. 从农民工到新市民：公民文化的视野和亟待开发的社会工程. 马克思主义与现实，(05)：109-114.
穆廷云. 2012. 新市民文明礼仪教育的探讨. 改革与开放，(08)：70-71.
倪黄村. 2010. "新市民办"应因时而生. 民主，(07)：55.
聂洪辉. 2004. 社会学视野中的城市化新市民. 桂海论丛，(05)：53-55.
牛卫平. 2010. 双重二元社会结构下农民工群体地位与我国和谐社会构建. 广东农业科学，(01)：219-221.
潘聪林，韦亚平. 2009. "城中村"研究评述及规划政策建议. 城市规划学刊，(02)：96-101.
潘泽泉. 2011. 被压抑的现代性：农民工融入城市的困境. 广西民族大学学报（哲学社会科学版），(01)：57-63.
潘志玉，张明. 2008. 新市民权利保护的法律问题研究. 山东省农业管理干部学院学报，(06)：16-17.
彭云. 1994. 试论"王朔现象". 沈阳师范学院学报（社会科学版），(01)：11-16.
亓昕. 2012. 农民工社会认同的形成——基于建筑业农民工的考察. 人口与发展，(06)：55-60.
千庆兰，陈颖彪. 2003. 我国大城市流动人口聚居区初步研究——以北京"浙江村"和广州石牌地区为例. 城市规划，(11)：60-64.
秦菲菲. 2010-12-22. "逆城市化"还是"伪城市化". 上海证券报，F04 版.
秦岭实. 2009. 江苏省城市农民工生存情况的现实考察——基于 910 份农民工调查问卷的分析. 唯实，(01)：47-50.
秦琴，方盼盼. 2012. 对新生代农民工内卷化现象的探究——以社会资本为切入点. 河北青年管理干部学院学报，(02)：7-11.
任鹏飞. 2008-11-09. 沈阳将在城中村地区建 20 座压缩垃圾中转站. 内蒙古日报，04 版.
任焰，潘毅. 2006a. 跨国劳动过程的空间政治：全球化时代的宿舍劳动体制. 社会学研究，(04)：21-33.
任焰，潘毅. 2006b. 宿舍劳动体制：劳动控制与抗争的另类空间. 开放时代，(03)：124-134.
任远，乔楠. 2010. 城市流动人口社会融合的过程、测量及影响因素. 人口研究，(02)：11-20.
申丛丛. 2009. 农民工生存状况研究——基于对济南市 300 名农民工调查数据的分析. 山东省农业管理干部学院学报，(03)：7-9.
石国胜、王鹏飞. 2008-10-15. 我国户籍改革驶上快车道. 人民日报，13 版.
史霄飞. 2009. 新二元社会结构下农民工问题分析. 经济研究导刊，(20)：47-48.
舒晓辉. 2012. 读《农村教育布局调整十年评价报告》有感. 中小学德育，(12)：5.
宋懿霖. 2013-07-05. 2011 年我国户籍城市化率为 34. 71%. 中华建筑报，017 版.
苏会灵. 2013. 我国农村城镇化过程中失地农民的心理现状分析及对策研究. 价值工程，(23)：251-252.
孙计川. 2011. 天津城中村改造的实践及建议. 中国房地产，(01)：63-64.
孙进. 2010. 文化适应问题研究：西方的理论与模型. 北京师范大学学报（社会科学版），(05)：45-52.
孙璐. 2009. 失地农民的社区融入和社区支持研究. 广西社会科学，(02)：83-87.
孙晓芳. 2003. 浅谈太原市"城中村"改造. 山西统计，(12)：97.
孙永正. 1999. 城市化滞后的八大弊端. 城市问题，(06)：2-4.
孙志亮. 2003. 论城市化过程中的准市民. 江南论坛，(07)：27-28.
谭刚. 2005. 城中村经济主体、经济活动及主要特征——深圳市福田区城中村调查. 开放导报，(03)：51-56.
谭志雄，任毅，陈茂直. 2005. 西部地区城市化滞后的经济根源及对策研究. 开发研究，(05)：123-126.
汤海明. 2009a. "城市新市民"社区成人教育势在必行——基于继续社会化的社会学视角. 成人教育，(11)：17-18.
汤海明. 2009b. "新市民课堂"社区教育的实效性研究——基于宁波江北区的实证调查分析. 西北成人教育学报，(06)：11-13.
唐灿，冯小双. 2000. "河南村"流动农民的分化. 社会学研究，(04)：72-85.
唐茂华. 2009. 中国不完全城市化问题研究. 北京：经济科学出版社.

田北海. 2011. 农民工社会管理模式转型与创新路径探讨. 华中农业大学学报（社会科学版），（02）：23-28.
田莉. 1998. “都市里的乡村”现象评析——兼论乡村—城市转型期的矛盾与协调发展. 城市问题，（06）：43-46.
仝德，冯长春. 2009. 国内外城中村研究进展及展望. 人文地理，（06）：29-35.
仝德，冯长春，邓金杰. 2011. 城中村空间形态的演化特征及原因——以深圳特区为例. 地理研究，（03）：437-446.
童星. 2010. 交往、适应与融合. 北京：社会科学文献出版社.
童星，马西恒. 2008. “敦睦他者”与“化整为零”——城市新移民的社区融合. 社会科学研究，（01）：77-83.
万建民. 2011-11-27. 摒弃“伪城市化”传递重要信息. 经济日报，02 版.
万敏，马静岩，周嘉. 2013. 哈尔滨市城中村经济社会现状调查研究. 边疆经济与文化，（06）：20-22.
汪国华. 2009. 新生代农民工交往行为的逻辑与文化适应的路向. 中国青年研究，（06）：39-43.
汪鹤飞. 2007. “新市民”教育培训：“海曙模式”的实践与思考. 宁波经济：三江论坛，（05）：29-31.
王炳荣，刘湖北. 2009. 南昌市城中村改造的基本设想——以青山湖区为例. 法制与社会，（05）：290.
王春光. 2006. 农村流动人口的“半城市化”问题研究. 社会学研究，（05）：107-122.
王春光. 2009. 对中国农村流动人口“半城市化”的实证分析. 学习与探索，（05）：94-103.
王春兰，丁金宏. 2007. 流动人口城市居留意愿的影响因素分析. 南方人口，22（1）：22-29.
王代林. 2008-03-04. “四川村”“村民”的异乡心声，四川日报，B02 版.
王光国. 1999. 城市化过程中的问题与因应对策—厦门曾厝垵和黄厝两村调研报告. 厦门科技，（06）：37-43.
王国枫. 2013. 中国城市化滞后的表现、风险及解决对策——基于农民工的视角. 学术交流，（03）：163-166.
王海燕，杨晓斌. 2007-11-13. 从“浙江村”到北京时装之都——丰台大红门地区变迁写真. 北京日报，01 版.
王汉生，刘世定，孙立平，等. 1997. “浙江村”：中国农民进入城市的一种独特方式. 社会学研究，（01）：58-69.
王慧博. 2010. 城市化进程中失地农民市民化调查状况比较分析. 宁夏社会科学，（04）：66-72.
王慧博. 2011. 失地农民市民化社会融入研究. 江西社会科学，（06）：234-240.
王凯，侯爱敏，翟青. 2010. 城市农民工住房问题的研究综述. 城市发展研究，（01）：118-122.
王琳. 2007. “农民工”何需改名. 同舟共进，（04）：31.
王羚. 2010-12-16. 中国社科院警示土地财政驱动“伪城市化”. 第一财经日报，A05 版.
王美琴. 2008. 城市二元社会结构与户籍制度改革. 临沂师范学院学报，（04）：67-72.
王舒，王昕秀. 2010. 拉萨拟 5 年改造 12 个“城中村”，http: //www.tibet.cn/sd2011/xfls/lsmtgmh/201105/t20110517_1041810.html[2011-05-27].
王树进，朱振亚. 2009. 反哺归宗：新市民反哺农村父母力度的实证研究. 农业经济问题，（09）：104-109.
王婷. 2006. 新市民：八大关里有个“家”. 招商周刊，（14）：86.
王新. 2005. 解读温州“城中村”现象. 温州大学学报，（01）：21-27.
王兴周. 2009. 农民工城市性及其影响因素研究. 上海：上海大学博士论文.
王兴周，张文宏. 2008. 城市性：农民工市民化的新方向. 社会科学战线，（12）：173-179.
王张伟，王琛，程银侠. 2010. 浅析城市化发展进程中的三种发展模式——逆城市化、超前城市化、滞后城市化. 陕西建筑，（11）：1-4.
王子新. 2004. “城中村”的改造及可持续发展研究. 云南师范大学学报（哲学社会科学版），（04）：48-52.
韦美神. 2008. “内卷”与“扩大”：外出务工对瑶族通婚圈的影响——以广西田东县 L 屯为例. 广西民族大学学报（哲学社会科学版），（S1）：13-17.
韦森. 2000. 哈耶克的“自发社会秩序”理论与中国经济改革的思路选择，复旦大学经济学院《经济学工作论文》，（1）.
韦森. 2006. 斯密动力与布罗代尔钟罩——研究西方世界近代兴起和晚清帝国相对停滞之历史原因的一个可能的新视角. 社会科学战线，（01）：72-85.

魏立华，闫小培. 2005. “城中村”：存续前提下的转型——兼论“城中村”改造的可行性模式. 城市规划，（07）：9-13.

魏立华，阎小培. 2005. 中国经济发达地区城市非正式移民聚居区——“城中村”的形成与演进——以珠江三角洲诸城市为例. 管理世界，（08）：48-57.

魏万青. 2011. 劳工宿舍：企业社会责任还是经济理性？一项基于珠三角企业的调查. 社会，（02）：97-110.

文军. 2007. 农民市民化：重构长三角城乡一体化的新局面. 浦东开发，（10）：30-31.

文军. 2009. 农民的“终结”与新市民群体的角色“再造”——以上海郊区农民市民化为例，社会科学研究，（2）：32.

文军. 2013. 回到“人”的城市化：城市化的战略转型与意义重建. 探索与争鸣，（01）：57-60.

翁公羽，倪炜. 2008. 新二元社会结构下企业劳动关系的变迁及协调. 理论界，（04）：59-60.

吴朝宇，申凌. 2012. 重庆市主城区城中村改造规划体系探索. 《规划师》论丛，00：46-50.

吴福辉. 1994 新市民传奇：海派小说文体与大众文化姿态. 东方论坛（青岛大学学报），（04）：1-12.

吴华安，杨云彦. 2011. 中国农民工“半城市化”的成因、特征与趋势：一个综述. 西北人口，（04）：105-110.

吴怀连. 1998. 中国农村社会学的理论与实践. 武汉：武汉大学出版社.

吴济慧. 2012. 新生代农民工职业培训的常州举措. 职业技术教育，（06）：66-69.

吴克强，郑涛. 1986. 都市中的农民合同工. 瞭望周刊，（49）：14-15.

吴天宝，常征. 2005. 新潮渐起：农民工正在转变为新市民. 人权，（01）：27-30.

吴婷婷. 2007. 人农民工到新市民还有多远？公民导刊，（10）：26-27.

吴望清. 1999. 重视人的城市化建设. 学习月刊，（12）：34.

吴炜，朱力. 2011. 宿舍劳动体制对农民工权益的影响分析——以江苏省为例. 中国人口科学，（04）：100-106.

吴玺玫. 2001. 农民的生存和发展应成为中国城镇化建设的聚集点. 常州工学院学报，（03）：38-40.

吴晓. 2003. “边缘社区”探察——我国流动人口聚居区的现状特征透析. 城市规划，（07）：40-45.

吴晓，吴明伟. 2002. 物质性手段：作为我国流动人口聚居区一种整合思路的探析. 城市规划汇刊，（02）：17-20.

吴智刚，周素红. 2005. 城中村改造：政府、城市与村民利益的统一——以广州市文冲城中村为例. 城市发展研究，（02）：48-53.

夏道明，王永利. 2013. 苏南新市民社区教育的内容和形式探析——以常州市为例. 成人教育，（01）：50-52.

夏先清，陈希. 2006-04-19. 改造“城中村”破土地困局. 四川日报，04 版.

项飚. 1996. 传统与新社会空间的生成——一个中国流动人口聚居区的历史. 战略与管理，（06）：99-111.

谢波，潘珺. 2006. 新老市民共建和谐家园——江苏省昆山市解决农民工社会管理问题的调研报告. 今日中国论坛，（06）：49-51.

谢美玉. 2006. 论政府在农民工现代性转变过程中的作用. 沧桑，（04）：55-56.

新华社. 2008. 中共中央关于推进农村改革发展若干重大问题的决定. http://news.xinhuanet.com/newscenter/2008-10/19/content_10218932_1.htm[2008-10-19].

新山. 2000. 婚嫁格局变动与乡村发展——以康村通婚圈为例. 人口学刊，（01）：32-36.

熊惠平. 2011. 新市民的社会关系的重构：以村改居为途径或方式. 生产力研究，（10）：35-36.

徐冠军. 2010. 对中国二元社会结构理论认知的反思. 辽宁行政学院学报，（03）：60-61.

徐晖. 2003. 杭州城市化进程中小城镇品质的提升. 中共杭州市委党校学报，（03）：25-31.

徐锦才. 2004. 农民变市民探析. 决策咨询通讯，（06）：12-14.

徐明华，盛世豪，白小虎. 2003. 中国的三元社会结构与城乡一体化发展. 经济学家，（06）：20-25.

徐艺端. 2012. 我国失地农民社会保障制度建构中存在的问题研究. 黑龙江科技信息，（02）：183.

许超诣. 2009. “后浙江村时代”北京浙籍小商户的社会融入. 绍兴文理学院学报（哲学社会科学版），（06）：92-98.
许光中. 2006. 青海西宁“城中村”的现状及治理. 青海师范大学学报（哲学社会科学版），（06）：23-26.
许红星，俞鸿. 2007. 如何应对“拆迁安置小区问题”. 社区，（04）：20-21.
薛德升，黄耿志. 2008. 管制之外的“管制”：城中村非正规部门的空间集聚与生存状态——以广州市下渡村为例. 地理研究，（06）：1390-1398.
薛笑甜. 2011. 北京“浙江村”的异地城市化. 经营管理者，（20）：28.
闫小培，魏立华，周锐波. 2004. 快速城市化地区城乡关系协调研究——以广州市“城中村”改造为例. 城市规划，（03）：30-38.
严从根. 2009. 身份认同的“内卷化”：危险及其消解的策略——论农民工子弟学校学生的身份认同危机. 现代教育管理，（05）：17-19.
严娟红. 2011. 多措并举全面推进新市民社区教育——以宁波市江北区为例. 宁波教育学院学报，（01）：99-102.
阎占定，向夏莹. 2009. 城市化过程中失地农民生活方式变化特点分析——以武汉市为例. 中南民族大学学报（人文社会科学版），（06）：81-84.
颜橙，陈雅婷. 2013. 失地农民再就业问题研究. 现代商贸工业，（18）：102-103.
杨朝朝. 2008. 大红门30年巨变，昔日“浙江村”，今日CBC. 现代商业，（34）：38-39.
杨川丹. 2011. 新生代农民工的城市社会认同. 人民论坛，（17）：162-163.
杨宏翔. 2013. 城市化滞后于工业化对经济社会发展的制约及其消解——以浙江为例. 中共浙江省委党校学报，（02）：49-57.
杨慧捷. 2013. “破茧”难题：新市民群体边缘化现状分析. 哈尔滨学院学报，（06）：40-44.
杨筠. 2009. “屏蔽效应”与内陆边境地区的城市化滞后. 特区经济，（01）：149-151.
杨磊. 2012. 西部民族地区城市化滞后原因分析及路径选择. 包头职业技术学院学报，（02）：20-23.
杨涛，施国庆. 2006. 我国失地农民问题研究综述. 南京社会科学，（07）：102-109.
杨天华. 2007. 从“过客”到“新市民”——关于河北农民工思想政治工作的调查. 政工研究动态，（24）：21-23.
杨卫泽. 2006. 突出“以人为本”理念，做好外来人口工作. 江南论坛，（02）：4-6.
杨文健，仇凤仙，李潇. 2013. 二元困境下的失地农民土地换保障问题分析——基于NJ市D拆迁社区的调查研究. 公共管理学报，（01）：71-78.
杨向群，项复民. 2003. 城镇化战略中社区教育的应对与调适. 成人教育，（01）：18-19.
杨燮蛟. 2009. 建筑业农民工管理模式与犯罪状况研究——以杭州市建筑业农民工为例. 全国商情：理论研究，（22）：121-124.
杨昕. 2008. 新生代农民工的“半城市化”问题研究. 当代青年研究，（09）：6-10.
姚景源. 2013. 中国的城市化率实际是35%左右. http://finance.people.com.cn/n/2013/0527/c1004-21630938.html [2013-05-27].
姚上海. 2008. 新生代农民工现代性培育与全面发展问题探讨. 理论月刊，（04）：179-182.
叶建华. 1992. 近代文化的序幕——龚自珍学术思想述评. 浙江学刊，（04）：119-124.
叶南客. 1995. 当代都市人格与乡村人格的对峙. 学习与探索，（02）：92-97.
叶南客. 2013. 新市民的社会融入及其美好生活的构建. 群众，（03）：11-12.
叶鹏飞. 2012. 探索农民工城市社会融合之路——基于社会交往“内卷化”的分析. 城市发展研究，（01）：81-85.
叶檀. 2012. 半城市化就是伪城市化. 新民周刊，（20）：80.
叶育登，胡记芳. 2009. “农民工”称谓对民工认同状况的影响. 浙江学刊，（01）：221-223.
佚名. 2003a. 常州市用“新市民学校”把外来民工纳入学习型城市. 领导决策信息，（32）：54-55.

佚名. 2003b. 滨江农民变市民，安居乐业有保障. 领导决策信息，(23)：24.
易向阳. 1998. 城市化与“农转非”群体的公共意识的淡化浅析. 广西教育学院学报，(02)：108-112.
阴祥. 2012. 苏南地区新市民学校发展的现状及对策. 成人教育，(03)：76-78.
殷建光. 2007. 喜闻农民工改称“新市民”. 农家之友，(02)：61.
殷陆君. 1985. 人的现代化——心理・思想・态度・行为. 成都：四川人民出版社.
殷民娥. 2005. 马克思的社会结构理论与当前“三元社会”. 合肥学院学报（社会科学版），(04)：71-73.
殷双喜. 2004. 都市意识与都市人格. 大艺术，(02)：26.
尹小妹. 2006. 失地农民的身份认同与观念转变. 信阳农业高等专科学校学报，(02)：6-9.
尹晓颖，闫小培，薛德升. 2009. 快速城市化地区“城中村”非正规部门与“城中村”改造——深圳市蔡屋围、渔民村的案例研究. 现代城市研究，(03)：44-53.
莹莹. 2013. 征迁前后农民生活方式对比研究——以合肥市长丰县某社区为例. 安徽警官职业学院学报，(03)：124-128.
尤汪洋. 1998. 价值探求与名利场逻辑——从“都市人格・1997”艺术组合展梁越作品追寻价值在艺术中的地位. 东方艺术，(01)：39-41.
于北溟，郭东明. 2006. 中国半城市化现象溯源及其存在价值研究. 理论观察，(04)：60-61.
余丰慧. 2011-11-24. 别让失地农民成为伪城市化最大受害者. 证券时报，A03 版.
俞德鹏. 1995. 户籍制度改革的必要性、困境与出路. 江海学刊，(04)：47-51.
俞德鹏. 1995. 论我国户籍制度改革可供选择的途径. 改革与战略，(03)：47-51.
俞德鹏，章溢华. 1998. 二元社会结构变革与世纪之交的宁波发展. 宁波经济，(05)：19-21.
岳澎，黄解宇. 2008. 从“二元结构”到“三元结构”——中国“农民工”的户籍演变路径及其解决方案. 农业现代化研究，(02)：134-137.
曾广灿，刘秉仁. 1992. 论 30 年代老舍的文学反思. 天津社会科学，(5)：63-67.
曾学龙，孙林，李慧，等. 2011. 城中村改造的难点及破解对策——以广州市荔湾区为例. 城市问题，(2)：40-43.
翟玉建，贾俊民. 2008. 关于农民工名称的冷思考. 安徽农业科学，(13)：5680-5681.
翟振武，侯佳伟. 2010. 北京市外来人口聚集区：模式和发展趋势. 人口研究，(01)：30-42.
张驰，王芙蓉. 2003. “城中村”城市化的对策研究. 西安建筑科技大学学报（社会科学版），(03)：15-18.
张华强. 2013. 造就“新市民”员工：主人翁精神是关键. 人力资源，(08)：19-21.
张金一. 2009. 论城市化进程中新市民的基本教育. 科教文汇（下旬刊），(11)：284.
张京祥，赵伟. 2007. 二元规制环境中城中村发展及其意义的分析. 城市规划，(01)：63-67.
张琳. 2012. 中国古代户籍制度的演变及其政治逻辑分析. 河南师范大学学报（哲学社会科学版），(03)：117-120.
张敏. 2007. 新市民就业心理研究. 湖南农机，(01)：74-76.
张鹏. 2011. 农民工媒介形象嬗变：从“边缘人”到“新市民”. 学理论，(35)：66-68.
张贤蓉. 1980. 论《牡丹亭》的创作思想——兼谈作品的思想艺术成就. 赣南师范学院学报，(02)：18-30.
张小兵. 2009. 流动人口聚居区治安问题研究. 福建警察学院学报，(03)：5-10.
张小军. 1998，理解中国乡村的内卷化机制，(香港）二十一世纪，(2)：150-159.
张晓洲. 2005. 人的城市化——农村城市化进程中的首位问题. 改革与战略，(08)：144-146.
张学东. 2011. 乡土性与城市性：新生代农民工职业生涯的表征. 青年探索，(05)：61-66.
张雪筠. 2005. “城市性”与现代城市文化特征. 天津大学学报（社会科学版），(03)：226-230.
张翼. 2011. 农民工“进城落户”意愿与中国近期城镇化道路的选择. 中国人口科学，(02)：14-26.
张英洪. 2010. 城乡一体化的根本：破除双重二元结构. 湖南公安高等专科学校学报，(05)：5-9.

张莹瑞，佐斌. 2006. 社会认同理论及其发展. 心理科学进展，(03)：475-480.

张应祥. 2006. 社区、城市性、网络——城市社会人际关系研究. 广东社会科学，(05)：183-188.

张宇，郎福臣. 2003. 城镇新居民的自我心理调适与政府应对策略. 重庆大学学报（社会科学版），(05)：131-133.

张泽义. 2013. 城市新二元结构下我国农民工问题出路探讨. 现代经济信息，(03)：297-299.

张展新，郭菲. 2005. 城市社区格局重组与流动人口聚集地的社会分层——北京等五城市流动人口社区调查. 开放导报，(06)：15-20.

赵冈. 2006. 中国城市发展史论集. 北京：新星出版社.

郑艳婷，刘盛和，陈田. 2003. 试论半城市化现象及其特征——以广东省东莞市为例. 地理研究，(06)：760-768.

郑永年. 2011. 城市化的核心是人的城市化. 农村工作通讯，(07)：43.

郑峥. 2013-02-22. 首府改造老旧小区和城中村 88 个片区. 宁夏日报，01 版.

周大鸣. 2000. 外来工与“二元社区”——珠江三角洲的考察. 中山大学学报（社会科学版），(02)：107-112.

周建国. 2009a. 从“半城市化”到城市化：农民工城市化路径选择探究. 江西社会科学，(11)：181-186.

周建国. 2009b. 跨越差距鸿沟：贫富分化与农民工城市化问题探析. 上海交通大学学报（哲学社会科学版），(1)：13-20.

周丽娜，王忠武. 2006. 值得关注的农村通婚圈缩小现象. 新疆社会科学，(05)：105-108.

周敏，李建龙，孔庆平. 1995. 走出小城镇建设的五大误区. 城乡建设，(05)：28-29.

周沛. 1995. 建立三元社会结构是促成“民工潮”有序流动的战略抉择——兼评“民工潮”问题上的若干论点. 南京社会科学，(10)：45-50.

周其仁. 2012-04-16. 工业化超前、城市化滞后. 经济观察报，049 版.

周晓虹. 1998. 流动与城市体验对中国农民现代性的影响——北京“浙江村”与温州一个农村社区的考察. 社会学研究，(05)：60-73.

周毅刚. 2007. 两种“城市病”比较——城中村与百年前的西方贫民窟. 新建筑，(02)：27-31.

周运清，刘莫鲜. 2003. 都市农民的二次分化与社会分层研究. 中南民族学院学报（人文社会科学版），(01)：132-136.

朱季康. 2009. 新市民的聚融与历史文化名城类城市的现代复兴——以扬州市为例. 现代城市研究，(09)：77-83.

朱珉迕. 2013-09-12. 城中村：理想与现实之间. 解放日报，01 版.

朱荣远，张立民，郭旭东. 2006. 表情复杂的中国城市化附生物——城中村——有关深圳市城中村调查研究的启示. 城市规划，(09)：84-88.

朱瑞俊. 2005. 文明新市民，和谐新平湖. 江南论坛，(08)：57-58.

朱涛. 2002. 城镇化——成人教育提供强力支撑. 河北师范大学学报（教育科学版），(02)：5-9.

朱悦怡. 2007. 城市化进程中的新市民素质提升. 理论学刊，(11)：90-92.

朱振亚，张小青，曾光. 2012. 新市民在城乡一体化进程中的粘合催化机制研究. 农村经济，(03)：40-42.

朱忠裕. 2003. 民工公寓建设：苏南模式与浙东模式的比较. 社会，(12)：20-23.

宗成峰，朱启臻. 2007. 农民工生存状况实证分析——对南昌市 897 位样本农民工的调查与分析. 中国农村观察，(01)：47-52.

左鹏，吴岚. 2012. 内卷化：新生代女性农民工的生态特征和自我认同. 北京青年政治学院学报，(01)：39-44.

Abrahamson M. 1974. The social dimensions of urbanism. Social Forces，52 (3)：376-383.

Abu-Lughod J. 1961. Migrant adjustment to city life: The Egyptian case. American Journal of Sociology，67 (1)：22-32.

Alexander J，Alexander P. 1979. Labour demands and the “involution” of Javanese agriculture. Social Analysis：The International Journal of Social and Cultural Practice，(3)：22-44.

Amato P R. 1993，Urban-rural differences in helping friends and family members. Social Psychology Quarterly，56 (4)：

249-262.

Anderson N. 1959. Urbanism and urbanization. American Journal of Sociology，65（1）：68-73.

Armstrong W R，McGee T G. 1968. Revolutionary change and the Third World city：A theory of urban involution//LE MOUVEMENT DE TRANSFORMATION REVOLUTIONNAIRE ET LA VILLE DU TIERS MONDE—UNE THEORIE DE L'«INVOLUTION» URBAINE. Civilisations，18（3）：353-378.

Beals R L. 1951. Urbanism，urbanization and acculturation. American Anthropologist，53（1）：1-10.

Biddulph M，Franklin B，Tait M. 2003. From concept to completion：A critical analysis of the urban village. Town Planning Review，74（2）：165-193.

Chance N A. 1984. China's Urban Villagers：Life in a Beijing Commune. New York：Holt McDougal.

Chandra S，Vogelsang T J. 1999. Change and involution in sugar production in cultivation-system Java，1840–1870. The Journal of Economic History，59（04）：885-911.

Clark G A，Hall N R，Aldwin C M，et al. 1988. Measures of poor early growth are correlated with lower adult levels of Thymosin-α_1：Results from the normative aging study. Human biology，60（3）：435-451.

Clinard M B. 1960. A cross-cultural replication of the relation of urbanism to criminal behavior. American Sociological Review，25（2）：253-257.

Connell J. 1981. The Jewish ghetto In nineteenth century leeds：A case of urban involution. Urban Anthropology，10（1）：1-26.

Davis K. 1955. The origin and growth of urbanization in the world. American Journal of Sociology，（5）：429-437.

Dewey J R，Armelagos G J，Bartley M H. 1969. Femoral cortical involution in three Nubian archaeological populations. Human Biology，41（1）：13-28.

Driedger L. 1977. Toward a perspective on Canadian pluralism：Ethnic identity in Winnipeg. Canadian Journal of Sociology. Cahiers Canadiens de Sociologie，2（1）：77-95.

Duara P. 1987. State involution：A study of local finances in north China，1911-1935. Comparative Studies in Society and History，29（1）：132-161.

Earle C，Cao C. 1993. Frontier closure and the involution of American society，1840-1890. Journal of the Early Republic，13（2）：163-179.

Erman T. 1998. Becoming "urban" or remaining "rural"：The views of Turkish rural-to-urban migrants on the "integration" question. International Journal of Middle East Studies，30（04）：541-561.

Eula M J. 1993. Between Peasant and Urban Villager：Italian-Americans of New Jersey and New York，1880-1980：The Structures of Counter-discourse. New York：Lang，Peter，Publishing Incorporated.

Evers H D. 1991. Trade as off-farm employment in Central Java. Sojourn：Journal of Social Issues in Southeast Asia，6（1）：1-21.

Fischer C S. 1975. Toward a subcultural theory of urbanism. American Journal of Sociology，（80）：1319-1341.

Fischer C S. 1981. The public and private worlds of city life. American Sociological Review，（46）：306-316.

Fischer C S. 1982. To dwell among friends：Personal networks in town and city. Chicago：University of Chicago Press.

Fischer C S. 1995. The subcultural theory of urbanism：A twentieth-year assessment. American Journal of Sociology，101（3）：543-577.

Gans H J. 1962a. Urbanism and suburbanism as ways of life：A re-evaluation of definitions. Human Behavior and Social Processes，ed. AM Rose.

Gans H J. 1962b. The Urban Villagers：Group and Class in the Life of Italians-Americans. New York：Free Press of

Glencoe.

Geertz C. 1963. Agricultural Involution：The Process of Ecological Change in Indonesia. Berkeley：University of California Press.

Geertz C. 1984. Culture and social change：The Indonesian case. Man，19（4）：511-532.

Goldenweiser A. 1936. Loose ends of a theory on the individual pattern and involution in primitive society. Essays in Anthropology：99-104.

Gordon R A. 1976. Prevalence：The rare datum in delinquency measurement and its implications for the theory of delinquency. The Juvenile Justice System，（5）：201-284.

Greer S. 1956. Urbanism reconsidered：A comparative study of local areas in a metropolis. American Sociological Review，21（1）：19-25.

Guterman S S. 1969. In Defense of Wirth's "Urbanism as a Way of Life" . American Journal of Sociology：492-499.

Ibrahim S E M. 1975. Over-urbanization and under-urbanism：The case of the Arab world. International Journal of Middle East Studies，6（01）：29-45.

Key W H. 1965. Urbanism and neighboring. The Sociological Quarterly，6（4）：379-384.

Killian L M，Grigg C M. 1962. Urbanism，race，and anomia. American Journal of Sociology，67（6）：661-665.

Lewis O. 1970. Further observations on the folk-urban continuum and urbanization：With special reference to Mexico City. New Haven：Human Relations Area Files.

Magnarella P J. 1970. From villager to townsman in Turkey. Middle East Journal，24（2）：229-240.

Milgram S. 1970. The experience of living in cities. Science，167（3924）：1461-1468.

Palisi B J，Canning F C. 1983. Urbanism and social psychological well-being：A cross-cultural test of three theories. The Sociological Quarterly，24（4）：527-543.

Palmer G B. 1978. Water development strategies in the Colorado River Basin：Expansion versus involution. Anthropological Quarterly，51（2）：99-117.

Park R E，Burgess E W，McKenzie R D. 1925. The City. Chicago：The University of Chicago Press.

Petersen K K. 1971. Villagers in Cairo：Hypotheses versus data. American Journal of Sociology，77（3）：560-573.

Richmond A H. 1975. Immigrant adaptation：A critical review of 'three years in Canada'. Canadian Public Policy//Analyse de Politiques，1（3）：317-327.

Reiss A J. 1954. The Analysis of Urban Phenomena. New York：Columbia University.

Riemer S. 1951. Villagers in metropolis. The British Journal of Sociology，2（1）：31-43.

Rimoldi E. 2009. Involution，Entropy，or innovation：Cultural economics on Bougainville. The Journal of the Polynesian Society，118（1）：47-68.

Simmel G. 1903. The Metropolis of Modern Life. Chicago：University of Chicago Press.

Suttles G D. 1968. The Social Order of the Slum. Chicago：University of Chicago Press.

Tittle C R. 1989. Influences on urbanism：A test of predictions from three perspectives. Social Problems，(36)：270-288.

Wilson T C. 1985. Urbanism and tolerance：A test of some hypotheses drawn from Wirth and Stouffer. American Sociological Review，(50)：117-123.

Wilson T C. 1991. Urbanism，migration，and tolerance：A reassessment. American Sociological Review，(56)：117-123.

Wilson T C. 1993. Urbanism and kinship bonds：A test of four generalizations. Social Forces，71（3）：703-712.

Wirth L. 1938. Urbanism as a way of life. American Journal of Sociology，(44)：1-24.

附录：调查问卷

新市民生活与工作状况问卷

您好！这份问卷需要您帮忙填写，请根据您的实际情况，在方格内划√或在横线上填答。请注意每个问题后面的单选、多选、跳答和说明等提示。谢谢！

首先，我们想了解一下您的家乡。

A1. 请填写您的出生地：________省________市。

A2. 请问您哪些阶段在农村学校读书？【可以多选】

□1. 小学　　□2. 初中　　□3. 高中

A3. 请问您是否符合下列情况

1. 现在还回乡参加选举　　□符合　　□不符合
2. 现在还回乡参加竞选　　□符合　　□不符合
3. 有过务农经历　　□符合　　□不符合
4. 担任过村干部　　□符合　　□不符合
5. 自己现在在老家还有田地　　□符合　　□不符合
6. 现在定期寄钱回老家　　□符合　　□不符合

A4. 从你老家坐车到最近的县城或者市区要多少时间？________小时________分钟。

A5. 请问你老家那个村（自然村）属于？【单选】

□1. 单姓村：男性以一个姓为主，其他姓没有或很少

□2. 双姓村：男性主要有两个大姓，其他姓没有或很少

□3. 杂姓村：男性有多个姓

A6. 你们村的劳动力人口中现在仍然在家务农的人大约占百分之多少？______%。

接下来，我们想了解一下您在城市工作的情况。

B1. 请问您多少岁开始进入城市学习、工作或生活？________岁。

B1.1 请问您当初离开家乡进入城市最主要的原因是什么？【单选】

□1. 外出读书　　□2. 外出打工

□3. 外出经商、做生意　　□4. 到城市和家人一起生活

□5. 其他情况（注明：________________________）

B1.2 迄今为止，您在几个城市待过？________个【“待过”指在某城市生活、学习或工作半年以上】

B2. 请问外出以后您回老家的情况？【可以多选】

□1. 从来没有回去过

□2. 偶尔或节日回去探亲、过节、放假

□3. 曾经因故回去较长时间，后来又出来了

□4. 定期回去干农活

B3. 请问您现在还待在城市不回老家主要的原因是什么？【单选】

□1. 为了赚钱　　□2. 已经定居，希望居住、生活在城市

□3. 要和家人住在一起　　□4. 要在城市读书

□5. 其他情况（注明：________________________________）

B4. 请问您现在靠什么维生？【单选】【对于跳答有疑问请咨询调查员，谢谢！】

□1. 打工---跳至 B6.1

□2. 投资、做生意、开店-------------------------答完 B5.1—B5.4 后跳至 C1

□3. 国家机关、国有企事业单位正式工作-----跳至 B6.1

□4. 散工、无固定工作----------------------------跳至 B6.3

□5. 失业、待业---------------------------------------跳至 B6.5

□6. 跟子女、配偶生活----------------------------跳至 C1

□7. 探亲访友--跳至 C1

□8. 学生---跳至 C1

B5.1 请问您目前做哪方面生意呢？【单选】

□1. 开作坊、工厂、公司　　□2. 经营铺面，搞零售

□3. 搞批发　　□4. 酒店、旅馆

□5. 投资餐饮　　□6. 其他（注明：________）

B5.2 请问您的投资额大约有多少万元？________万元。

B5.3 请问您雇工多少人？________人。

B5.4 请问您是否符合下列情况

1. 以前打过工　　□符合　　□不符合

2. 换过生意　　□符合　　□不符合

3. 打算换生意　　□符合　　□不符合

4. 有回家乡投资经商的打算　　□符合　　□不符合

B6.1 请问您目前在什么行业工作？【单选】

□1. 制造业、工厂　　□2. 建筑、工地

□3. 商场、商店、铺面　　□4. 酒店、旅馆

□5. 餐饮　　□6. 服务行业（理发、洗浴等）

□7. 家政、保姆　□8. 环卫
□9. 医院、学校、机关、事业单位　□10. 交通、物流、运输
□11. 其他（注明：________________）

B6.2 请问您在单位属于？【单选】

□1. 基层员工　□2. 中层员工　□3. 高层管理

B6.3 请问您平均每天工作多少个小时？________小时

B6.4 请问您对目前的工作满意吗？【单选】

□5. 很满意　□4. 满意　□3. 一般
□2. 不满意　□1. 很不满意

B6.5 外出以来您换过几次工作呢？________次【没有换过填写 0】

B6.6 请问您是否符合下列情况

1. 有换工作的打算　□符合　□不符合
2. 有社保　□符合　□不符合
3. 在城市有医保　□符合　□不符合
4. 有住房公积金　□符合　□不符合
5. 正常休周末　□符合　□不符合
6. 正常休法定节假日　□符合　□不符合
7. 签了正式劳动合同　□符合　□不符合
8. 有回家乡发展的打算　□符合　□不符合
9. 经常加班，休息时间很少　□符合　□不符合
10. 工作不稳定　□符合　□不符合

接下来，我们想了解一下您在城市的生活状况。

C1. 请问和您的收入及消费能力相比，这个城市的各项物价水平您能承受吗？【横向单选，即逐一回答您对各项费用或物价的接受程度。有疑问请咨询调查员，谢谢！】

价格	完全能够承受	可以承受	一般	不大能承受	完全不能承受	说不清/不清楚
1. 物价总体水平						
2. 房价						
3. 住房的租金						
4. 日常生活用品价格						
5. 交通费用						
6. 医疗药品费用						
7. 教育支出费用						
8. 社交费用						
9. 休闲娱乐支出费用						

C2. 您现在和谁一起居住？【单选】

□1. 自己单独住------------------------------------跳至 C2.2
□2. 家人--填答 C2.1
□3. 亲戚--跳至 C2.2
□4. 工友、同事------------------------------------跳至 C2.2
□5. 朋友、同学、老乡---------------------------跳至 C2.2
□6. 恋人、对象------------------------------------跳至 C2.2
□7. 其他（注明：________）--------------------跳至 C2.2

C2.1 您现在和哪些家人一起居住？【可以多选】

□1. 配偶　　□2. 子女
□3. 父母　　□4. 兄弟姐妹
□5. 孙子女、外孙子女

C2.2 您有计划把家人接过来一起居住吗？如果有，您计划把哪些家人接过来？【可以多选】

□1. 配偶　　□2. 子女
□3. 父母　　□4. 兄弟姐妹
□5. 孙子女、外孙子女　　□6. 暂时还没有计划把家人接过来一起居住

C3. 请问您的住房属于【单选】

□1. 自己买的商品房　　□2. 租住小区商品房
□3. 租城中村的房子　　□4. 单位房、集体宿舍
□5. 借住亲友房　　□6. 无固定住所
□7. 其他（注明：____________________）

C4. 请问您住在【单选】

□1. 老城区　　□2. 新的小区
□3. 城中村　　□4. 厂区
□5. 郊区村子里面　　□6. 无固定住所
□7. 其他（注明：____________________）

C5. 请问您居住的地方以哪些人为主？【单选】

□1. 您的老乡聚居区域　　□2. 其他外地人聚居区域
□3. 本地人为主的区域　　□4. 不知道以什么人为主
□5. 不知道哪些人住在一起

C6. 请问在您住地附近，您认识下列人吗？

1. 您经常买东西的商店老板　□不认识　□不熟悉　□熟悉　□关系很好
2. 您经常去吃饭的餐馆老板　□不认识　□不熟悉　□熟悉　□关系很好

3. 您经常去理发的发廊老板 □不认识 □不熟悉 □熟悉 □关系很好

C7. 这些人中有您的老乡吗？

1. 您经常买东西的商店老板 □有 □没有 □不知道
2. 您经常去吃饭的餐馆老板 □有 □没有 □不知道
3. 您经常去理发的发廊老板 □有 □没有 □不知道

接下来，我们想了解一下您在城市的心理感受。

D1.1 您对城市生活的整体适应程度如何？【单选】【有疑问请咨询调查员，谢谢！】

□1. 完全不适应 □2. 不适应

□3. 一般 □4. 适应-----------------跳至 D2

□5. 完全适应-------------跳至 D2

D1.2 您对城市生活的哪些方面还不太适应？【可以多选】

□1. 身体健康 □2. 心理 □3. 人际交往

□4. 工作 □5. 日常生活

D2. 在现在这个城市，假如您遇到下列困难，您最可能找谁提供帮助？【横向单选，即逐一回答您遇到各项困难时的求助对象。有疑问请咨询调查员，谢谢！】

求助对象 / 遇到的困难	家人/亲戚	老家认识的同学/朋友/熟人	来城市后才认识的老乡	来城市后认识的其他同事/朋友/熟人	单位领导/老板	政府部门社会机构	其他（请注明）
1. 心情不好							
2. 缺钱用							
3. 找工作							
4. 找地方住							
5. 重大问题一起讨论							
6. 被欺负							
7. 生病时需要照顾							
8. 遇上纠纷							
9. 介绍关系							
10. 收集工作或生意信息							

D2.1 请问你在这个城市有多少位好朋友呢？ ________位【没有填写 0】

D2.1.1 其中本地人有几位呢？ ________位【没有填写 0】

D2.1.2 其中老乡有几位呢？ ________位【没有填写 0】

D2.1.3 您和这个城市的本地人交往吗？【单选】

□1. 完全不交往　　□2. 较少交往

□3. 一般　　□4. 交往不少

□5. 交往很多

D2.2 请问您平时参加以下活动的情况如何？【横向单选，即逐一回答您参加各项活动的情况。有疑问请咨询调查员，谢谢！】

情况	从来没有	很少	偶尔	经常
1. 聚会、聚餐				
2. 上网				
3. 读书看报				
4. 培训和进修				
5. 逛公园				
6. 逛商场				
7. 体育活动				
8. 去图书馆				
9. 去电影院看电影				
10. 泡酒吧				
11. 参加社区活动				
12. 打牌、打麻将				

D2.3 请问您平均每天休闲娱乐活动有多少个小时？________小时

D3. 有一部分人选择以下生活方式，请问您的态度是：【横向单选，即逐一回答您对各种生活方式的理解程度。有疑问请咨询调查员，谢谢！】

部分人的生活方式	完全能够理解	可以理解	无所谓	不能理解	完全不能理解
1. 离婚					
2. 未婚同居					
3. 老年人再婚					
4. 和外国人结婚					
5. 一辈子独身，不结婚					
6. 夫妻两个过日子，不生育子女					
7. 同性恋					
8. 变性手术					

D4. 您是否认同下列说法？【横向单选，即逐一回答您对各种说法的认同程度。有疑问请咨询调查员，谢谢！】

说法	完全认同	认同	中立	不认同	完全不认同
1. 我在城市里低人一等					
2. 这个城市不公平					
3. 这个城市排斥我们外来人					
4. 我属于这个城市					
5. 这个城市发展的好坏跟我有关					
6. 这个城市是我的第二故乡，有家的感觉					
7. 我关注这个城市的新闻和重大事件					
8. 我会积极参与这个城市的公共活动					
9. 我认为我已经是城市人了					
10. 别人把我当城里人看					
11. 假如有条件的话，我愿意把户口迁入这个城市					
12. 现在我愿意和这个城市的本地人交往					
13. 我已经习惯了这里的生活，回老家反而不习惯了					
14. 这个城市的本地人不太好相处					
15. 我并不了解这个城市					
16. 我在这个城市和别人交流有语言障碍					

D4.1 您在城市中有过以下的经历吗？【可以多选】

□1. 被骗　□2. 被偷

□3. 被抢　□4. 被打

□5. 被辱骂　□6. 被看不起

□7. 被威胁　□8. 被性骚扰

□9. 被敲诈勒索　□10. 以上都没有

D4.2 请问最近半年您在这个城市得到过陌生人的帮助吗？【单选】

□1. 没有------------跳至 D4.4

□2. 有过

D4.3 印象比较深的有几次呢？________次

D4.4 您跟这个城市哪些政府部门打过交道？【可以多选】

□1. 居委会、村委会　□2. 城管

□3. 派出所、公安、警察　□4. 计生部门

□5. 工商部门　□6. 劳动部门

□7. 税务部门　□8. 消防部门

□9. 卫生部门　□10. 以上都没有------跳至 D4.6

D4.5 请问您认为这些部门人员的态度如何？【单选】

□1. 很不好　□2. 不大好　□3. 一般

□4. 还不错　　□5. 很好

D4.6 政府部门人员有没有对您做过以下这些事情？【可以多选】

□1. 罚款　　□2. 打骂
□3. 侮辱　　□4. 搜身
□5. 歧视　　□6. 敲诈
□7. 抓起来　　□8. 没收财物
□9. 扣押证件　　□10. 以上都没有

D4.7 请问最近半年您有没有在这个城市得到过政府的帮助？【单选】

□1. 没有---------------跳至 D5
□2. 有过

D4.8 有几次呢？________次

D5. 如果在城市发生以下情况，您的做法最可能是：【横向单选，即逐一回答您对各种情况的可能做法。有疑问请咨询调查员，谢谢！】

情况	选择旁观	提供帮助
1. 坐车时发现有小偷偷东西		
2. 碰到有人打架		
3. 碰到有人抢劫		
4. 看见小孩落水		
5. 陌生人问路		
6. 乞丐向您讨钱		
7. 陌生人受伤倒在路上		

D6. 请问您自己发生以下这些情况的可能性如何？【横向单选，即逐一回答各种情况的发生情况。有疑问请咨询调查员，谢谢！】

情况	已经发生过	可能会发生	不可能发生
1. 跳槽			
2. 创业			
3. 网恋			
4. 打官司			
5. 上访			
6. 投诉			
7. 被罚款			
8. 被拘留			

D7. 以下说法符合您的实际情况吗？【横向单选，即逐一回答您认为各种说法的符合程度。有疑问请咨询调查员，谢谢！】

说法	非常符合	比较符合	一般	不太符合	根本不符合
1. 有时间观念					
2. 说话算话，遵守与他人的约定					
3. 做事有计划					
4. 按规则办事					
5. 做事有目的					
6. 做事讲效率					
7. 做事考虑成本和收益					
8. 守秩序					
9. 法制观念强					
10. 权利意识强					

D8. 您在这个城市期间是否有过下列情况吗?【横向单选，即逐一回答您各种情况的程度。有疑问请咨询调查员，谢谢！】

	没有	有时有	经常有	很严重
1. 失眠				
2. 觉得身心疲惫				
3. 烦躁易怒				
4. 容易哭泣或想哭				
5. 前途茫然				
6. 感到很孤独				
7. 觉得自己没有用				
8. 觉得生活很艰难				
9. 觉得活着没意思				

接下来，我们想了解一下您在城市的计划。

E1. 请问您是否符合下列情况

1. 我愿意放弃农村的田地　□符合　□不符合
2. 我计划在这个城市买房　□符合　□不符合
3. 我知道积分入户制度　□符合----跳至 E2　□不符合
4. 我打算积分入户　□符合　□不符合

5. 我计算过自己的积分　　□符合　　□不符合

E2. 请问您未来发展最大的可能性是哪一种？【单选】

□1.在这个城市扎根、定居下来　　□2.回到农村去

□3.回家乡的城镇购房定居　　□4.去别的城市发展

E3. 请问您是否同意下列说法？

1. 政府对外来人口不够关心　　□同意　　□不同意
2. 我遇到困难会找政府　　□同意　　□不同意
3. 政府政策不利于外来人口留在城市　　□同意　　□不同意
4. 外来人口无法在政府的决策和管理中发挥应有的作用　　□同意　　□不同意
5. 外来人员缺乏向政府申述的渠道　　□同意　　□不同意
6. 政府没有采取有效的措施来帮助外来人口更好地融入城市　　□同意　　□不同意
7. 外来人口的子女没有平等的学习和升学机会　　□同意　　□不同意
8. 我对于城市的外来人口政策或法规不满意　　□同意　　□不同意
9. 我对于城市的外来人口政策或法规不了解　　□同意　　□不同意

E4. 请问您希望政府能够为外来人口做些什么？【可以多选】

□1. 通过宣传教育消除本地人对外地人的歧视

□2. 通过社区文娱活动使外地人融入城市

□3. 通过各种办法提高外来人口的社会地位

□4. 通过互联网等信息交流平台加强与外来人的沟通

□5. 为外来人提供交通、就业、住房等各方面信息咨询服务

□6. 提供语言、安全、法律法规、卫生保健等各类培训

□7. 建立专门服务于外来工群体的机构或部门

□8. 其他方面（注明：________）

最后，我们想了解一下您个人和家庭的一些情况，仅供资料分析，请勿介意。

F1. 请问您的年龄？________

F2. 请填写您的性别

□1. 男　　□2. 女

F3.1 请问您有几个兄弟姐妹？________个【注意不包括您本人；没有兄弟姐妹请填 0】

F3.2 请问您排行第几？第________【没有兄弟姐妹填 0】

F4. 请问您是否符合下列情况

□1. 已婚　　□2. 有孩子

F5. 请问您的文化程度？【单选】

□1. 小学及以下　□2. 初中　□3. 高中、中专、技校

□4. 大专　□5. 本科及以上

F6. 请问您是否获得过国家承认的职业、执业、从业、技术、职称类证书？

□1. 有　　□2. 没有

F7. 请问您现在会几门手艺或技术？ ________门【不会请填写 0】

F8. 请问您能够运用下面语言和他人交流吗？【可多选】

□1. 普通话　　□2. 粤语（白话）

□3. 外语　　□4. 以上三种都不会

F9. 请问您是中共党员吗？

□1. 是　　□2. 不是

F10. 请问您有宗教信仰吗？

□1. 有　　□2. 没有

F11. 请问您是汉族吗？

□1. 是　　□2. 不是

F12. 请问您平均每月的个人全部收入大约有多少元？ ________元【没有收入填写 0】

访问到此结束，谢谢您的合作，祝您身体健康，万事如意！

后　记

自从26年前一个夜晚我在南开大学新落成的邵逸夫图书馆如饥似渴地看完齐美尔的《大都市与精神生活》以后，我就和“城市性”这个概念结下了不解之缘。关于当代中国社会转型的特征和性质，有太多的界定和描述；但在我的角度看来，中国最重要的社会转型就是人类历史上最大规模的传统农民向现代市民转变。所以，20多年来，我一直专注于“城市性”这个题目的学习和研究。

2010年，以“农民工城市性”为主题的博士论文顺利通过答辩一年多以后，我的以“新市民城市性”为主题的研究项目非常幸运地获得了国家社科基金的资助。此后5年多的时间里，我和我的研究团队既辛苦又幸福地依托这一项目做了一系列调查和研究。8篇发表的论文、9篇已完成答辩的硕士论文、20多篇本科毕业论文都是这一项目结出的果实。今年年初，结题报告获得“良好”的鉴定，标志项目顺利完成。

2010年以来，我指导的几届研究生乔朝、张玮、孙惠夏、贾宏丽、李政、刘妍纯、严容生、林俊榕、郭建拯、苏焰辉在项目的研究设计、定性研究、问卷设计、调查执行、数据处理、提纲设计、资料收集、报告写作、审核校对等各个阶段都不同程度地做出了贡献；中山大学社会学系2011级不少本科同学在问卷调查阶段付出了辛勤劳动；还要特别提到刘超、陈祯祥两位已经出国深造的同学对本项目曾经发挥的重要作用。本书的出版是对我和我的这些学生们逝去的5年宝贵青春的铭记！

感谢科学出版社的蔡芹编辑！在他的鼓励下，我下定了将项目成果付诸出版的决心；近几个月以来，蔡编辑对书稿的每一个数据、每一段文字都进行了反复推敲，并严格要求我按时按质进行修改。蔡编辑的科学精神和严谨态度使我受益良多！

在本书即将面世之际，我突感惴惴不安，总担心书中还有很多需要继续完善之处；但箭在弦上，不得不发。恳请各位读者不吝赐教！

王兴周

2016年5月28日记